Trade Contract Theory

무역계약론

김용일

박영사

PREFACE

머리말

본 교재의 집필을 시작하면서 평생 한 분의 스승이신 성균관대학교 오원석 명예교수님(前 국립한국교통대학교 석좌교수)의 첫 강의를 떠올렸다.

국제상거래는 거래 당사자 간 체결된 주계약인 매매계약과 이를 이행하기 위한 종속계약인 대금지급계약, 국제운송계약, 무역보험계약 등으로 이루어진다. 특히, 주계약인 매매계약은 계약당사자의 권리·의무를 규율하며, 계약당사자는 이러한 매매계약에 따라 자신의 권리를 행사한다.

국제물품매매계약의 내용은 명시조건(express terms), 묵시조건(implied terms), 준거법(governing law) 등으로 이루어진다. 계약대상(물품)에 관한 조건인 품질·수량·가격·포장조건과 계약이행에 관한 조건인 선적·보험·결제조건 등은 명시조건을 구성하며, 정형거래조건의 해석과 적용에 관한 국제적 통일규칙인 Incoterms® 2020은 묵시조건을, 국제물품매매를 규율하는 국제적인 통일규범인 UN통일매매법(CISG)은 준거법을 대표한다.

국제상거래의 신속성과 편이성이 확보되기 위해서는 가능한 한 명시조건은 간단하고 명료하여야 하므로 공통적인 조항은 미리 일반거래조건협정을 통해 확정해 두고, 가변적 조항은 청약과 승낙을 통해 확정하는 것이 바람직하다. 매매계약서나 일반거래조건협정서에 명시되지 않는 조건은 대부분 무역관습에 따른다. 무역관습은 당해 무역거래에서 확립된 관습으로, 당사자들이 알고 있거나 당해 거래와 관련된 종류의 계약을 체결하는 자들에게 널리 알려져 있고, 통상적으로 준수되고 있는 관행이다. 대표적인 거래관습 중 매매관습이 정형거래조건이다. 각 정형거래조건은 물품의 인도에 따른 당사자의 의무에 관한 내용이 내포되어 있기 때문에 이를 묵시조건이라고 한다.

하지만 정형거래조건은 거래 당사자의 인도에 따른 의무만 규정하고 있을 뿐 매매계약의 성립 및 계약위반에 따른 권리구제는 다루지 않는다. 계약에서 준거법은 당사자가 합의한 명시조건이나 거래관습을 적용함에 있어 발생하는 법적 공백을 메우는 기능을 한다. 준거법상의 내용이 명시조항이나 거래관습과 충돌하면 명시조항이 우선하고, 다음으로 거래관습이 우선한다.

이러한 이해를 바탕으로, 본 교재는 무역계약의 성립, 무역계약서, 무역계약의 기본조건, Incoterms® 2020, 그리고 UN통일매매법 등 총 9개 장으로 구성된다. 특히, 무역계약의 이론 및 법리와 함께 전공지식의 실무 활용을 위해 각 명시조건별로 품질증명서, 수량증명서, 포장명세서 등의 무역서류를 첨부하였으며, 무역계약서 작성 요령과 영문계약서 조항에 대한 상세한 해설을 반영하였다. 또한, 관세사 자격시험, 국제무역사 1급, 무역영어 1급 등 전공 관련 각종 자격(증)시험 대비를 위해 Incoterms® 2020 원문 규칙을 11가지 조건의 해석과 함께 수록하였으며, 관세직 공무원 시험의 최근 경향을 반영하여 UN통일매매법 전체 조문을 교재의 본문에 담았다.

본 교재를 집필하는 데 특히, 국립강릉원주대학교 무역학과 황지현 교수와 동아대학교 국제무역학과 최영주 교수가 많은 도움을 주었다. 이분들은 언제나 학생들이 찾아오는 강의, 학생들에게 사랑받는 강의를 하는, 최고의 강의력을 지닌 교수들이다. 함께 해준 노고에 진심으로 감사드린다. 또한, 최근 더욱 어려워진 출판 환경에도 불구하고 기꺼이 본 교재를 출판해 주신 박영사 안종만 대표님과 열과 성의를 다해 교정과 편집을 해주신 전채린 차장님께 감사의 말씀을 전한다. 끝으로, 늘 자식들에게 '내가 아닌 우리의 가치'를 일깨워 주시는 어머니, 우리 집안을 '등대처럼' 밝혀주는 누님·형님, 내 삶의 '버팀목'이 되어 준 아내, 그리고 하루하루 '행복을 안겨주는' 사랑하는 아이들(수연·현중·소중)에게 존경과 사랑을 표한다.

2024년 여름

저자 씀

CONTENTS
차 례

Chapter 01 무역계약의 기초

Chapter 02 무역계약의 성립

Chapter 03 무역계약의 내용과 무역계약서

Chapter 04 무역계약의 기본조건

Chapter 05 Incoterms® 2020

Chapter 08 계약위반에 따른 권리구제 

Chapter 09 무역클레임과 상사중재 

Trade Contract Theory
무역계약론

CHAPTER

01

무역계약의 기초

section

무역계약의 의의 및 특징

1 무역의 의의

무역(貿易, International Trade)은 서로 다른 국가에 소재하는 사인(私人) 간의 물품과 대금의 교환으로, **국제상거래**(International Business Transaction)를 의미한다. 무역은 수출과 수입의 형태로 이행되는데, 수출(export)은 국내에서 외국으로 물품 등이 이동하는 것이며, 수입(import)은 외국으로부터 국내로 물품 등이 이동하는 것이다. 이러한 수출입의 대상은 물품, 용역(서비스) 및 전자적 형태의 무체물이다. 거래 대상에 따라 무역은 **유형무역**(visible trade)과 **무형무역**(invisible trade)으로 나눌 수 있다. 전자는 주로 물품(goods) 거래를 말하며, 후자는 **서비스나 전자적 형태의 무체물** 등의 거래를 말한다. 서비스무역은 용역의 해외진출(교사, 간호사, 건설근로자 등)과 관광, 해외공연 등이 대표적이며, 기술무역은 특허권, 디자인권, 저작권 등 지식재산권(Intellectual Property Right; IPR) 거래를 말한다.

오늘날 정보통신기술의 발달로 인터넷을 통한 국제상거래 즉, 전자무역이 빠른 속도로 증가하고 있는데, 이와 같이 정보통신망을 이용한 '전자적 형태의 무체물'거래에는 소프트웨어와 영상물(영화, 게임, 애니메이션, 캐릭터 등), 음향·음성물, 전자서적, 데이터베이스 등이 포함된다. 요컨대, **무역**은 당사자 간의 계약에 따라 **물품 및 대금을 국가 간 이동시키고 그에 따른 부가가치 증대를 이익으로 향유하는 국제상거래**라고 할 수 있다.

2 무역계약의 의의

우리는 일상생활 속에서 여러 가지 유형의 계약을 맺으면서 살아가고 있다. 특히, 상거래 활동은 반드시 거래당사자 간 계약에서 비롯된다. **계약은 일정한 채권의 발생을 목적으로 하는 복수당사자 간의 서로 대립하는 의사표시의 합치에 의하여 성립하는 법률행위**이다.

오늘날은 무역의 대상이 물품뿐만이 아니라 기술, 용역, 금융 및 자본, 해외건설 및 플랜트 등으로 확대되고 있다. 하지만 아직도 무역은 물품매매가 주가 되므로, **무역계약이라고 하면 국제물품매매계약을 지칭하는 것이 일반적**이다. 이러한 무역계약은 수출상의 입장에서는 수출계약(export contract)이 되고, 수입상의 입장에서는 수입계약(import contract)이 된다.

현행 성문법상에 규정된 무역계약의 개념을 보면, 먼저, 영국의 물품매매법(Sale of Goods Act; SGA)에서는 "매도인이 대금이라는 금전의 대가를 받고 매수인에게 물품의 소유권을 이전하거나 이전하기로 합의하는 계약"이라고 규정하고 있다. 미국 통일상법전(Uniform Commercial Code; UCC)에서는 "대가를 받고 매도인으로부터 매수인에게 권리를 이전하는 것"이라고 하고 있다. 우리 민법은 "당사자 일방의 재산권을 상대방에게 이전할 것을 약정하고, 상대방이 그 대금을 지급할 것을 약정함으로써 그 효력이 생긴다"라고 규정함으로써 영미법과 같은 취지를 지닌다.

이상의 논의를 종합하여 무역계약의 개념을 정리하면 첫째, 무역계약은 **매매계약**이다. 매매계약은 매도인이 대금이라는 금전을 대가로 매수인에게 물품의 소유권을 이전하거나, 또는 이전할 것을 약정하는 계약이다. 이에 따라 물품의 소유권이 매도인으로부터 매수인에게로 이전되는 경우 이를 매매라 한다.

둘째, 무역계약은 **물품을 대상으로 하는 계약**이다. 우리 대외무역법에서는 물품을 "외국환거래법에서 정하는 지급수단, 증권 및 채권을 화체한 서류 이외의 동산"이라고 규정하고 있다. 최근 정보산업의 발달로 생긴 디지털제품도 물품에 포함되긴 하지만, 무역은 물품매매가 주를 이루고 있으므로 본서에서는 물품을 대상으로 설명한다.

셋째, 무역계약은 **국제계약**이다. 국제계약은 "2개 이상의 국가 또는 법체계를 가진 2인 이상의 당사자 간에 서로 대립하는 의사의 합치"라고 정의할 수 있다. 국제계약에 있어서 '국제성'은 거래당사자의 국적을 기준으로 하는 것이 아니라 그들의 **영업소 소재지를 기준**으로 한다. 국제물품매매계약에 관한 UN협약(United Nations Convention on Contracts for the International Sale of Goods, 1980; CISG, Vienna Convention, UN통일매매법) 제1조에서는 계약의 국제성을 판단하는 기준으로 당사자가 서로 다른 국가에 영업소를 가지고 있을 것을 요구하고 있다. 즉, 국제계약을 정의함에 있어서 '국제성'이 핵심적인 요소가 된다. 그러나 국제계약을 "상이한 국가영역에 영업소를 둔 당사자 간의 국제상거래에 관한 계약"이라고 정의하고, 계약의 내용과 조건을 구체적으로는 따져서 그 국제성 여부를 판별하는 것이 타당하다는 견해도 있다.

3 무역계약의 특징

무역은 동일한 국내에서 거래되는 단순한 상행위에 불과한 국내거래와는 달리 격지자 간·국가 간 거래이고, 물품의 국제적 이동이 필요하기 때문에 국내거래와는 다른 여러 가지 특징을 갖고 있다.

1) 종속계약의 필요

무역계약은 서로 다른 국가에 영업소를 두고 있는 당사자 간의 거래이기 때문에 계약을 이행하기 위하여 다양한 후속적 계약이 필요하다. 무역계약을 이행하기 위해서는 매도인이 계약상의 물품을 인도하고, 매수인은 대금을 지급하여야 하며, 별도로 정한 바가 없는 한 인도에 의하여 위험부담이 매수인에게 이전하게 된다. 또한, 무역계약은 **매매계약을 주 계약**으로 하고 **운송계약, 보험계약 및 결제(대금지급)계약 등의 종속계약**을 수반하게 된다.

(1) 운송계약

운송이란 사람이나 물품을 자동차, 철도, 선박, 항공기 등의 운송수단을 이용하여 한 장소에서 다른 장소로 이동시키는 물리적 행위를 말한다. 운송은 국내운송과 국제운송으로 구분할 수 있는데, **국제운송**은 선적항에서 수입지 양륙항까지의 운송을 의미한다. 그리고 물품이 매도인으로부터 이동하여 매수인에게 도달하기 위해서는 **운송인과의 운송계약이 필요**하다. 운송방법에는 해상운송, 항공운송, 육상운송 및 복합운송이 있으며, 이러한 운송방법의 결정, 운송계약 체결의 당사자, 운임(운송비)의 부담자 등 운송계약의 내용은 매매당사자 간에 별도의 합의가 없는 한 매매계약서에 명시된 정형거래조건(trade terms)에 따라 결정된다.

(2) 보험계약

물품운송 중 발행할 수 있는 여러 가지 위험(risk)을 담보하기 위하여 해상보험계약이 필요하다. 보험이란 같은 위험에 놓여 있는 사람들이 하나의 위험단체를 구성하여 통계적 기초에 의하여 산출된 금액(보험료)을 납부하여 기금을 마련하고, 우연한 사고를 당한 사람에게 재산적 급여(보험금)를 지급함으로써 경제생활의 불안을 없애거나 덜게 하고자 하는 제도를 말한다. 무역을 위한 국제운송은 해상운송이 주를 이루고 있으므로 해상보험이 중요하다. **해상보험**은 해상사업에 관한 사고로 인하여 생긴 손해를 보상할 것을 목적으로 하는 손해보험의 일종이다. 영국해상보험법(Marine Insurance Act; MIA, 1906)에서는 해상보험을 "보험자가 피보험자에 대하여 그 계약에 의해 합의된 방법과 범위 내에서 해상손해 즉, **해상사업에 수반하여 발생하는 손해를 보상할 것을 약속하는 계약**"이라고 규정하고 있다. 당사자 간 별도의 합의가 없다면 물품의 운송 중 위험부담자, 보험계약체결 당사자 및 보험료 부담자 등은 매매계약체결 시 합의한 정형거래조건에 따라 결정된다. 예컨대, CIF나 CIP조건에서는 매도인이 매수인을 피보험자로 하여 보험계약을 체결하여야 한다.

(3) 결제(대금지급)계약

매수인은 국제물품매매계약을 이행하기 위해서는 대금지급을 할 의무가 있다. 무역에서 대금은 은행을 통해 결제할 수 있으므로 **은행 등 제3자와 결제계약을 체결**하여야 한다. 주로 국제물품매매계약에서 이용되는 결제방식은 신용장(Letter of Credit), 추심(Collection), 송금(Remittance)방식 등이다. 신용장방식은 매수인의 주거래은행이 서류요건 충족 시 매도인에게 대금지급을 확약하는 조건부 지급확약서이다. 따라서 신용장을 이용할 경우 매수인의 불충분한 신용이 은행의 충분한 신용으로 대체되므로 안심하고 거래에 임할 수 있게 된다. 신용장방식을 이용할 경우, 매도인은 선적 후 물품대금을 회수하기 위하여 신용장과 함께 화환어음을 준비하여 은행에 제시하여야 한다. 추심방식은 은행의 지급확약 없이 환어음을 추심은행을 통해 제시하여 대금을 회수하는 방식을 말한다. 송금방식은 매수인이 전신환(T/T)과 같은 방법을 이용하여 매도인에게 송금해 주는 방식을 말한다.

2) 준거법 결정문제

무역계약은 법역(法域)을 달리하는 당사자 간 거래이므로 계약 내용을 해석하는데 의견차이나 분쟁이 발생할 수 있다. 따라서 계약을 어느 나라 법률에 의해서 해석할 것인지 여부 즉, **계약의 준거법**(governing law)**을 결정**해야 한다. 준거법이란 **국제사법에 의하여 어떤 법률관계에 적용될 법률**을 말한다. 매도인과 매수인이 계약을 체결할 때 서로 자국법을 준거법으로 하고자 할 것이기 때문에 국제적 수준의 입법이 필요하다. 이러한 필요성에 따라 1980년, UN국제거래법위원회(United Nations Commission on International Trade Law; UNCITRAL)에서 UN통일매매법을 제정, 1988년부터 발효되어 사용하고 있다. 따라서 우리나라의 수출상과 수입상은 외국의 거래상대방과 계약을 체결할 때 매매계약서에 UN통일매매법을 준거법으로 명시하는 것이 바람직하다. 준거법은 당사자 간에 명시적으로 합의하지 않았거나 거래관습도 없는 경우에 이를 해결하기 위해 **계약의 공백을 채우는**(gap-filling) **기능**을 한다. 특히, UN통일매매법은 계약의 성립과 계약위반에 따른 구제 등을 상세하게 규정하고 있기 때문에 당사자 간의 매매계약에서 많은 부분을 보충하고 있다.

3) 무역관습의 적용

무역계약을 체결할 때 거래당사자들이 계약이행 과정에서 발생할 수 있는 모든 문제를 예측하여 이를 계약서에 반영하는 것은 거의 불가능하다. 왜냐하면 무역계약은 국제계약이기 때문에 양국의 사정이 언제든 변할 수 있고, 법 · 제도 · 언어 · 문화 ·통화 등이 서로 상이하기 때문이다. 또한, 무역계약을 이행하는 과정에서 해상운송 · 해상보험계약 등이 수반되고 은행이 개입되기 때문에 통제하기 어려운 변수가 국내거래에 비해 상당히 많다. 따라서 계약에 전문가가 아닌 거래당사자들은 거래의 **기본적인 조건들만 상호합의하여 계약서에 명시하고, 기타의 조건들은 묵시적으로 거래관습에 의존**하게 된다. 이러한 거래관습들을 정형화하여 '정형거래조건들에 관한 통일규칙'이 마련되었는데 이것이 Incoterms이다. Incoterms는 10년 주기로 개정되고 있으며, 현재 사용 중인 최신버전은 **Incoterms® 2020**이다. 정형거래조건은 거래당사자들이 명시적으로 합의하지 않은 많은 계약 내용을 규정하고 있다.

section

무역계약의 법적 성질 및 목적물

1 무역계약의 법적 성질

국제상거래는 매도인이 물품 인도와 그 소유권 이전을 약속하고, 매수인이 물품수령과 대금지급을 약속하는 물품매매계약으로서 구체화된다. 이러한 무역계약은 계약자유의 원칙을 근간으로 하는데, 이에 따라 낙성계약, 쌍무계약, 유상계약 및 불요식계약이라는 법적성격을 가진다.

1) 낙성계약

낙성계약(Consensual Contract)**은 당사자 간 의사표시의 합치만으로 성립하는 계약**이다. 예컨대, 물품을 일정한 조건으로 판매하겠다는 매도인의 청약(offer)에 대한 매수인의 승낙(acceptance) 즉, 두 당사자 간의 의사표시가 합치되면 성립하는 계약을 말한다. 그러므로 당사자의 합의가 있으면 계약이 성립되며, 물품의 점유 이전이나 소유권 이전이 계약성립의 요건이 되는 것은 아니다. 또한, 특별히 문서작성이나 그 교부를 계약성립의 요건으로 하는 것도 아니다. 이러한 점에서 요물계약(要物契約)과 구별된다.

2) 쌍무계약

쌍무계약(Bilateral Contract)**은 계약이 성립되면 당사자 쌍방이 서로 대가적·상호의존적 채무를 부담하는 계약**이다. 즉, 매도인이 물품인도(급부)를 하면 동시에 매수인이 대금지급(반대급부)을 할 것을 약속하는 것을 의미한다. 예컨대, 매도인이 물품을 인도하는 것은 매수인이 대금지급의무를 부담하기 때문이라는 교환적 원인관계에 있는 것이며, 채무이행문제나 위험부담문제를 수반하게 된다. 당사자 쌍방이 부담하는 채무가 '대가적 의미'를 갖는다는 것은 그 채무의 내용인 급부가 객관적·경제적으로 동일한 가치를 가져야 한다는 것은 아니다. 한편, 증여와 같은 일방당사자만 의무를 부담하는 경우는 편무계약(片務契約)이라고 한다.

3) 유상계약

유상계약(Remunerative Contract)은 무상계약(無償契約)에 반대되는 개념으로 **금전적 대가를 부담하는 계약**이다. 유상계약과 무상계약의 구별은 쌍무 및 편무계약과 혼동하기 쉬우나 전자는 대가적 채무가 금전인가에 중심을 둔 분류인 데 반하여, 후자는 채무 자체의 상호 의존성에 중점을 둔 개념이다.

4) 불요식계약

불요식계약(Informal Contract)**은 계약의 성립에 특별한 형식이나 방식이 필요하지 않은 계약**이다. 불요식계약은 반드시 문서에 의한 서류요건을 필요로 하지 않기 때문에 구두에 의한 계약이나 계약서를 작성하지 않아도 계약이 성립되는 것을 말한다. UN통일매매법에서는 "매매계약이 서면에 의하여 체결 또는 입증될 필요가 없으며 또한, 형식에 관한 어떠한 다른 요건에도 구속되지 아니한다. 매매계약은 증인을 포함하여 여하한 방법에 의해서도 입증될 수 있다"고 규정하고 있어[1] 국제물품매매계약의 성격이 불요식계약임을 밝히고 있다. 반면, 일정한 형식이 필요한 계약을 요식계약(Formal Contract)이라고 한다.

---

1) 제11조; A contract of sale need not be concluded in or evidenced by writing and is not subject to any other requirement as to form. It may be proved by any means, including witness.

2 무역계약의 목적물

1) 물품

무역의 대상이 되는 목적물은 물품(goods)이다. 물품은 각종 제정법에서 다양하게 정의하고 있으나 대체로 금전을 제외한 유체동산을 의미한다. 따라서 **국제물품매매계약상 물품에 해당되는 것은 유체동산**에 국한된다고 할 수 있다. 영국의 물품매매법(SGA)에서는 "물품이란 무체동산과 금전을 제외한 모든 순수동산(純粹動産)을 포함하고 또한, 스코틀랜드에 있어서는 금전을 제외한 모든 유체동산(有體動産)을 포함한다"고 규정하고 있다. 그리고 미국통일상법전(Uniform Commercial Code; UCC)에는 "물품이라 함은 매매계약에 특정될 당시에 이동시킬 수 있는 것으로서 지급수단인 금전, 투자증권 및 무체동산 이외의 특히, 제조품을 포함한 모든 것을 말하며, 동물의 태아, 성장 중의 수확물, 기타 부동산에 부착한 특정물로서 부동산으로부터 분리될 수 있는 것을 포함한다"고 규정함으로써 영국법보다 상세한 물품의 정의를 내리고 있다. 이와 같이 매매의 대상이 되는 물품은 유체동산을 의미하며, 이는 계약 당시 이미 존재하고 있는 **현물**(existing goods)에만 한정되는 것이 아니라 계약성립 후에 매도인이 제조 또는 취득할 **선물**(future goods)에도 적용된다.

2) UN통일매매법상의 물품

UN통일매매법에서는 **물품에 대한 정의를 내리지 않고** 있다. 그러나 UN통일매매법 제2조에서 적용이 배제되는 대상물품이나 거래형태를 열거하는 방법으로 물적 적용범위에 관해서 규정하고 있다. UN통일매매법상 **물적 적용범위에서 배제되는 물품**은 (a) 개인용, 가족용 또는 가사용으로 구입되는 물품의 매매이다. 다만, 매도인이 계약체결 전이나, 또는 계약체결 당시에 물품이 그러한 용도로 구입된 사실을 알지 못하였고 또한, 알았어야 하지도 않았던 경우에는 그러하지 아니한다. (b) 경매에 의한 매매, (c) 강제집행 또는 기타 법률의 수권에 의한 매매, (d) 주식, 지분, 투자증권, 유통증권 또는 통화의 매매, (e) 선박, 부선, 수상익선 또는 항공기의 매매, (f) 전기의 매매이다.[2)]

2) 제2조; This Convention does not apply to sales; (a) of goods bought for personal, family or household use, unless the seller at any time before or at the conclusion of the contract, neither knew nor ought to have known that the goods were bought for any such use; (b) by auction, (c) on execution or otherwise by autliority of law; (d) of stocks, shares, investment securities, negotiable instruments or money; (e) of ships, vessels, hovercraft or aircraft; (f) of electricity.

무역계약을 위한 준비

1 해외시장조사

1) 해외시장조사의 의의

수출입절차에서 최초의 단계가 해외시장조사이다. 물품을 수출 또는 수입하려면 먼저 목표 시장부터 찾아야 하며, **목표시장을 찾기 위해서는 여러 시장을 대상으로 거래와 관련된 항목을 조사하여 서로 비교·검토하는 절차가 선행**되어야 한다. 특히, 수출에 있어서 해외시장조사란 수출상이 자신의 물품을 장기적·효율적으로 수출할 수 있는 시장을 탐색하기 위하여 행하는 **최초의 절차**로써 당해 물품의 판매에 관련된 여러 가지 정보를 과학적 방법을 통해 최대한 합리적으로 수집하여 종합·비교 분석하는 일련의 활동이라고 할 수 있다.

2) 해외시장조사 항목

첫째, **지리적 조건**으로, 각국의 면적, 지형, 기후, 거리, 도시의 분포상황 등을 조사한다. 둘째, **정치·경제적 조건**으로, 각국의 자원분포상황, 경제·재정·금융·국내산업 보호정책의 정도 등을 검토하여야 한다. 또한, 후진국이나 개발도상국에 있어서는 공업화의 진전에 따라 소비재에 대한 수입규제 등의 실태도 파악해 둘 필요가 있으며, 국제수지의 동향에 대해서도 주목할 필요가 있다. 셋째, **사회적 조건**으로, 대상 국가 국민의 생활 수준 및 관습 등이 정확히 파악되어야 하며, 총인구, 인구의 도시집중도, 언어, 교육의 정도, 종교, 인터넷의 보급 정도 등에 관하여도 조사·검토하여야 한다.

3) 해외시장조사 방법

첫째, **해외지점, 출장소, 사무소 등에 의한 조사**로써 무역업자나 제조업자가 해외에 이들 지점이나 출장소를 갖고 있는 경우에 이들로부터 정보를 입수할 수 있다. 둘째, **거래상대국의 시장에 직접 출장**을 가서 조사하는 방법으로, 조사비용이 많이 든다는 단점이 있음에도 불구하고, 주관적이지만 감각적인 시장정보를 얻기 위한 가장 좋은 방법이라고 할 수 있다. 셋째, **한국에 주재하는 외국의 대사관이나 영사관** 또는 **외국에 주재하는 우리나라의 공관을 통하여 목적시장의 정보를 입수**한다.

넷째, 외국의 상업회의소 또는 우리나라의 **한국무역협회, 대한상공회의소, 한국무역투자진흥공사**를 통한 해외시장조사이다. 시장조사에 필요한 기초자료는 한국무역협회 및 한국무역투자진흥공사 자료실에 비치된 무역통계, 지역별 무역동향, 국별 수출입업자총람 등을 활용하면 개괄적인 시장정보를 수집할 수 있다. 마지막으로, **국내외의 조사기관**에 조사명목을 명시하고 비용을 부담하는 조건으로 조사를 위탁하는 경우인데, 특정 시장이나 특정 물품에 대하여 전문적이고 상세한 시장조사를 기대할 수 있다.

해외시장조사를 함에 있어서 위 유관기관들의 홈페이지 포함, 인터넷을 활용하면 수출입지역 및 수출입업자 정보, 수출입통계 등 매우 유익한 정보를 얻을 수 있다.

2 신용조사

1) 의의 및 필요성

해외시장조사를 통해 발굴한 상대방과 정식으로 거래를 체결하기 전에 상대방의 신뢰도를 확인하기 위하여 **신용상태를 조사**하여야 한다. 그 이유는 국제상거래의 경우 국내거래와 비교할 수 없을 만큼 큰 신용위험(credit risk)이 존재하기 때문이다. 이러한 신용위험을 방지하기 위한 근본적인 대책은 재정상태, 평판 및 영업능력 면에서 문제없는 상대방을 선택하는 것이며, 이를 위해서는 상대방의 신용상태를 조사하여 우수한 평가를 받는 상대방과 거래하는 것이 가장 바람직하다. 결국, 신용조사는 **신뢰할 수 있는 상대방을 조사하는 것으로, 거래관계의 성립 후에도 정기적으로 행하는 것이 좋다.**

국내거래의 경우라면 설사 중대한 사고가 발생해도 직접 만나서 해결할 수 있고, 필요하다면 상대방의 재산을 압류하는 등 법적 조치를 통해 피해를 회복할 수 있지만, 국제거래의 경우에는 거리, 제도, 법률 등 여러 가지 사정들로 인해 해결이 쉽지 않다. 특히, 국제거래에는 견본을 수집하여 생계의 수단으로 삼는 'sample merchant'나, 고의로 클레임을 제기할 것을 미리 계산하고 있는 'claim merchant'도 있다. **신용조사를 통해 이러한 악덕 상인을 미리 파악할 수 있다면 상당한 거래위험을 줄일 수** 있을 것이다.

2) 신용조사 항목

신뢰도를 측정하는 신용조사의 항목은 3C's, 4C's 및 5C's가 있으나 본서에서는 **3C's**를 중심으로 설명한다.

(1) 상도덕(Character)

개인에게 인격이 있는 것과 같이 법인도 인격이 있다. 즉, **대금결제 열의, 업체의 성실성, 평판, 영업태도**, 기업윤리, 기업의 사회적 책임 등을 확인하는 것이 상도덕 항목이다. 특히, 대금결제에 대한 열의는 상대방의 자금상태나 영업실적보다 경영진의 도덕성과 성실성에 의존하는 경우가 많으므로 신용조사에서 이 항목에 특히 중점을 두어야 한다. 신용조사 항목 가운데 가장 중요한 항목이 바로 상도덕이다.

(2) 자본(Capital)

재정상태(financial status) 즉, 수권자본(authorities capital)과 납입자본(paid up capital), **자본과 부채의 비율, 영업 결과에 따른 이익과 손실** 등을 점검하는 항목이다. 이를 조사하기 위해서는 일반적으로 상대방의 재무제표(financial statements)를 검토하게 되며, 그 대표적인 것이 대차대조표(balance sheet)와 손익계산서(income statement)이다.

(3) 능력(Capacity)

연간매출액, 업체형태, 연혁, 영업권, **취급업종**, **장래성** 등에 관한 항목이다. 비록 건실하고 양호한 재정상태를 갖고 있다고 하더라도 장래성이 없는 업종이나 경영자의 경영능력이 없다면 장기적인 전망이 밝다고 할 수 없다.

이러한 3C's 이외에 시장상황(Condition), 담보능력(Collateral), 거래통화(Currency), 소속국가(Country) 가운데 1~2개를 추가하여 4C's 및 5C's라 부르고 있다. 특히, **수출의 경우, 시장상황에 대한 검토의 필요성이 강조되어 4C's가 일반적인 신용조사의 항목으로 인정**되고 있다. 이것은 상대 업체가 소재하는 국가의 정치적 안정성, 경제·재정 · 금융정책상의 장애요인, 법률적 규제, 통관 · 운송시설 등을 점검하는 항목이다.

3) 신용조사 방법

(1) 거래은행이나 동업자를 통한 조사

상대방의 거래은행이나 자사와 오랜 거래관계가 있는 **동업자**를 통하여 신용조회를 하는 것이 가장 보편적인 방법이다. 그러나 거래은행을 통한 신용조회의 경우, 현실적으로 이들 은행에 신용조회를 하여도 만족할 만한 신용정보를 얻을 수 없는 경우가 많고, 때로는 회답이 전혀 없는 경우도 있다. 왜냐하면 이들 은행이 피조사기업의 신용상태에 대한 충분한 자료를 가지고 있어도 비밀사항에 관한 조사내용을 전혀 알지 못하는 타국의 조사 의뢰인에게 신용보고서를 보내는 것을 꺼리기 때문이다. 따라서 은행을 통한 신용조사의 경우, 조사 의뢰인은 우선 자기의 거래은행에 의뢰하고 거기서 다시 상대측의 은행에 의뢰하는 방법을 취하는 것이 현명하다.

(2) 해외기관에 의한 조사

신용조사 전문기관은, 국내는 물론 세계의 주요 도시에 통신원 또는 조사원을 주재 또는 파견하여 신용조사를 위한 활동을 하고 있다. 세계 3대 신용평가(조사) 회사에는 Moody's Investors Service, Standard & Poor's, Fitch가 있다.

(3) 국내기관에 의한 조사

우리나라에서 해외신용조사를 전문으로 하는 기관으로 **신용보증기금**(KODIT), **한국무역보험공사**(K-Sure), **한국무역투자진흥공사**(KOTRA) 등이 있다. 특히, 신용보증기금은 현재 세계적인 신용조사망을 갖춘 미국의 Dun & Bradstreet 등 유수의 해외신용조사 전문기관과 제휴하여 신속·정확한 자료를 제공하고 있다. 신용보증기금은 무역업자의 신용보증과 해외신용조사를 주 업무로 하고 있으며 또한, 기업의 경영전략 수립을 위한 특별조사 및 해외거래처에 대한 종합적 신용관리 등 다양한 서비스를 제공하고 있다. 이러한 신용조사는 각 기관의 홈페이지를 방문하여 편리하게 이용할 수 있다.

3 무역업고유번호

1) 과학적 무역업무의 처리기반 구축(대외무역법 제15조)

(1) 산업통상자원부장관은 물품 등의 수출입 거래가 질서 있고 효율적으로 이루어질 수 있도록 대외무역통계시스템 및 전자문서 교환체계 등 과학적 무역업무의 처리기반을 구축하기 위하여 노력하여야 한다.

(2) 산업통상자원부장관은 과학적 무역업무의 처리기반을 구축하기 위하여 필요하다고 인정되면 관계 행정기관의 장에게 대통령령으로 정하는 바에 따라 통관기록 등 물품 등의 수출입 거래에 관한 정보를 제공하도록 요청할 수 있다. 이 경우 관계 행정기관의 장은 이에 협조하여야 한다.

(3) 관계 행정기관의 장은 「대외무역법」의 목적의 범위에서 필요하다고 인정되면 산업통상자원부장관에게 위에 따라 구축된 물품 등의 수출입거래에 관한 정보를 제공하도록 요청할 수 있다. 이 경우 산업통상자원부장관은 이에 협조하여야 한다.

2) 전산관리체제의 개발 · 운영(대외무역법시행령 제21조)

(1) 산업통상자원부장관은 수출입 거래가 질서 있고 효율적으로 이루어질 수 있도록 법 제15조 제1항에 따라 다음 각 호의 전산관리체제를 개발·운영하여야 한다.

1. 무역거래자별 고유번호(이하 "무역업고유번호"라 한다)의 부여 및 관리 등 수출입통계 데이터베이스를 구축하기 위한 전산관리체제
2. 「불공정무역행위 조사 및 산업피해구제에 관한 법률」 제4조에 따른 불공정무역행위를 방지하기 위한 전산관리체제
3. 효율적인 수출입 거래를 위한 다음 각 목의 전산관리체제
   가. 부문별 무역전산관리체제를 유기적으로 연계하기 위한 전산관리체제
   나. 관계 행정기관의 장이 필요하다고 인정하여 산업통상자원부장관과 협의하여 정한 해당 기관 소관의 무역 관련 전산관리체제
4. 그 밖에 무역업계의 요청에 따라 산업통상자원부장관이 필요하다고 인정하는 전산관리체제

(2) 산업통상자원부장관은 전산관리체제를 개발·운영하기 위하여 필요하다고 인정하면 그 경비의 일부를 해당 전산관리체제의 개발·운영에 필요한 정보를 제공한 기관에 지원할 수 있다.

3) 대외무역관리규정 제24조(무역업고유번호의 신청 및 부여)

(1) 산업통상자원부장관은 전산관리체제의 개발·운영을 위하여 무역거래자별 무역업고유번호를 부여할 수 있다.

(2) **무역업고유번호를 부여받으려는 자**는 별지 제1호 서식에 의하여 우편, 팩시밀리, 전자우편, 전자문서교환체제(EDI) 등의 방법으로 **한국무역협회장에게 신청**하여야 하며, **한국무역협회장은 접수 즉시 신청자에게 고유번호를 부여**하여야 한다.

(3) 무역업고유번호를 부여받은 자가 상호, 대표자, 주소, 전화번호 등의 변동사항이 발생한 경우에는 별지 제2호의 서식에 의한 무역업고유번호신청사항 변경통보서에 따라 변동사항이 발생한 날부터 20일 이내에 한국무역협회장에게 알리거나 한국무역협회에서 운영하고 있는 무역업 데이터베이스에 변동사항을 수정 입력하여야 한다.

(4) 무역업고유번호를 부여받은 자가 합병, 상속, 영업의 양수도 등 지위의 변동이 발생하여 기존의 무역업고유번호를 유지 또는 수출입실적 등의 승계를 받으려는 경우에는 변동사항에 대한 증빙서류를 갖추어 무역업고유번호의 승계 등을 한국무역협회장에게 신청할 수 있다.

(5) 한국무역협회장은 무역업고유번호의 부여 및 변경사항을 확인하고 무역업고유번호관리대장 또는 무역업 데이타베이스에 이를 기록 및 관리하여야 한다.

(6) **무역거래자는「관세법」제241조에 따른 수출(입)신고 시 무역업고유번호를 수출(입)자 상호명과 함께 기재**하여야 한다.

【무역업고유번호신청서】

APPLICATION FOR TRADE BUSINESS CODE

처리기간 (Handling Time)
즉시 (Immediately)

① 상호 (Name of Company)			
② 주소 (Address)			
③ 전화번호 (Phone Number)		④ 이메일주소 (E－mail Address)	
③ 팩스번호 (Fax Number)		⑤ 사업자등록번호 (Business Registry Number)	
⑥ 대표자 성명 (Name of Rep.)			

「대외무역법 시행령」 제21조 제1항 및 대외무역관리규정 제24조에 따라 무역업고유번호를 위와 같이 신청합니다.

I hereby apply for the above－mentioned trade business code in accordance with Article 24 of the Foreign Trade Management Regulation.

신청일 : 년 월 일
Date of Application Year Month Day
신청인 : (서명)
Applicant Signature

사단법인 한국무역협회 회장
Chairman of Korea International Trade Association

유의사항: 상호, 대표자, 주소, 전화번호 등 변동사항이 발생하는 경우 변동일로부터 20일 이내에 통보하거나 무역업데이타베이스에 수정입력하여야 함.

【무역업고유번호신청사항 변경통보서】

NOTIFICATION OF AMENDMENTS TO TRADE BUSINESS CODE

처리기간 (Handling Time)
즉시 (Immediately)

<table>
<tr><td colspan="2">① 상호
(Name of Company)</td><td></td><td>② 무역업고유번호
(Trade Business Code)</td><td></td></tr>
<tr><td colspan="2">③ 주소
(Address)</td><td colspan="3"></td></tr>
<tr><td rowspan="2">④</td><td>전화번호
(Phone Number)</td><td></td><td>⑤ 전자우편주소
(E－mail Address)</td><td></td></tr>
<tr><td>팩스번호
(Fax Number)</td><td></td><td>⑥ 사업자등록번호
(Business Registry Number)</td><td></td></tr>
<tr><td colspan="2">⑦ 대표자성명
(Name of Rep.)</td><td colspan="3"></td></tr>
<tr><td colspan="5">변경내용(Contents of Amendment)</td></tr>
<tr><td colspan="3">변경 전(Before Amendment)</td><td colspan="2">변경 후(After Amendment)</td></tr>
<tr><td colspan="3"></td><td colspan="2"></td></tr>
</table>

대외무역관리규정 제24조에 따라 무역업고유번호 신청사항의 변경내용을 위와 같이 통보합니다.

I hereby notify the above－mentioned amendment(s) to the trade business code in accordance with Article 24 of the Foreign Trade Management Regulation.

신청일 : 년 월 일

Date of Application Year Month Day

신청인 : (서명)

Applicant Signature

사단법인 한국무역협회 회장

Chairman of Korea International Trade Association

※ 첨부서류 : 변경사항 증빙서류

4 수출입절차

수출입절차란 해외 거래상대방을 발굴하고 상담을 진행하는 등 해외시장조사, 신용조사, 마케팅 등의 과정을 거쳐 수출계약 또는 수입계약을 체결한 후 계약 내용대로 **수출상은 약정 물품을 인도하고, 수입상은 수입대금을 지급하는 일련의 과정**을 말한다. (**수출상의 물품인도 ↔ 수입상의 대금지급**)

수출입거래는 수출상과 수입상이 각각 물품 판매 또는 물품 확보를 위해 어느 일방의 주도에 따라 (일반적으로 수출상이 적극적으로 활동) 해외거래선 확보를 위한 마케팅 절차 등을 거쳐 거래선을 정한 후 무역계약을 체결하는 것으로써 본격적으로 시작된다.

1) 수출절차

(1) 수출승인

오늘날 무역자유화가 가속화되므로 **대부분의 물품을 수출승인**(export licence) 없이 수출할 수 있으나, 수출입공고(대외무역법)에서 수출이 제한되는 품목의 경우에는 승인기관의 수출승인을 받아야 한다. 원래 승인권자는 산업부장관이지만, 수출입공고 등에 의하여 그 권한을 관련 협회나 조합 등의 단체에 위임하고 있다.

(2) 신용장 수취

매매계약이 성립되면 계약서의 결제조건(terms of payment)에 따라 신용장방식인 경우에는 수입상의 요청에 따라 **신용장**(Letter of Credit; L/C)**이 개설**되어 수출상에게 보내진다. 신용장을 수취한 수출상은 신용장상의 내용이 계약내용과 일치하는지를 점검하고 만약 불일치가 발견되면 수입상에게 조건변경(amendment)을 요구하여야 한다.

(3) 무역금융

수출 물품 또는 원자재를 생산 혹은 구매하기 위해서는 자금이 필요하다. 수출 물품을 확보하는 방법은 수출상이 자신의 공장에서 **직접 생산**하는 방식과 **다른 제조업자로부터 완제품을 구매**하는 방식이 있다. 전자의 경우 필요한 원자재를 국내에서 조달할 수도 있고 이를 해외에서 수입할 수도 있다. 원자재나 완제품을 국내에서 조달할 경우 자신의 거래은행을 통하여 국내 공급업자를 수익자로 한 **내국신용장**(Local L/C)[3]을 이용하거나, 외국환은행장이 내국신용장에 준하여 발급하는 **구매확인서**(Confirmation of Purchase)[4]를 이용한다.

(4) 운송계약 체결

수출상은(예컨대, CFR조건의 경우) 신용장이나 추심계약서 등에서 정해진 선적기일 내에 물품의 선적을 이행해야 하므로 물품의 운송을 위하여 운송회사와 **운송계약을 체결**하여야 한다. 실제로 운송계약은 수출상이 선사에 선복요청서(Shipping Request; S/R)를 제출하고, 선사가 인수확약서(Booking Note; B/N)를 화주에게 교부하면 운송계약이 성립되고, 선적 후 발행되는 **선하증권**(Bill of Lading; B/L)은 운송계약체결의 **추정적 증거**(prima facie evidence)가 된다.

---

3) 신용장의 수익자인 수출업자가 수출상품을 국내의 다른 제조업자 또는 상품공급업자로부터 매입하여 적출하게 되는 경우가 많다. 이때 국내의 제조업자 또는 상품공급자는 수출업자의 신용이 충분하지 않으면 수출업자에게 신용장이 도착되어 있더라도 대금의 선불을 요구하거나 은행의 지급보증 등을 요구하는 수가 있다. 이러한 경우 신용장의 수익자인 수출업자는 상품의 매입을 용이하게 하기 위하여 외국환은행(원신용장의 통지은행)에 대하여 본인 앞으로 내도한 신용장을 견질로 하고, 본인을 매수인(내국신용장 발행 의뢰인)으로 하여, 제조업자나 공급업자를 수익자로 한 다른 하나의 신용장 발행을 의뢰하게 된다. 이와 같이 수출업자의 의뢰에 따라 외국환은행이 수출업자 앞으로 내도한 신용장을 견질로 하여 국내 제조업자 또는 공급업자 앞으로 발행하는 신용장을 내국신용장(Local Credit), 수출업자 앞으로 내도한 당초의 신용장을 원신용장(Master L/C, Original L/C)이라고 한다.

4) 내국신용장에 의하지 아니하고 국내에서 외화획득용 원료 또는 물품을 공급하는 경우에 외국환은행의 장이 내국신용장에 준하여 발급하는 것이다. 내국신용장은 개설의뢰인의 화환신용장을 근거로 하여 발급되지만 구매확인서는 수출업자의 신청에 의하여 수출신용장, 수출계약서, 외화매입증명서, 군납계약서, 내국신용장, 구매확인서 등을 근거로 하여 발급된다. 이는 화환신용장의 결여로 수출지원금융의 융자대상에서 제외되는 데에서 오는 불이익을 보완하기 위한 것이다. 구매확인서에 의한 공급실적은 내국신용장에 의하여 공급한 것과 동일한 것으로 보아 수출업자에 대한 수출실적으로 인정되며, 부가가치세에 있어서도 영세율의 적용대상으로 규정하고 있다.

(5) 보험계약 체결

물품이 수출상으로부터 수입상에게 인도되기 위해서는 운송과정을 거쳐야 하고, 운송 중에 생길지도 모를 위험을 커버하기 위하여 **해상적하보험**(Marine Cargo Insurance) 제도가 이용된다. 보험계약체결의 증빙으로는 보험증권(Insurance Policy)이나 보험증명서(Certificate of Insurance)가 발급되나, 일반적으로 보험증권이 사용된다.

(6) 수출통관

물품이 국경을 통과하여 외국으로 이동하기 위해서는 거쳐야 할 법적 절차가 있다. 이것이 바로 수출통관이다. 수출상은 확보한 물품을 자신의 공장이나 창고 등 현물 검사를 받을 수 있는 곳에 장치한 후 **세관에 수출신고**(export declaration)를 하여야 한다. 수출신고는 전자문서(Electronic Data Interchange; EDI)를 통관시스템을 통하여 전송함으로써 이행된다. 수출신고는 화주, 관세사, 통관법인 또는 관세사 법인의 명의로 할 수 있다. 수출신고가 접수되면 세관은 서류심사와 물품검사(생략이 원칙)를 거쳐 **수출신고필증을 교부**한다.

(7) 선 적

수출통관을 끝낸 화물은 내륙운송을 거쳐 본선의 선측까지 운송되어 **본선에 적재**된다. 본선에 적재된 화물에 대하여 본선수령증(Mate's Receipt)이 발급되면 수출상은 선사에 이와 상환으로 **선적선하증권(on board B/L)을 교부**받는다. 만약 화물이 컨테이너에 적입된 경우, FCL(Full Container Load) 화물의 경우에는 CY(Container Yard)에서, LCL(Less than Container Load) 화물의 경우에는 CFS(Container Freight Station)에서 각각 CY Operator 또는 CFS Operator에게 인도되고 부두수령증(Dock Receipt)을 교부받아 이와 상환으로 수취선하증권(received B/L ↔ 선적선하증권, shipped or on board B/L) 또는 복합운송서류(Multimodal Transport Document)를 교부받는다.

(8) 수출대금 회수

물품이 수입지에 도착하고 수입상이 이를 확인한 후에 수출대금이 지급된다면 수출거래의 안정성이 확립되기 어렵다. **신용장방식**인 경우 **수출상**은 물품을 선적하고 바로 거래은행과 체결한 외국환거래약정에 따라 환어음(bill of exchange 또는 draft)[5]과 신용장상에 명기된 서류를 준비하여 자신의 거래은행에 **화환어음의 매입(negotiation)을 의뢰함으로써 수출대금을 회수**한다. **추심(collection)방식**인 경우에는 환어음과 서류를 준비하여 거래은행과의 약정에 따라 **추심[6]을 의뢰함으로써 수출대금을 회수**한다.

여기서 환어음은 수출상이 지급은행에게 자신의 채권액을 지명인 또는 소지인에게 일정한 기일 및 장소에서 무조건 지급할 것을 위탁한 유가증권이며, 선적서류(shipping document)에는 운송서류(transport document), 보험서류(insurance document), 상업송장(commercial invoice), 포장명세서(packing list), 원산지증명서(certificate of origin) 등이 포함된다.

(9) 사후관리 및 관세환급

수출상이 물품을 선적하고 수출대금을 수령하면 수입상과의 계약은 종료된다. 그렇지만 수출상 혹은 생산자가 수출용 원자재를 수입하여 물품생산에 사용하였다면 이를 수입할 때 세관에 납부한 관세를 되돌려 받을 수 있다. 이를 **관세환급**이라 한다.

2) 수입절차

수입상은 수출입계약이 체결되면 계약내용에 따라 신용장을 개설하고, 수입대금을 결제한 후 선적서류를 입수(물품 확보)하여 국내영업을 하는 일련의 수입활동을 전개

---

5) 환어음은 발행인이 지급인에 대하여 증권상에 기재된 금액을 일정 일에 어음상의 정당한 권리자(수취인 또는 그 지시인)에게 지급할 것을 무조건으로 위탁하는 증권이다. 약속어음은 발행인이 소지인에 대하여 일정기일에 일정금액을 지급할 것을 약속하는 어음이다.

6) 은행이 대금지급을 위해 어음과 서류를 취급하는 행위로 은행이 소지인(所持人)의 의뢰를 받아 어음을 지급인(支給人)에게 제시하여 지급하게 하는 일이다.

한다. 결국, 수입절차는 수입자가 수입계약을 이행하는 과정으로 볼 수 있으며, 이는 시간의 경과에 따라 단계별로 **수입신고 및 승인**, **수입대금결제**, **선적서류입수**, (선사에 서류제시 후) **물품수령 및 국내영업**의 순으로 진행된다.

【수출입절차】

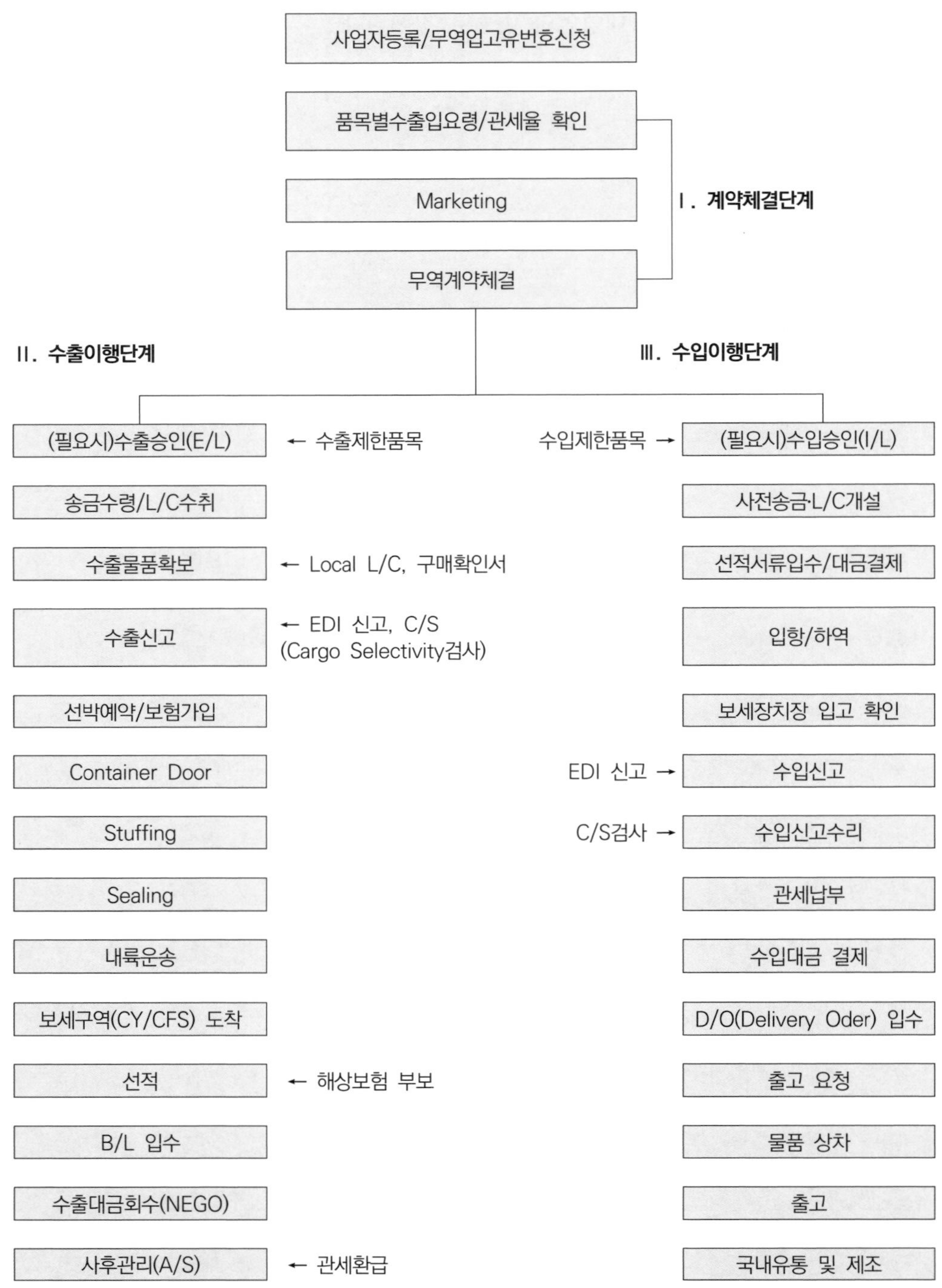

사업자등록/무역업고유번호신청
품목별수출입요령/관세율 확인
Marketing
무역계약체결
Ⅰ. 계약체결단계
Ⅱ. 수출이행단계
Ⅲ. 수입이행단계
(필요시)수출승인(E/L)
← 수출제한품목
송금수령/L/C수취
수출물품확보
← Local L/C, 구매확인서
수출신고
← EDI 신고, C/S (Cargo Selectivity검사)
선박예약/보험가입
Container Door
Stuffing
Sealing
내륙운송
보세구역(CY/CFS) 도착
선적
← 해상보험 부보
B/L 입수
수출대금회수(NEGO)
사후관리(A/S)
← 관세환급
수입제한품목 →
(필요시)수입승인(I/L)
사전송금·L/C개설
선적서류입수/대금결제
입항/하역
보세장치장 입고 확인
EDI 신고 →
수입신고
C/S검사 →
수입신고수리
관세납부
수입대금 결제
D/O(Delivery Oder) 입수
출고 요청
물품 상차
출고
국내유통 및 제조

MEMO

CHAPTER

02

무역계약의 성립

section

무역계약 성립의 기초

1 무역계약 성립의 의의

계약은 일정한 채권의 발생을 목적으로 하는 복수당사자의 서로 대립하는 의사표시의 합치로 성립하는 법률행위이다. 일반적으로 계약이 성립하려면 당사자 사이에 서로 대립하는 여러 의사표시의 합치 즉, 합의가 반드시 있어야만 한다. 계약은 복수당사자의 서로 대립하는 의사표시의 합치에 의하여 성립하기 때문에 국제물품매매계약 역시 당사자 간 의사표시의 합치에 의하여 성립한다.

계약성립의 가장 중요한 요소는 **계약당사자 간의 의사의 합치**이다. 이러한 의사표시는 시간적으로 순차적이어야 한다. 즉, 앞의 의사표시는 뒤의 의사표시를 유도하는 인과관계에 있을 것을 요건으로 한다. 이 경우 앞의 의사표시는 **청약**(offer)이 되고, 뒤의 의사표시는 **승낙**(acceptance)이 된다. 결국, 계약이 성립되기 위해서는 먼저 복수의 의사표시가 있어야 하고, 이러한 의사표시의 내용이 일치하여야 하며, 2개의 의사표시는 당사자 간에 교환적으로 대립되어 있어야 한다.

계약성립에 있어서 어떠한 복잡한 교섭 과정을 거친 계약이더라도 최종적으로는 하나의 청약과 하나의 승낙에 의하여 성립한다. 청약과 승낙 중 어느 것을 결하여도 계약은 성립하지 않는다.

2 무역계약 성립의 형태

무역계약은 일반적으로 당사자 간의 의사의 합치로 성립하는데, 이러한 의사의 합치는 보통 청약과 승낙으로 이루어진다. 그러나 계약이 성립하는 모습에는 이외에도 여러 형태가 있다. 우리 민법은 청약과 승낙에 의한 계약의 성립뿐만 아니라 교차청약과 의사실현에 의한 계약의 성립에 관하여도 규정하고 있다.

1) 청약과 승낙에 의한 계약성립

국제물품매매계약은 서로 대립하는 당사자 즉, 매도인과 매수인의 의사표시인 **청약과 승낙에 의한 의사의 합치로 성립**한다. 그러므로 일방당사자가 먼저 청약을 보내고 상대방이 이에 대하여 승낙을 함으로써 계약이 성립한다. 이러한 청약과 승낙은 명시적으로 행하여지는 것이 일반적이지만 묵시적으로 행하여질 수도 있다. 또한, 이러한 청약과 승낙이 특별한 방법으로 행하여지는 경우도 있다.

2) 교차청약에 의한 계약성립

교차청약(Cross Offer)은 **당사자들이 동일한 내용의 청약을 서로 행한 경우**로서 독립적인 청약이 두 개가 존재하고 **승낙은 없는 특수한 경우**를 말한다. 예컨대, A가 B에게 연필을 미화 50달러에 판매하고 싶다고 청약을 하고, 마찬가지로 B가 A 앞으로 연필을 미화 50달러에 구매하고 싶다고 청약을 한 경우에 매매계약이 성립하느냐 하는 점이다.

교차청약에 의한 계약성립과 관련하여 각국의 입장은 아래와 같다.

첫째, **영·미의 판례에서는 교차청약에 의한 계약성립을 인정하지 않는다.**[7] 영국의 *Tinn v. Hoffman & Co.* 사건에서 Blackbum 판사는 "상대방의 청약을 알지 못하고 행한 청약은 상대방에 대한 승낙으로 해석되지 않는다"라고 하여 계약의 성립을 부정

7) 우리 민법은 계약성립의 모습으로 「청약에 대한 승낙」(제527조~제531조, 제534조), 「교차청약」(제533조), 「의사실현」(제532조)의 3가지를 인정하고 있다.

하였다. 그리고 미국의 경우, Williston은 "각 당사자에 의한 청약을 알지 못하고 행한 서로 일치하는 청약은 실제적으로 그 조건이 일치하여도 계약은 성립하지 않는다"라고 하였다. 이를 요약하면, 상대방의 청약을 알지 못하고 행한 청약은 승낙으로 인정되지 않는다.

둘째, **프랑스에서는** 교차청약을 상대방의 청약에 대한 승낙이 피청약자의 침묵에 의하여 이루어지는 것으로 인정하여 **계약이 성립한다고 인정**하고 있다.

셋째, **일본**에서는 두 개의 청약이 객관적으로 동일한 내용을 가지고 있고(객관적 합치) 또한, 양 당사자는 그 계약을 체결하고자 하는 의사를 가지고 있으므로(주관적 합치) **계약이 성립**한다고 보고 있다.

넷째, **우리나라**의 경우에는 두 개의 의사표시는 객관적, 주관적으로 합치하고 있으므로 **교차청약에 의한 계약의 성립을 인정**하고 있다(민법 제533조).

결론적으로 **우리나라, 일본 및 프랑스의 경우** 교차청약에 대하여 두 개의 의사표시가 객관적 및 주관적으로 모두 합치하고 있으므로 이에 대한 **계약의 성립을 인정**[8] 하고 있으나, 교차청약에 의한 국제물품매매계약의 성립 여부는 각국의 법률과 판례에 따라 상이하고 국제적으로 통일되어 있지 않다. 따라서 매매계약체결 시 청약이 교차된다고 생각되는 경우, 즉시 상대방의 청약에 대하여 의사표시를 함으로써 후일 계약성립 여부에 관한 분쟁의 가능성을 사전에 예방하는 것이 실무상 바람직하다.

3) 의사실현에 의한 계약성립

의사실현에 의한 계약의 성립이란 "청약자의 의사표시나 관습에 의하여 승낙의 통지가 필요하지 아니한 경우에는 **계약은 승낙의 의사표시로 인정되는 사실이 있는 때에 성립**하는 것"[9]을 의미한다. 여기서 '의사실현'이란 의사표시와 같이 일정한 효과의사를 외부에 표시할 목적으로 행하여진 것으로 볼 수는 없지만, 그것으로부터 일정한

---

8) 민법 제533조; 당사자 간에 동일한 내용의 청약이 상호 교차된 경우에는 양 청약이 상대방에게 도달한 때에 계약이 성립한다.

9) 민법 제532조.

효과의사를 추측하여 판단할 수 있는 행위가 있기 때문에 의사표시로 취급되는 것을 말한다. 그러므로 이 의사실현에는 **승낙의 의사를 표시하는 통지는 없지만, 승낙의 의사가 있음을 추단할 만한 행위가 있기 때문에 의사실현에 의한 계약의 성립을 인정**하게 된다. 또한, '승낙의 의사표시로 인정되는 사실'이란 의식적으로 효과의사를 표시하는 행위는 아니지만 효과의사가 존재하는 것으로 추단되는 객관적 사실을 말한다.

UN통일매매법에서는 제18조 3항에 "청약을 통하여 또는 당사자들이 그들 사이에서 확립한 관습이나 또는 관행의 결과로 인하여 청약자에게 아무런 통지 없이, 피청약자가 물품의 발송이나 대금의 지급에 관한 행위와 같은 행위를 수행함으로써 동의를 표시할 수 있는 경우에는 **승낙은 그 행위가 수행되는 순간에 그 효력을 발생한다**"고[10] 규정하여 의사실현에 의한 계약의 성립을 인정하고 있다. 다만, 이러한 행위는 청약이 승낙기간을 정하고 있는 경우에는 그 기간 내에 이행되어야 하며, 그 기간이 정해지지 않은 경우에는 합리적인 기간 내에 이행되어야 한다.

이를 종합해 보면 의사실현에 의한 계약의 성립을 인정하는 것은 확실한 의사표시가 없는 경우에도 일정한 행위 또는 침묵으로부터 당사자의 승낙의사를 추단함으로써 사적자치의 원칙을 확정할 수 있다고 보기 때문이다. 이렇게 의사실현에 의한 계약의 성립을 인정하는 것은 상거래를 보다 간단하고 명확하게 하여 실제 거래의 신속을 도모하는 효과를 주며, 국제물품매매계약의 성립 여부에 대한 당사자의 다툼을 방지하는 기능도 한다.

3 무역계약의 효력 발생요건

계약이 성립요건을 갖추게 되면, 당사자가 의도한 대로 효력이 발생한다. 계약의 구

10) 第18조 제(3)항; If, by virtue of the offer or as a result of practices which the parties have established between themselves or of usage, the offeree may indicate assent by performing an act, such as one relating to the dispatch of the goods or payment of the price, without notice to the offeror, the acceptance is effective at the moment the act is performed.

체적인 내용은 계약당사자의 자유의사 즉, 계약자유원칙에 따라 결정된다. 계약의 효력이 발생하면 당사자는 그 계약의 내용에 구속된다. 이와 같이 당사자 간의 의사의 합치로 계약이 성립되지만, 계약이 유효하기 위해서는 공법상, 민법상 및 계약법상의 제한을 받지 말아야 한다.

1) 일반적 효력 발생요건

(1) 내용의 확정성

계약의 **내용이 확정**되어 있거나, 또는 확정될 수 있어야 한다. 계약의 내용이 확정되어 있지 않거나, 또는 해석을 통해서 확정될 수 없는 경우 그 계약은 무효이다.

(2) 내용의 가능성

계약의 **내용은 이행가능한 것**이어야 한다. 계약이 체결된 시기와 장소에 있어서 사회적 경험칙에 따라 실현불가능한 급부를 목적으로 하는 계약은 효력이 발생할 수 없음은 당연하다. 그리고 여기서 말하는 불가능은 사회생활에 있어서의 경험칙, 이른바 거래상의 통념에 의하여 결정되는 것이고, 자연과학적인 의미에 있어서의 불가능을 말하는 것은 아니다. 또한, 이행불가능은 원시적 불가능을 의미하며, 후발적 불가능을 말하는 것이 아니다. 후발적 불가능의 경우에는 채무불이행·위험부담 등의 문제가 생길 뿐이고, 계약이 무효로 되지 않는다.

(3) 내용의 적법성과 사회적 타당성

계약의 내용은 **적법하고 사회적 타당성이 있어야 유효**하다. 즉, 계약의 내용이 일국의 강행법규(mandatory rules)를 위반하지 않아야 한다. 결국, 공법상의 효력규정에 위반하지 않아야 하며, 선량한 풍속, 기타의 사회질서에 위반하는 사항을 내용으로 하는 계약은 무효이다. 여기서 공법상의 제한은 계약의 목적과 내용이 앞의 강행법규에 반하는 것이 아니어야 한다. 공법상의 제한에는 대표적으로 수출입허가 및 제한, 외환통제에 관한 법률이 있다. 이러한 공법상의 제한은 당사자 간의 합의보다 우선한다.

(4) 행위능력의 하자

계약이 유효하게 성립하기 위해서는 **계약당사자의 행위능력에 하자가 없어야** 한다. 즉, 계약당사자는 행위능력이 있어야 하며, 무능력(incapacity), 무권한(lack of authority), 부도덕(immorality) 또는 불법(illegality) 등에 의한 계약은 무효이다.

(5) 의사표시의 하자

계약당사자의 **의사표시는 착오**(mistake), **사기**(fraud), **강박**(threat) **및 현저한 불공정**(noticeable disparity)**에 의한 경우가 아니어야** 한다. 착오, 사기 등에 의한 계약은 하자가 있는 계약으로서 취소할 수 있다. 한편, UN통일매매법은 제4조에서 "계약이나 그 어떠한 조항 또는 어떤 관행의 유효성"에 관계하지 않는다고 규정하면서 이러한 문제는 법정지의 국제사법규칙에 따라 결정되는 국내법에 위임하고 있다.[11] 이것은 UNCITRAL에서 UN통일매매법을 제정할 때 각국 간의 조정과 타협이 어려워지자 계약의 유효성 문제를 국내법에 위임하였기 때문이다. 국제상사계약의 일반원칙을 제공하고 국제통일법을 보충, 각국의 입법모델로 활용하기 위하여 1994년 UNIDROIT[12]에서 정한 「국제상사계약에 관한 UNIDROIT 원칙」(UNIDROIT Principles of International Commercial Contracts)에는 제한적이기는 하지만 제3장에서 계약의 유효성을 규정하고 있다.

2) 특별 효력 발생요건

법률의 규정 또는 당사자 간의 약정에 의하여 계약의 일반적 유효요건 이외에 특별

11) 제4조 제(a)항; In particular, except as otherwise expressly provided in this convention, it is not concerned with: (a) the validity of the contract or of any of its provisions or of any usage.

12) 국제사법위원회 또는 사법통일국제연구소(UNIDROIT; International Institute for the Unification of Private Law)는 독립된 국제기구로 국제사법의 통일과 일관성을 높일 목적으로 1926년 국제연맹의 하부조직으로 설립된 단체이다. 특히 국가 간 상법의 표준화에 힘쓰고 있으며 각종 협약 및 조약을 작성하고 있다. 그 본부는 로마에 위치하며 약 60개 회원국으로 구성되어 있다.

요건이 요구되는 경우에는 특별 유효요건까지 갖추어야 계약은 그 효력을 발생한다. 이러한 특별 유효요건이 요구되는 대표적인 계약이 바로 **국가의 허가 또는 증명을 필요로 하는 전략물자의 수출입계약**이다.

section

무역계약의 성립시기 및 장소

1 무역계약의 성립시기

1) 일반원칙

국제물품매매계약은 일방당사자의 청약과 이에 대한 상대방의 승낙에 의해서 성립하는 것이 보통이므로 **승낙의 효력이 발생한 때 성립**한다. 하지만 승낙의 효력발생시기는 동일 국가의 법체계에서도 일치하지 않는다. 즉, 승낙의 의사표시 통지 수단에 따라 승낙의 효력발생시기가 달라지게 된다. 승낙의 효력발생과 관련한 이론에는 다음과 같은 것이 있다.

첫째, **발신주의**이다. 이는 피청약자가 **승낙의 의사표시를 발신한 때에 계약이 성립**한다는 입법주의이다. 계약의 성립을 위한 승낙의 효력발생시기에 관하여 발신주의를 취하면 다음과 같은 실제적인 효과가 있다. 발신주의에서는 승낙의 통지과정에서의 분실, 지연 등의 위험은 청약자의 부담이 된다. 그러므로 승낙의 의사표시가 통지과정에서 분실되거나 또는 지연되어 청약자에게 전달된 경우, 청약자는 승낙통지를 알지 못하고 그에 구속될 위험이 있다.

둘째, **도달주의**이다. 도달주의는 피청약자의 승낙의 의사표시가 **청약자에게 도달한 때 계약이 성립**한다는 입법주의이다. 도달주의는 승낙의 의사표시가 청약자에게 통지되지 않으면 당사자 간 의사 합치가 존재하지 않으므로 계약은 성립할 수 없다는 것이다. 여기서 '도달'이라는 용어는 청약자가 승낙의 통지 사실을 인지할 수 있는 상태로 청약자에게 통지되어야 한다는 것을 말한다. 이에 대하여 UN통일매매법은 제24조에서 "승낙의 통지가 수신인에게 직접 전달된 때에 또는 수신인의 영업소나 우편 주소가 없는 경우에는 수신인의 일상적 거소로 전달된 때에 승낙의 통지는 수신인에게 도달된 것"이라고 규정하고 있다.[13] 그러므로 이는 우편함과 같은 적절한 장소 또는 수신인이 고용한 사람에게 점유이전에 의한 전달을 요건으로 하는 것으로, 문 앞의 계단이나 기타 시선이 닿지 않는 장소에 서신이나 전보를 두고 가는 것은 수신인의 영업소에 전달된 것으로 볼 수 없다. 도달주의의 경우에는 승낙의 통지가 청약자에게 도달할 때까지는 청약자는 자신의 청약을 취소할 권한을 가지며 또한, 승낙 통지의 과정에서 분실 또는 지연의 위험은 피청약자의 부담이 된다.

셋째, **요지주의**이다. 요지주의는 피청약자의 승낙의 의사표시가 단순히 물리적으로 청약자에게 도달된 것만으로는 안 되고, 현실적으로 청약자가 그 **내용을 인지한 때에 계약이 성립한**다는 입법주의이다. 요지주의는 청약자가 실제적으로 피청약자의 승낙 통지를 인지한 때에 계약이 성립한다는 것으로 이탈리아, 이집트 등에서 채택되고 있다. 보통 승낙의 통지가 청약자에게 도달하자마자 청약자는 그것을 인지한 것으로 본다. 하지만 계약의 성립을 부정하고자 하는 청약자는 승낙을 인지하지 못한 것이 자신의 과실에 기인하지 않았다는 것을 입증할 책임을 부담한다. 요지주의에서는 승낙통지 과정에서 발생하는 분실 또는 지연의 위험은 피청약자가 부담한다.

2) 무역계약의 성립시기

계약의 성립시기에 관하여는 UN통일매매법, 우리 민법 및 상법의 규정과 해석론이 그대로 적용된다. 국제물품매매계약에서 UN통일매매법을 준거법으로 지정한 경우에는 이 법이 적용되는데, UN통일매매법에서는 **청약과 승낙의 효력발생 기준으로 도달주의를 채택**하고 있다. 또한, 우리 민·상법에서는 당사자 쌍방이 모두 상인이 아닌 경우에는 민법에 의하고, 당사자 쌍방 또는 어느 일방이 상인(기업)인 경우에는 상법

13) 제24조; For the purposes of this Part of the Convention, an offer, declaration of acceptance or any other indication of intention "reaches" the addressee when it is made orally to him or delivered by any other means to him personally, to his place of business or mailing address or, if he does not have a place of business or mailing address, to his habitual residence.

에 의하여 계약의 성립시기를 정하게 된다. 따라서 우리 민법 제111조에서 계약은 양 당사자의 의사표시의 합치에 의해 성립하며, **계약의 성립시기는 승낙의 효력이 발생할 때 즉, 승낙의 의사표시가 상대방에게 도달한 때로 규정**하고 있다.

한편, 교차청약에 의한 계약의 성립시기에 관하여 국제물품매매계약은 양 청약이 상대방에게 도달한 때 성립하며, 양 청약이 동시에 전달되지 않은 경우에는 나중의 청약이 상대방에게 도달된 때 성립한다고 규정하고 있다. 우리 민법은 "양 청약이 상대방에게 도달된 때 성립한다"라고 규정하고 있다.

그리고 의사실현에 의한 계약성립의 경우에는 의사실현의 사실이 있는 때에 성립하며, 청약자가 그 사실을 알지 못하더라도 계약은 성립한다. 따라서 국제물품매매계약에서 물품의 발송이나 대금지급의 경우와 같이 피청약자가 일정한 행위를 함으로써 동의표시를 한 경우에는 그 승낙의 효력이 그 행위를 행한 때에 성립하므로 국제물품매매계약은 그러한 행위가 있었던 때에 성립한다.

그런데 의사실현에 의한 승낙의 경우에도 그 승낙의 통지를 필요로 하는 경우에는 피청약자가 그 행위의 이행 사실을 통지한 때 승낙의 효력이 발생하여 계약이 성립한다. 따라서 이러한 경우에는 그러한 통지의 발송과 청약자가 피청약자의 행위사실을 인지한 것 중 더 빠른 시기에 성립한다. 승낙에 일정한 조건이 부가된 경우에는 승낙은 그 조건이 충족될 때까지 효력이 발생하지 않는다. 그러므로 그 조건이 충족될 때까지는 계약도 성립하지 않게 된다.

2 무역계약의 성립장소

무역계약의 성립장소는 통상적으로 승낙의 효력발생지가 된다. 이는 승낙의 효력이 발생함으로써 계약이 성립하기 때문이다. 따라서 승낙의 발신에 의하여 계약이 성립되는 때에는 계약의 성립장소는 그 승낙자의 영업소 소재지이며, 승낙의 수신에 의하여 성립되는 때에는 승낙을 수신한 청약자의 영업소 소재지이다.

UN통일매매법에 따르면 **계약의 성립장소는 승낙의 효력이 발생한 장소 즉, 승낙이 도달한 장소**가 된다. 여기서 '도달'이라 함은 청약, 승낙 또는 기타의 의사표시는 그것이 수신인에게 구두로 전해지거나 수신인의 영업소 또는 우편송부처에 전달되는 것을 의미한다. **청약이 전자문서에 의하여 이루어진 경우, 수신자가 지정하거나 수신자가 관리하는 컴퓨터에 입력된 때**를 도달시기로 보아야 한다. 여기서 당사자가 2개 이상의 영업소를 가지고 있는 경우, 영업소라 함은 계약체결 전이나 계약체결 당시에 당사자들에게 알려져 있거나 당사자들에 의해 예기되었던 사정을 고려하여, 해당 계약 및 그 이행과 가장 밀접한 관련이 있는 영업소를 말한다. 그리고 당사자가 영업소를 가지고 있지 않은 경우에는 그의 상거소를 영업소로 본다.[14]

14) 제10조; For the purposes of this convention; (a) if a party has more than one place of business, the place of business is that which has the closest relationship to the contract and its performance, having regard to the circumstances known to or contemplate by the parties at any time before or at the conclusion of the contract; (b) if a party does not have a place of business, reference is to be made to his habitual residence.

section 03

청약과 승낙

1 청약

1) 청약의 개념 및 요건

(1) 청약의 개념

청약(offer)은 피청약자의 무조건·절대적 승낙(unconditional and absolute acceptance)이 있으면 계약을 성립시킬 것을 목적으로 하는 **청약자의 피청약자에 대한 일방적·확정적 의사표시**이다. 예컨대, 매도인 A가 물품을 매도하겠다는 의사표시를 하고, 매수인 B가 그것을 매수하겠다고 의사표시를 하여 2개의 의사표시가 합치된 경우 매도인 A의 의사표시를 말한다. 매도인은 당사자 간 교환되는 통신문(communication)에 계약의 핵심적 요소들을 분명하게 명시하여야 한다.

청약은 단순한 의사표시에 불과하다. 즉, 청약은 그 자체만으로는 단독으로 법률효과를 발생시킬 수 없으며, 반드시 일방의 승낙에 의하여 일정한 법률효과를 발생시키는 것이기 때문에 법률행위가 아니며, 그를 구성하는 법률사실인 의사표시에 불과하다.

(2) 청약의 요건

UN통일매매법상의 청약이 되기 위한 3가지 요건은 ① 1인 또는 그 이상의 특정인에 대한 의사표시여야 하고, ② 내용이 충분히 확정적이어야 하며, ③ 승낙이 있는 경우, 계약에 구속된다는 청약자의 의사가 담겨있어야 한다.

① 피청약자의 특정성

UN통일매매법상 청약이 되기 위해서는 1**인 또는 그 이상의 특정인에 대한 계약체결의 의사표시**가 있어야 한다. 1인 또는 그 이상의 특정인에 대한 제의가 아닌 것, 즉, **확정적 의사표시가 아닌 것은 청약의 유인**에 불과하다. 따라서 광고물, 선전물, 카탈로그를 불특정다수에게 보내는 것은 청약으로 인정되지 않는다. 그러나 다수인이라도 특정의 사람에게만 보내는 경우에는 이러한 특정성의 요건이 충족된다.

② 내용의 확정가능성

청약의 의사표시 내용은 충분히 확정적이어야 한다. 어떤 의사표시가 **물품을 나타내고 있고, 명시적 또는 묵시적으로 그 수량과 가격을 정하거나 이를 정하는 조항이 있는 경우**에는 내용이 충분히 확정적인 것이다.[15] 따라서 가격이 현재 확정되어 있는 경우뿐만 아니라 앞으로 확정될 수 있을 때에도 이 요건을 충족한다. 그러나 그 어느 것에 의해서도 가격이 확정될 수 있다는 근거가 존재하지 않는 경우 청약은 존재하지 않는 것으로 본다.

③ 청약자의 구속의사

청약에는 상대방의 승낙이 있으면 그로 인해 성립된 **계약에 구속되겠다는 청약자의 의사**가 담겨있어야 한다. 이 요건은 계약에 구속되겠다는 의사이지 청약 자체에 구속되겠다는 의사가 아니므로 UN통일매매법 제16조에서 규정하고 있는 청약의 철회 자유와 모순되지 않는다. 그리고 청약자의 구속의사는 역시 제8조의[16] 의사해석규정에 의해 밝혀질 것이다.

---

15) 제14조 제(1)항; A proposal for concluding a contract addressed to one or more specific persons constitutes an offer if it is sufficiently definite and indicates the intention of the offeror to be bound in case of acceptance. A proposal is sufficiently definite if it indicates the goods and expressly or implicitly fixes or makes provision for determining the quantity and the price.

16) 제8조; (1) For the purposes of this Convention statements made by and other conduct of a party are to be interpreted according to his intent where the other party knew or could not have been unaware what that intent was. (2) If the preceding paragraph is not applicable,

(3) 청약의 유인

청약의 유인(Invitation to Offer)이란 거래상대방으로 하여금 청약을 하도록 유도하는 **계약체결을 위한 예비교섭단계의 의사표시**를 말한다. 따라서 상대방이 이를 수락하더라도 계약은 성립되지 않으며, 상대방을 구속하지 않을 뿐만 아니라 상대방의 승낙에 대한 유인한 측의 승낙이 있어야만 비로소 계약이 성립한다. 실무에서 청약과 청약의 유인을 구별하는 것은 쉽지 않다. 구별의 기준은 당사자의 의사와 거래관습 및 계약내용을 보고 판단해야 하므로 많은 논란의 여지가 있다. 예컨대, 방송이나 신문에 물품매매를 위한 광고를 게재하는 것, 가격이 적힌 카탈로그를 송부하는 것, 물품에 정가를 표시하여 쇼윈도(show window)에 진열하는 것 등은 청약의 유인에 불과하다. 결론적으로 청약이 1인 또는 그 이상의 특정인에 대한 제의가 아닌 것, 확정적 의사표시가 아닌 것, 그리고 구속의 의사표시가 없는 것은 청약의 유인으로 볼 수 있다.

2) 청약의 종류

(1) 매도청약(selling offer)과 매수청약(buying offer)

매도청약과 매수청약은 청약의 주체를 기준으로 분류한 것이다. 첫째, 매도청약은 판매청약이라고도 하며, 매도인의 매도의사를 표시한 청약이다. 일반적으로 국제상거래에서 청약이라 하면 매도청약을 말한다. 둘째, 매입청약은 구매청약이라고도 하며, 매수인의 매입의사를 말한다. 매입청약은 주로 매입주문서(Purchase Order; P/O) 등의 형식으로 사용된다.

---

statements made by and other conduct of a party are to be interpreted according to the understanding that a reasonable person of the same kind as the other party would have had in the same circumstances. (3) In determining the intent of a party or the understanding a reasonable person would have had, due consideration is to be given to all relevant circumstances of the case including the negotiations, any practices which the parties have established between themselves, usages and any subsequent conduct of the parties.

(2) 국내발행청약(domestic offer)과 국외발행청약(overseas offer)

이는 발행지에 따라 청약을 분류한 것으로 첫째, 국내발행청약은 청약의 주체가 거래상대국의 물품공급업자 및 본사를 대리하여 국내에서 발행 또는 의사표시한 매도청약을 말한다. 둘째, 국외발행청약은 청약의 주체가 국외에서 발행 또는 의사표시한 매도청약을 말한다.

(3) 원청약(original offer)과 대응청약(counter offer)

원청약은 최초로 발행된 청약을 말하며, 대응청약(반대청약)은 원청약에 대하여 어떤 조건을 수정한 청약을 말한다. 대응청약은 청약자의 청약에 대하여 피청약자가 청약 내용을 일부 추가, 제한 및 변경하여 새로운 조건을 제안하는 청약으로, 이는 원청약에 대한 거절이자 원청약의 효력을 소멸시키고, 동시에 피청약자가 제의하는 새로운 확정청약이 된다. 실제로 계약은 원청약과 대응청약이 반복되므로 흥정과 조정을 거쳐서 성립되거나 합의에 이르지 못하여 그 성립이 무산된다.

(4) 교차청약(cross offer)

청약자와 피청약자 상호 간에 동시에 동일한 내용의 청약을 하는 경우 이를 교차청약이라 한다. 교차청약의 경우 승낙의 행위가 별도로 필요 없다고 보는 경우 계약이 성립하게 된다. 영미법계에서는 교차청약이 있을 경우 계약이 성립하지 않지만, 우리나라에서는 계약이 성립하는 것으로 본다. 즉, 교차청약을 인정하는 국가는 우리나라와 일본 등 대륙법계이며, 어느 한 당사자의 승낙이 없으면 계약이 성립되지 않는다고 보는 것이 영미의 판례이다.

(5) 확정청약(firm offer)과 자유청약(free offer)

① 확정청약

확정청약은 청약자가 청약의 내용에 대하여 **승낙회답의 회신기간을 지정**하고, **그**

기간 안에 승낙하면 계약이 성립되도록 하는 청약이다. 또한, 승낙회답의 기간이 정해져 있지 않아도 확정적(firm) 또는 취소불능(irrevocable)이란 표시가 있으면 확정청약이다.

여러 종류의 청약 가운데 국제상거래에서 가장 중요한 청약은 확정청약이다. 확정청약은 통상 특정인 앞으로 발행되며, 이 확정청약에 의하여 무역계약이 체결된다. 왜냐하면 국제상거래는 그 성질상 신속하고 합리적으로 이루어지는 것을 필요로 하며, 이 확정청약을 통하여 청약자는 피청약자로부터 청약에 대한 승낙회신을 가급적 빨리 받을 수 있기 때문이다. 확정청약은 피청약자의 승낙 또는 거절의 회신기간이 정해져 있기 때문에 한정된 기간이 경과하면 청약은 자동 소멸된다. 회신기간은 거래 물품의 종류나 회신에 필요한 시간 등을 참작하여 청약자가 일방적으로 정한다.

국제상거래에서 청약과 승낙은 통상적으로 이메일, SNS, 인터넷을 이용한 전자문서의 방법으로 이루어지며, 우편, 전화 미팅 등으로도 행하여진다. 확정청약에는 품명, 품질, 수량, 선적시기, 가격, 지급조건 등에 관한 내용뿐만 아니라 승낙의 회신기간과 방법을 명시하는 것이 매우 중요하다. 통상적으로 사용되는 확정청약의 예문은 다음과 같다.

> We offer you firm subject to your reply being received here by noon October 30, 2024 for the following goods;

② 자유청약

자유청약은 청약자가 청약 시에 승낙회신의 유효기간을 표시하지 않거나 확정적(firm)이라는 표시를 하지 아니한 청약을 말한다. 다시 말하면 자유청약은 피청약자가 **승낙하기 이전에는 언제라도 청약 내용을 변경하거나 철회**할 수 있으며 또한, 이를 **승낙하더라도 청약자의 최종 확인이 있어야 하는 청약**을 말한다.

(6) 조건부청약(conditional offer)

조건부청약은 **청약 내용에 단서가 포함**된 청약으로 피청약자의 승낙만으로는 계약이 성립하지 않고, 다시 청약자가 계약성립의 최종결정권을 가지는 청약이다. 조건부 청약은 그 조건 내용에 따라 다음과 같이 구분할 수 있다.

① 재고잔류조건부청약(offer subject to being unsold)

시세의 변동이 심하거나 또는 공급이 제한되어 일정한 기간 가격 유지가 곤란한 경우에는 확정청약을 발행할 수 없다. 이 경우에는 재고잔류조건부청약(또는 **선착순판매조건부청약**, offer subject to prior sale)을 발행한다. 즉, 피청약자로부터 승낙을 받았을 때 아직 재고품이 남아 있으면 계약이 성립하지만, 재고품이 없을 경우에는 그 승낙이 무효로 된다는 조건이 부가된 청약이다. 다시 말하면 선착순으로 승낙해 온 사람에게만 판매한다는 조건이 첨부된 청약이다. 이 청약은 재고상품을 조속히 처분하려고 할 경우, 또는 대금의 조기 회수를 목적으로 다수의 거래처에 청약을 보내면서 재고가 있을 경우에만 유효한 조건부청약을 발행할 목적으로 사용한다.

② 견본승인조건부청약(offer on approval)

물품을 상대편에게 발송하여 일단 실물을 점검하게 한 다음, 마음에 들면 매입하고 그렇지 않으면 청약자가 비용을 부담하여 반송하게 한다는 조건의 청약으로 **실물점검청약**이라고도 한다. 이 청약은 점검기간을 정하는 경우와 정하지 않는 경우가 있지만 전자의 경우가 일반적이며, 이 점검기간이 경과해도 아무 통지가 없으면 청약을 승낙하지 않는 것으로 간주한다. 실물점검청약은 신제품 등의 홍보 또는 판매촉진을 위한 방식으로 활용되며, 상대편에게 매우 유리한 조건의 청약이라고 할 수 있다.

③ 반품허용조건부청약(offer on sale or return)

반환허용조건부청약이라고도 하며, 신제품 또는 기타 상품의 판매촉진을 위하여 상품을 사전에 상대편에게 발송하여 판매하도록 하고, 일정기간 동안 팔다 남은 재고품을 다시 인수한다는 조건이 붙은 청약이다. 주로 잡지, 종교서적의 위탁판매에 사용된다.

④ 시장변동조건부청약(offer subject to market fluctuation)

시황의 변동이 있으면 언제라도 자유로이 그 조건을 변경할 수 있는 청약으로서 **무확약청약**(offer without engagement)이라고도 한다.

3) 청약의 효력

(1) 청약의 효력 발생시기

청약의 효력 발생시기는 피청약자의 승낙의 효력이 발생하는 시기와 연계되며, 청약의 유효기간을 기산하는 기산일이 되기 때문에 중요하다. 일반적으로 **청약은** 상대방에게 전달되어야 하며, **상대방에게 도달되었을 때 법적 효력이 발생**한다. 청약의 효력 발생시기에 관하여 UN통일매매법은 도달주의를 규정하고 있다. 즉, 청약은 피청약자에게 도달한 때 그 효력이 발생한다.[17] '도달'이라 함은 청약, 승낙의 선언 또는 기타의 의사표시는 그것이 수신인에게 구두로 전해지거나 수신인의 영업소 또는 우편송부처에 전달되는 것을 의미한다. 청약이 전자문서에 의하여 이루어진 경우, **수신자가 지정하거나 수신자가 관리하는 컴퓨터에 입력된 때**를 도달시기로 보아야 한다. 이와 같이 청약은 피청약자에게 도달하기 전까지는 효력이 발생하지 않기 때문에 도달하기 전에는 당연히 철회할 수 있다.

(2) 청약의 효력 소멸

① 승낙

청약은 승낙에 의하여 의사의 합치가 이루어져 계약이 성립하므로 승낙이 이루어지는 동시에 그 효력을 상실한다.

② 청약의 철회

청약의 철회(withdrawal)란 청약으로서 **효력이 발생하기 이전에 청약자가 청약의**

---

17) 제15조 제(1)항; An offer becomes effective when it reaches the offeree.

효력을 소멸시키려고 하는 의시표시로, 청약의 효력이 발생한 이후에 그 효력을 소멸시키려고 하는 취소와 구별된다. UN통일매매법에서는 “청약이 취소불능인 경우에도 청약철회의 통지가 청약의 도달 전 또는 청약과 동시에 피청약자에게 도달하는 경우에는 이를 철회할 수 있다[18)]”라고 규정하여 청약의 철회가능성을 열어 두고 있다.

청약의 철회 사례

6월 1일에 매도인은 매수인에게 우편으로 서신을 발송했다. 이 서신은 특정한 물품을 명시된 가격으로 판매하겠다는 청약이었다. 또한, 서신에는 “이 청약은 7월 1일까지 유효하며 또한 취소불능이다”라고 기재되어 있었다. 매도인이 매수인에게 보내는 서신이 도착하기까지는 1주일이 소요된다. 매수인이 매도인의 6월 1일자 서신을 수령하기 이전인 6월 6일에, 매도인은 매수인에게 전화를 걸어 “본인이 6월 1일에 발송한 서신을 무시하라, 본인은 그 서신에 들어 있는 청약을 철회하기로 했다”라고 말했다. 매수인은 매도인의 서신을 받은 즉시 “본인은 6월 1일자 귀하의 청약을 승낙한다”라고 회신했다.

⇒ 위 사례에서 6월 6일 현재 청약은 아직 피청약자에게 도달하지 않았으며 따라서 아직 효력이 발생하지 않았다. 7월 1일까지는 청약의 취소가 불가능하다는 표시도 그 청약이 피청약자에게 도달한 이후에야 비로소 구속력을 가지게 된다. 왜냐하면 청약에 앞서 철회의 의사표시가 먼저 피청약자에게 도달했기 때문이다. 따라서 매도인의 청약 철회는 가능하다.

③ 청약의 취소

청약의 취소(revocation)는 **청약이 상대방에게 일단 도착하여 효력을 발생시킨 후 승낙의 통지를 보내기 전에 취소시킬 수 있는 요인에 의하여 청약을 소멸시키는 것을**

18) 제15조 제(2)항; An offer, even if it is irrevocable, may be withdrawn if the withdrawal reaches the offeree before or at the same time as the offer.

말한다. UN통일매매법에서는 "피청약자가 승낙의 통지를 발송하기 전에 취소의 통지가 상대방에게 도달하는 경우에 청약은 취소될 수 있다"고 규정하고 있다.

하지만 청약이 취소될 수 없는 경우도 분명히 규정하고 있는데, 즉, "청약에서 승낙을 위한 지정된 기간을 명시하거나 또는 기타의 방법으로 그것이 취소불능임을 표시하고 있는 경우, 또는 피청약자가 청약을 취소불능이라고 신뢰하는 것이 합리적이고 또한, 피청약자가 그 청약을 신뢰하여 행동한 경우에는 청약을 취소할 수 없다"[19]고 규정하고 있다.

청약 취소의 제한 사례

▸ **확정청약**

6월 1일, 매도인은 매수인에게 청약을 보냈는데, 동 청약에는 "본 청약은 6월 15일까지 유효하다"고 명시되어 있었다. 6월 2일, 매도인은 매수인에게 다음의 내용을 이어서 보냈다. "본인은 6월 1일자의 청약을 취소한다." 6월 14일에, 매수인은 6월 1일자의 청약을 승낙한다고 매도인에게 통지했다.

⇒ 이 사례에서 청약을 취소하려는 매도인의 시도는 효력이 없다. 매수인은 매도인이 정한 기간 내에 청약을 승낙했으며, 따라서 당사자들은 계약에 구속된다.

19) 제16조 제(2)항; However, an offer cannot be revoked: (a) if it indicates, whether by stating a fixed time for acceptance or otherwise, that it is irrevocable; or (b) if it was reasonable for the offeree to rely on the offer as being irrevocable and the offeree has acted in reliance on the offer.

청약 취소의 제한 사례

▸ **청약을 신뢰하여 행동한 경우**

5월 1일에 건축업자는 특정한 수량의 벽돌을 매도하는 청약을 해줄 것을 벽돌 공급업자에게 요청했다. 건축업자는 그 청약은 건설계약의 입찰에 응하는 데 필요하다고 설명했다. 건축업자는 6월 1일까지는 입찰서를 제출해야 하며, 그러면 6월 15일에 입찰이 개시되어 낙찰 여부가 결정될 것이라고 부언했다. 5월 7일에 벽돌공급업자는 건축업자에게 벽돌의 매도를 청약했고, 건축업자는 동 청약을 6월 1일자 건축계약의 입찰을 준비하는데 사용했다. 6월 10일에 벽돌공급업자는 건축업자에게 청약을 취소한다고 통지했다. 그 후 6월 15일에 입찰이 개시되었고, 건축업자가 낙찰되었다. 건축업자는 자신이 공급업자의 청약을 승낙한다고 벽돌공급업자에게 즉시 통지했다.

⇒ 이 사례에서 벽돌공급업자(청약자)는 건축업자가 자신의 청약을 건축계약에 입찰하는데 사용하리라는 점을 알고 있었다. 따라서 피청약자(건축업자)가 청약이 취소불능임을 신뢰하는 것은 합리적이었다. 또한, 건축업자는 입찰에 응함에 있어 벽돌공급업자의 "청약을 신뢰하여 행동"했으며 이에 동 건축업자는 일정한 대금으로 건물을 건축하는 유효한 계약을 체결하게 된 것이다. 결국, UN통일매매법 제16조 2항의 2가지 요건(합리적 신뢰, 동 신뢰에 따른 행동)이 모두 충족되었으며, 벽돌공급업자가 청약을 취소하고자 하는 시도는 효력이 없다.

④ 청약의 거절 혹은 대응청약

거절(rejection)이란 상대방의 요구, 제안, 선물, 부탁 따위를 받아들이지 않고 물리치는 것을 말한다. 따라서 청약의 거절이란 **청약자의 청약을 피청약자가 승낙하지 않겠다고 하는 의사표시**를 말한다. 일단 피청약자가 청약을 거절하게 되면, 청약은 그 효력을 상실하게 되어 청약의 효력은 종료된다. 만약, 피청약자가 청약을 승낙할 의도가 없다는 것을 청약자가 확증하게 되면 청약의 거절은 명시적일 필요는 없다. UN통일매매법에서도 "청약이 비록 취소불능이더라도 거절의 의사표시가 청약자에게 도달한 때에는 그 효력을 상실한다"고[20] 규정하고 있다.

⑤ 당사자의 사망

당사자의 사망에는 청약자가 사망한 경우와 피청약자가 사망한 경우로 구분할 수있다. 당사자가 사망한 경우, 영미법에서는 원칙적으로 **당사자 간 합의에 도달할 수 없기 때문에** 일방 당사자가 사망하더라도 **청약은 소멸**한다. 청약자의 대리인에게 통지된 승낙은 그들을 구속하지 않는다. 하지만 청약자의 사망을 피청약자가 알지 못하는 상황에서 승낙한 경우에는 명확하지 않다.

UN통일매매법에서는 당사자의 사망에 관한 규정이 없으며, 우리 민법은 당사자의 사망이 청약의 효력에 영향을 미치지 않음을 명백히 하고 있다. 다만, 당사자의 인격 또는 개성이 중요시되는 계약에 있어서는 당사자가 사망하여도 그의 상속인이 청약자의 지위를 승계하지 않으므로 청약은 그 효력을 상실한다. 그리고 청약의 발신 후 그 도달 전에 피청약자가 사망한 경우에는 피청약자의 상속인이 그 지위를 승계할 성질의 것인지, 아닌지에 따라 청약의 효력이 결정된다.

⑥ 시간의 경과

청약은 **기간의 경과에 의하여 효력을 상실**한다. 당사자들은 명시적으로 승낙기간을 규정하게 된다. 만약, 청약자가 승낙을 위한 시간제한을 두고 있다면 청약은 지정된 시간 내에 승낙될 것을 전제로 한 조건부가 된다. 시간의 경과에 관하여 UN통일매매법에서는 명문의 규정이 없지만, 영미법이나 독일 및 일본 등 대륙법계의 경우에는 시간의 경과에 따른 청약의 효력 상실을 인정하고 있다. 그리고 우리 민법에서도 "승낙기간을 정한 계약의 청약은 청약자가 그 기간 내에 승낙의 통지를 받지 못한 때에는 그 효력을 상실한다"라고 규정하고 있고 또한, "승낙기간을 정하지 아니한 계약의 청약은 청약자가 상당한 기간 내에 승낙의 통지를 받지 아니한 때에는 그 효력을 상실한다"고 규정하고 있다.

---

20) 제17조; An offer, even if it is irrevocable, is terminated when a rejection reaches the offeror.

(Logo)-회사로고

(Company Name)-회사명

Address: Tel: Fax: E-mail:

【Offer Sheet】

Date : 문서 발행일

Ref No. : 문서 번호(회사 내규)

MESSRS. : 매수인 회사명 및 주소

We are pleased to offer you as follows;

Item No.	HS CODE	Prouduct	Q'ty	Unit Price	Amount
제품번호	HS코드	제품명+설명	수량	단가	총 가격 (통화 기재)
				TOTAL :	

Country of Origin: 원산지명 ex) SOUTH KOREA

Shipment: 선적방법 ex) By Ocean Freight, By Air Freight

Inspection: 검수 항목(대체로 판매자 최종 검수 내용 기재)

Payment: 송금방법 ex) T/T, L/C, Credit Card etc.

Validity: 오퍼 유효기간

Remarks: 기타 사항 및 수출입 요건 등 기재

Sincerely yours,

<u>영문 회사명 + 명판 + 직인</u>

APPENDIX(제품 이미지 및 간략한 상품 설명 기재)

2 승낙

1) 승낙의 의의

(1) 승낙의 개념

승낙(acceptance)은 **피청약자가** 청약자의 청약에 따라 **계약을 성립시킬 목적으로** 청약자에게 **행하는 동의의 의사표시**이다. 이러한 동의는 진술뿐만 아니라 기타의 행위[21]에 의해서도 가능하다. 합의를 성립시키는 것이 승낙의 목적이기 때문에 승낙은 청약의 내용과 완전히 일치해야 한다. 즉, 승낙은 청약에 대한 무조건·절대적 동의를 의미한다. 영미법에서는 이를 **완전일치의 법칙** 또는 **경상의 법칙**(mirror image rule)이라고 한다. 따라서 일정한 조건을 첨부한 승낙, 청약의 내용을 변경한 승낙, 청약자가 지정한 승낙 방법·시기 등을 따르지 않은 승낙은 계약 성립요건으로서의 효력을 발생하지 않는다. 그러므로 승낙의 의도를 가지고 있다고 하여도 청약의 내용을 추가하거나 제한 또는 변경하는 내용이 담긴 응답은 승낙이 되지 못하며, 청약의 거절이면서 동시에 대응청약(counter offer)이 된다.

UN통일매매법에서는 "청약에 대하여 동의를 표시하는 피청약자의 진술 또는 기타의 행위는 승낙이 된다"[22]고 규정하고 있는데, 이는 승낙이 청약에 대한 동의의 의사표시임을 명백히 하고 있는 것이다. 또한, "청약의 성격상 또는 당사자 간에 이미 확립되어 있는 관행이나 관습의 결과로서 피청약자가 청약자에게 아무런 통지 없이 물품의 발송이나 대금의 지급과 같은 행위를 함으로써 동의의 의사표시를 하는 경우, 승낙은 그 행위가 행하여짐과 동시에 효력이 발생한다"[23]고 규정함으로써 청약의 성질

---

21) 예컨대, 물품의 발송, 대금의 지급, 신용장의 개설 등에 의해서도 승낙이 가능하다.

22) 제18조 제(1)항; A statement made by or other conduct of the offeree indicating assent to an offer is an acceptance. Silence or inactivity does not in itself amount to acceptance.

23) 제18조 제(3)항; However, if, by virtue of the offer or as a result of practices which the parties have established between themselves or of usage, the offeree may indicate assent by performing an act, such as one relating to the dispatch of the goods or payment of the price, without notice to the offeror, the acceptance is effective at the moment the act is performed, provided that the act is performed within the period of time laid down in the preceding paragraph.

이나 당사자 간의 관행·관습에 의해 인정되는 행위에 의한 승낙도 인정하고 있다.

(2) 청약의 조건이 변경된 승낙

UN통일매매법에서는 변경된 승낙에 대하여 본질적 변경이 있는 경우와 비본질적 변경인 경우로 나누어 법적 성질을 달리하고 있다.

① 본질적 내용이 변경된 승낙

승낙은 원칙적으로 청약의 내용과 일치하여야 한다. 따라서 **청약의 조건에 대하여 변경을 가한 승낙은 원칙적으로 청약의 거절인 동시에 대응청약(또는 반대청약)**이 된다.[24] 즉, 본질적 내용이 변경된 승낙은 청약에 대한 거절이자 동시에 새로운 청약이 된다. 따라서 어떠한 내용의 변경이 본질적 내용의 변경으로 인정되는지가 중요하다. UN통일매매법에서는 특히 **가격, 대금지급, 물품의 품질과 수량, 인도의 장소와 시기, 책임의 범위 또는 분쟁의 해결**에 관한 추가적 또는 상이한 조건은 청약의 내용을 본질적으로 변경하는 것으로 본다.

② 비본질적 내용이 변경된 승낙

UN통일매매법은 "피청약자의 응답이 청약에 대한 승낙을 의도하고 있고 또한, 청약의 조건을 본질적(실질적)으로 변경하지 아니하는 추가적 또는 상이한 조건을 담고 있는 청약에 대한 응답은 승낙으로 간주된다"고[25] 규정하고 있다. 즉, 변경된 승낙이 청약과 내용적으로 불일치하더라도 그 **불일치가 비본질적(비실질적)인 것이라면 승낙의 내용으로 계약이 성립할 수 있다.** 하지만 비본질적인 내용을 변경한 승낙의 경우에도 청약자가 지체 없이 불일치에 대하여 구두로 반대하거나 반대의 취지의 통지를 발

---

24) 제19조 제(1)항; A reply to an offer which purports to be an acceptance but contains additions, limitations or other modifications is a rejection of the offer and constitutes a counter-offer.

25) 제19조 제(3)항; Additional or different terms relating, among other things, to the price, payment, quality and quantity of the goods, place and time of delivery, extent of one party's liability to the other or the settlement of disputes are considered to alter the terms of the offer materially.

송하는 경우에는 승낙이 되지 않으므로 계약은 성립하지 않는다. 반대의 통지는 불일치에 관련된 것이어야 하고 통지는 서면, 구두 또는 전자적인 방식으로도 할 수 있으며 발송에 의하여 효력이 발생하므로 그 전달상의 위험은 승낙자가 부담하게 된다.

2) 승낙의 방법

어떠한 방법으로 승낙의 통지를 발송할 것인가 하는 문제는 두 가지로 생각해 볼 수 있다. 첫째, 승낙의 방법을 청약서에 미리 지정하였을 경우이다. 이러한 경우에는 **지정된 방법에 의하여 승낙의 통지를 발송**하여야 한다. 둘째, 승낙의 방법에 대하여 별도의 약정이 없는 경우이다. 이러한 경우에는 승낙의 방법도 청약의 방법과 마찬가지로 원칙적으로 자유이다. 따라서 **서면이나 구두에 의하거나 또는 행위에 의한 승낙도 가능**하다.

그러나 승낙은 그 의사를 외부에 표현할 필요가 있다. 따라서 **침묵(silence)이나 무행위(inactivity)는 그 자체만으로는 승낙이 되지 않는다**. 예컨대, 주문하지도 않은 물품을 보내면서 반송하지 않으면 승낙으로 인정하겠다는 청약에 대해 침묵하거나, 물품을 반송하지 않는다고 해서 승낙이 되지 않는다.[26] 여기서 청약·승낙의 내용으로서 행위의 이행을 요구하고 있는 경우에는 그 행위 자체가 승낙이므로 별도의 승낙 통지는 필요가 없다. 청약이 승낙의 내용으로서 행위의 이행을 요구하고 있는 이외의 경우에는 승낙의 통지가 필요하다.

따라서 실제거래에 있어서는 다음과 같이 취급하는 것이 좋다.

먼저 청약 시에 승낙의 방법이 명시적으로 정해져 있을 경우 그 방법에 따르고, 둘째, 청약 시에 승낙의 방법이 명시적으로 지정되어 있지 않았다면, 청약이 행하여진 방법대로 승낙한다.

---

26) 하지만 실무상 당사자 간의 합의나 관행 또는 관례에 의한 침묵도 승낙이 될 수 있다. 이에 관하여는 CISG 제9조 제1항(The parties are bound by any usage to which they have agreed and by any practices which they have established between themselves. 당사자들은 그들이 동의한 관습과 그들이 그들 사이에서 확립한 관례에 구속된다)에서 그 근거를 찾을 수 있다.

3) 승낙기간

매도인이 청약서에 일정한 승낙기간(예컨대, 15일간)을 지정하면서 승낙기간의 기산일을 명시하지 않거나 혹은 공휴일에 대해 다루고 있지 않다면, 승낙기간을 정하는 문구는 모호할 수 있다.

(1) 승낙기간의 산정시점

UN통일매매법은 승낙기간의 산정시점을 통신수단에 따라 달리 규율하고 있다. 즉, ⓐ **통신수단이 전보인 경우에는 발송을 위해서 교부한 때**, ⓑ **서신인 경우에는 서신상에 기재된 일자**, ⓒ **그러한 일자가 표시되지 아니한 경우에는 봉투에 기재된 일자로부터 승낙기간이 시작**된다. 이처럼 서면의 경우에 승낙기간의 시점을 청약자 측에 고정시켜 놓은 이유는 청약자가 이것을 기준으로 승낙기간을 정할 수 있도록 하기 위해서이다. ⓓ **전화, 텔렉스 또는 기타의 동시적 통신수단**에 의하여 승낙기간을 정한 때에는 **청약이 상대방에게 도달한 때로부터 기산**한다.[27] 왜냐하면 발신과 도달이 동시에 이루어지기 때문이다.

(2) 공휴일에 관한 규정

법정공휴일 또는 비영업일은 승낙기간에 함께 산입된다. 그러나 승낙기간의 말일이 청약자 소재지의 법정공휴일 등에 해당할 경우에는 후속하는 최초의 영업일까지 연장된다.[28][29]

---

27) 제20조 제(1)항; A period of time for acceptance fixed by the offeror in a telegram or a letter begins to run from the moment the telegram is handed in for dispatch or from the date shown on the letter or, if no such date is shown, from the date shown on the envelope. A period of time for acceptance fixed by the offeror by telephone, telex or other means of instantaneous communication, begins to run from the moment that the offer reaches the offeree.

28) 우리 민법 제161조에서는 만약 "기간의 말일이 공휴일에 해당하는 때에는 기간은 그 翌日로 만료한다"고 규정하고 있다.

29) 제20조 제(2)항; Official holidays or non－business days occurring during the period for acceptance are included in calculating the period. However, if,a notice of acceptance cannot

4) 승낙의 효력

(1) 승낙의 효력발생시기

승낙은 청약에 대한 동의의 의사표시로, 계약성립을 목적으로 한다. 계약이 성립하는 시점은 승낙의 효력발생시점과 관계되기 때문에 승낙의 효력이 발생하는 시기가 매우 중요하다. 그러나 청약자와 피청약자는 공간적으로 떨어져 존재하고 있기 때문에 승낙의 의사표시가 피청약자로부터 발송되어 청약자에게 도달하기까지 어느 시점에 계약이 성립하느냐 하는 문제가 생긴다. 이 시기에 관하여는 무역계약의 성립시기에서 언급한 것처럼 발신주의, 도달주의, 요지주의의 세 가지 방법이 있다.

UN통일매매법에 따르면 **승낙은 청약자에게 도달하는 때에 그 효력이 발생**한다. 승낙의 효력이 발생할 때 계약이 성립하므로 승낙이 도달하는 장소와 시간이 곧 계약성립의 장소와 시점이 된다. 그러나 승낙은 청약자가 정한 기간 내에 도달하지 않는 때에는 승낙으로서의 효력이 발생하지 않는다. 또한, 청약자가 지정한 기간이 없다면, 청약자가 사용한 통신수단의 신속성을 포함하여 거래상황을 충분히 고려하여 합리적인 기간(reasonable time) 내에 도달하지 않는 때에 승낙의 효력은 발생하지 않는다. 그러나 구두에 의한 청약은 특별한 사정이 없는 한 즉시 이를 승낙하지 않으면 승낙의 효력이 발생하지 않는다.

한편, 승낙 통지의 도달을 요하지 않는 승낙의 경우도 있다. 예컨대, 피청약자가 청약자에게 승낙의 통지 없이 물품의 발송, 대금지급 등의 행위를 함으로써 그 순간 승낙의 효력이 생기는 경우이다. 이러한 때에는 청약자도 모르는 사이에 계약이 성립될 수 있다. 그러나 이러한 행위에 의한 승낙이 인정되기 위해서는 요건이 필요하다. 즉, 청약을 통하여 또는 당사자들이 그들 사이에서 확립한 관습 또는 관행의 결과 이러한 행위가 가능해야 한다. 물론, 이 행위 역시 청약자가 정한 기간 내에 또는 그것이 없

---

be delivered at the address of the offeror on the last day of the period because that day falls on an official holiday or a non-business day at the place of business of the offeror, the period is extended until the first business day which follows.

는 경우에는 합리적인 기간 내에 이루어져야 한다.

(2) 연착된 승낙의 효력발생

승낙기간 내에 도달하지 못한 연착된 승낙은 원칙적으로 효력이 없다.[30] 하지만 UN통일매매법은 연착된 승낙도 계약을 성립시킬 수 있는 가능성을 마련해놓고 있다. 승낙의 통지가 연착된 경우에도 전달기관의 잘못으로 인하여 승낙의 통지가 연착된 경우와 그 외의 사유로 인하여 승낙의 통지가 연착된 경우로 나누어 달리 취급하고 있다.

첫째, 연착된 승낙이더라도 **전달이 정상적이었다면 승낙기간 내에 청약자에게 도달되었을 상황으로** 인정되는 경우에는 그 **연착된 승낙은 승낙으로서의 효력**이 있다. 예컨대, 전달기관이 다른 곳에 전달하거나 또는 빠뜨리고 있다가 후에 제대로 전달한 경우가 그것이다. 이러한 경우에 승낙자는 계약이 성립되었으리라고 예상하고 있으므로 그를 보호해 주기 위한 것이다. 그러나 이 경우에도 청약자가 상대방에게 지체 없이 청약이 실효되었다는 취지를 구두로 통고하거나 그러한 취지의 통지를 발송하는 경우에는 그 연착된 승낙은 효력을 잃고 계약은 성립하지 않는다. 이때에도 청약자의 발송만으로 충분하므로 전달 위험을 승낙자가 부담하게 된다.

둘째, **연착된 승낙이더라도 청약자가 그 연착된 승낙이 승낙의 효력을 가진다**는 뜻을 표시하는 경우에는 **승낙으로서 효력**을 가진다. 그러나 이때 청약자는 그러한 표시를 지체 없이 해야 하며 또한, 발송만으로 인정된다. 그러나 승낙의 효력은 연착된 승낙의 도달시점에서 생기며 이때 계약이 성립하게 된다.[31]

---

30) 제18조 제(2)항; An acceptance is not effective if the indication of assent does not reach the offeror within the time he has fixed or, if no time is fixed, within a reasonable time, due account being taken of the circumstances of the transaction, including the rapidity of the means of communication employed by the offeror.

31) 제21조 제(1)항; A late acceptance is nevertheless effective as an acceptance if without delay the offeror orally so informs the offeree or dispatches a notice to that effect.

연착된 승낙에 효력을 부여하는 통지 사례

6월 1일에 매도인은 매수인에게 "귀사의 승낙은 6월 30일까지 당사에 도달해야 한다"고 명시된 청약을 우편으로 발송했다. 매도인과 매수인 사이에서 우편의 전달은 통상 5일이 소요된다. 6월 29일에 매수인은 청약을 승낙하는 서신을 우편으로 발송했다. 동 매수인의 서신은 7월 4일에 정상적으로 매도인에게 도달했다. 7월 4일에 매도인은 다음의 전보를 매수인에게 발송했다. "6월 29일자의 귀사의 서신은 너무 늦게 발송되어 당사의 청약에서 정한 6월 30일까지 당사에 도달하지 못했으나 당사는 그것을 승낙으로 다루겠다."

⇒ **이 사례에서 비록 매수인이 즉시 계약체결에 반대하더라도** 또한, 비록 매수인이 6월 30일에 승낙을 철회하는 서신을 발송했더라도 **당사자들은 계약에 구속된다**. 매수인의 승낙이 우송 중이던 6월 29일에서 7월 4일까지의 5일 동안에 매수인의 계약상의 이해에 영향을 미치는 가격수준이나 여타의 요인들이 바뀔 수도 있다. 그럼에도 이러한 변화에 따른 부담은 매수인이 져야 한다.[32)]

5) 승낙의 철회

승낙의 철회는 승낙자가 **승낙의 효력이 발생하기 전에 승낙의 의사표시를 소멸**시키는 것을 말한다. 따라서 승낙의 효력소멸을 위한 승낙의 철회에 대한 문제는 의사표시의 효력발생시기를 발신주의로 하느냐 아니면 도달주의로 하느냐에 따라 달라지는 것이지만, 이는 도달주의 입장을 취하는 경우에 논의의 대상이 될 것이다. 왜냐하면 발신주의를 취하는 경우 승낙이 발송되면 이미 계약이 성립하기 때문이다.

UN통일매매법에 따르면, 승낙은 그 효력이 발생하기 이전 즉, 승낙의 통지가 청약

32) 도달에 5일이 소요되는 통신수단을 선택한 매수인은 전달 속도가 보다 빠른 통신수단인 전화나 이메일을 이용함으로써 본 협약 후술 제22조에 따라 승낙을 철회할 수 있었지만 이러한 기회를 이용하지 않았다.

자에게 도달하기 전에 또는 그와 동시에 철회의 의사표시가 청약자에게 도달하면 철회할 수 있다.[33] 한편, 승낙의 의사표시가 청약자에게 도달하여 일단 승낙으로서 효력이 발생한 이후에는 원칙적으로 이를 소멸시킬 수 없다. 왜냐하면 승낙의 도달과 동시에 계약이 성립되기 때문이다. 따라서 승낙의 효력이 발생한 이후에 그 효력을 소멸시키는 것은 계약 자체의 취소 또는 해제에 해당하는 것이다.

---

33) 제22조; An acceptance may be withdrawal if the withdrawal reaches the offeror before or at the same as the acceptance would have become effective.

MEMO

CHAPTER

03

무역계약의 내용과 무역계약서

section 01

무역계약의 내용

무역계약도 계약자유의 원칙에 따라 그 내용을 계약당사자가 합의로 정할 수 있다. 당사자 간의 합의된 내용을 계약서에 명시하는 조건을 **명시조건**(express terms)이라고 한다. 하지만 계약당사자가 아무리 치밀하다고 해도 계약이행에 예상되는 문제를 모두 다 명시하는 것은 불가능하다. 따라서 계약이행 과정 즉, 물품의 인도와 관련된 내용은 거래관습(trade usage)에 따르게 되며, 이는 거래관습에 함축된 것으로 보기 때문에 **묵시조건**(implied terms)이라고 한다. 하지만 거래관습만으로는 계약이 완성될 수 없으며 결국, 명시조건과 묵시조건에서 다루지 않는 당사자의 권리 및 의무 등에 관한 내용인 **준거법**(governing law) **조항**을 계약서에 명시함으로써 계약은 완성된다고 할 수 있다. 따라서 준거법은 계약의 공백을 메우는 최후의 기능을 수행한다고 할 수 있다.

1 명시조건(express terms)

명시조건은 **매매계약서에 명기되는 조건**으로, 일반적으로는 거래의 기본이 되는 품질(quality), 수량(quantity), 가격(price), 선적(shipment), 지급(payment), 포장(packing), 보험(insurance) 등의 조건과 불가항력(force majeure), 중재(arbitration), 준거법(governing law) 조항 등이 있다.

명시조건 중 품질, 수량, 가격, 선적 등의 기본조건은 거래시마다 청약과 승낙을 통하여 확정되는 반면, 불가항력이나 중재조항 등은 거의 모든 거래에 공통적인 조항으로, 거래 시마다 변경할 필요가 없는 조항이다. 국제거래의 신속성과 편이성이 확보되기 위해서는 가능한 한 명시조건은 간단하고 명료하여야 하므로 공통적인 조항은 미리 일반거래조건협정서를 통하여 확정해 두고 전자와 같은 가변적 조항은 청약과 승낙으로 확정하는 것이 좋다.

2 묵시조건(implied terms)

매매계약서나 일반거래조건협정서에 명시되지 않는 조건은 대부분 무역관습에 따른다. **무역관습**은 당해 **거래에서 확립된 관습**으로 당사자들이 알고 있거나 당해 거래와 관련된 종류의 계약을 체결하는 자들에게 널리 알려져 있고 통상적으로 준수되고 있는 관행이다. 대표적인 거래관습 중 매매관습은 정형거래조건(trade terms)이다. 각 조건은 물품의 인도에 따른 당사자의 의무에 관한 내용이 내포되어 있기 때문에 이를 묵시조건이라고 한다. 무역관습은 매매관습, 운송관습, 보험관습 및 결제관습이 있으며 이 가운데 매매관습이 그 중심이 된다. 매매관습의 통일을 위하여 국제상업회의소가 각각의 정형거래조건에 대하여 해석규칙을 제정하였는바, 이것이 Incoterms이다.

3 준거법(governing law)

정형거래조건에는 매매당사자의 인도에 따른 의무만 규정하고 있을 뿐 매매계약의 성립 및 계약위반에 따른 권리구제에 관하여는 언급이 없다. 계약에서 **준거법**은 당사자 간의 명시조항이나 거래관습을 적용함에 있어 발생하는 **법적 공백을 메우는 기능**을 한다. 준거법상의 내용이 명시조항이나 거래관습과 충돌하면 명시조항이 우선하고 다음으로 거래관습이 우선한다.

매매당사자는 계약상의 준거법 결정 시 각각 자국법을 준거법으로 채택할 것을 주장하기 때문에 문제가 생길 수 있는데, 이를 해결하기 위하여 통일법이 필요하게 되었다. 통일법 제정에 관하여 UNIDROIT(국제사법위원회, 사법통일을 위한 국제협회)가 1930년부터 시작하여 1969년 '국제물품매매에 관한 통일법'(Uniform law on the International Sale of Goods; ULIS)과 '국제물품매매계약의 성립에 관한 통일법'(Uniform law on the Formation of Contract for International Sale of Goods; ULF)을 채택하여 1972년 발표하였으나 널리 확산되지 못하였다.

그 뒤 1968년에 발족한 UNCITRAL(국제무역법위원회 또는 국제상거래법위원회)이 ULF와 ULIS를 기초로 1980년 **UN통일매매법**(United Nations Convention on Contract for the International Sale of Goods; CISG)**을 제정**, 1988년에 발효되었다. 본 협약은 약 **90개국이 비준하거나 가입**하였으며 앞으로도 계속 늘어날 전망이다. 계약당사자가 영업지를 둔 양 국가가 체약국이면 본 법이 적용되지만 그렇지 않을 경우 특정국의 국내법이 적용될 수도 있기 때문에 계약체결 시 준거법 조항을 두는 것이 바람직하다.

section

무역계약서의 작성

1 무역계약서의 필요성

무역계약은 낙성계약이기 때문에 구두의 약속에 의하든 혹은 행위에 의하든 상관없이 당사자 간의 합의만 있으면 유효하게 성립하며 또한, 불요식계약이기 때문에 반드시 서면으로 작성될 필요도 없다. 그러나 국제상거래는 관습, 언어, 법률 및 통화가 다른 국가에 영업소를 두고 있는 당사자 간의 거래이기 때문에 당사자 간에 서로 합의하거나 약속한 내용을 문서로 작성하는 것이 후일의 분쟁을 피할 수 있는 방법 중 하나이다. 또한, 계약은 청약과 승낙으로 쉽게 성립될 수도 있지만 여러 단계의 예비적 교섭이나 수차례의 청약을 주고받은 결과로서 합의가 도출되는 경우가 많기 때문에 합의된 사항을 통합하여 증거로 삼기 위해서도 계약서의 작성이 필요하다.

2 무역계약서의 작성

무역계약은 간단한 청약이나 주문만으로 종결하지 말고 반드시 서면에 의한 수출입계약(본계약)을 체결하여야 한다. 매매계약의 체결에는 계약자유의 원칙이 적용되기 때문에 매매계약서의 형식은 원칙적으로 자유이다. 따라서 주문서 교환으로 매매계약서의 작성을 대신하기도 한다. 일반적으로 매매계약은 다음과 같은 형식으로 그 계약내용을 확인하고 있다.

첫째, 매수인이 자사 소정 양식의 주문서(order sheet; purchase note)를 작성하여 매도인에게 송부하고 매도인이 이들 서류를 검토한 후 상세한 'Sales Note' 또는 주문확인서(confirmation of order; sales confirmation)를 작성하여 매수인의 확인을 구하는 방법이다. 둘째, 매도인이 직접 계약 내용을 정리하여 매매계약서 또는 'Sales Note'를 2통 작성하여 서명한 후 매수인에게 송부하고, 매수인이 그 내용을 검토한 후 서명하여 그중 1통은 자신이 보관하고, 1통은 매도인에게 반송하는 방법이다. 셋째, 매도인이 발행한 청약서에 매수인이 승낙의 서명을 하거나 매수인이 작성한 주문서에 매도인이 승낙의 서명을 하여 각자 한 통씩 보관하는 방법이다.

무역계약은 거래가 성립될 때마다 체결하는 개별계약(case by case contract), 연간 또는 장기간 기준으로 계약을 체결하고 필요시마다 수정을 가하는 포괄계약(master contract), 수출입전문상사 사이에 매매를 국한시키는 독점계약(exclusive contract)이 있다.

첫째, 개별계약방법은 청약이나 주문을 확정한 후 매건별로 수출입 본계약을 체결하는 방법으로 최초 거래 시나 중장기 연불방식에 의한 수출입 등 거래내역이 복잡하거나 1회 거래로 계약이 종결되는 경우에 주로 사용하는 방법이다. 개별계약의 경우 수출입 본계약은 표면과 이면 양면으로 구성되어 있다. 계약서의 표면에는 당해 거래와 관련하여 거래 대상 물품의 품질, 수량, 포장, 가격 등과 구체적인 결제방법, 보험조건, 선적시기 등을 표시한다. 즉, 표면조항은 개별거래조항으로서 매 거래 시마다 결정하여야 하는 사항들이다.

그리고 이면에는 일반거래조건(general terms and conditions)을 약정한다. 이는 국제상거래에 따른 책임의 주체인 본인 대 본인(principal to principal) 간의 계약임을 전제로 품질·수량 등에 대한 기준, 가격결정방법, 선적조건, 보험조건 등의 해석기준을 정함을 물론 클레임 조항, 중재조항, 그리고 계약의 준거법 등 무역계약의 일반사항을 약정한다. 즉, 계약서의 이면약정은 일반거래조항으로서 수출입거래 시 일반적으로 적용되는 공통사항들이다.

개별계약방법을 채택할 경우, 계약당사자는 사전에 계약 내용을 협의한 후 이를 확정하여 어느 일방이 통상 2부의 계약서를 작성하여 2부 모두에 서명한 후 다른 일방에게 송부하면, 상대방은 이에 서명한 후 1부를 송부, 각각 1부씩 보관한다. 개별계약의 경우에는 Sales Confirmation Note(매매계약서) 또는 Purchase Order Note(주문서) 등을 교환하게 된다.

둘째, 포괄계약은 동일한 거래 상대방과 계속적으로 거래가 이루어지는 경우 채택한다. 즉, 매 거래 시마다 건별로 수출입 본계약을 체결하지 않고 일반거래조건협정(Agreement of Memorandum on General Terms and Conditions of Business)을 체결하여 장래 거래 시 적용할 수 있는 기본 준칙을 정한 후, 개별거래 시에 포괄계약에서 정한 방법에 따라 간단한 청약이나 주문을 교환함으로써 계약을 확정하는 방법이다.

3 일반거래조건협정서

거래제의를 거쳐 매매당사자가 거래관계의 개설을 합의하면 장래의 거래관계를 원만하게 진행시키기 위하여 이른바 「일반거래조건에 관한 협정서」(Agreement on General Terms and Conditions of Business)를 작성한다. 이것은 청약과 승낙으로 성립되는 개별계약이 체결되기 전에, 거래의 기본적·포괄적인 내용을 합의하는 포괄계약(Master Contract)의 성격을 갖는다. 협정서가 개별계약서보다 먼저 작성되기 때문에 협정서에서 합의된 사항이 개별계약을 구속한다. 협정서에는 일반적으로 거래형태, 거래물품의 품질, 가격, 수량, 선적, 결제, 보험 등의 기본적인 거래조건, 불가항력, 지연선적, 정형거래조건, 준거법조항, 클레임과 중재 등의 조항들이 포함된다.

국내거래와 같은 점두(店頭)매매의 경우에는 이러한 협정서가 필요하지 않다. 그렇지만 격지 간의 선물에 관한 거래에서는 **매매당사자 간 관습과 제도가 서로 다르므로 거래의 준비단계에서 서로의 상관습의 상위(相違)를 조정할 필요성**이 있고 거래의 기본이 되는 원칙을 확립할 필요가 있다. 즉, 이것은 앞으로 거래에 적용될 포괄적이고, 기본적이며 불변적인 합의를 명시하는 것이다.

【Agreement on General Terms and Conditions of Business】

This Agreement on entered into between ABC Co. Ltd., Seoul, Korea hereinafter called the Sellers, and XYZ Co. Ltd., New York, U. S. A. hereinafter referred to as the Buyers, witnesses as follows.

1. Business : Both Sellers and Buyers act as Principals and not as Agents.
2. Goods: Goods in business, their unit to be quoted, and their mode of packing shall be stated in the attached list.
3. Quotations and Offers: Unless otherwise specified in cables or letters, all quotations and offers submitted by either party to this Agreement shall be in U.S. Dollar on a C.I.F. New York basis.
4. Firm Offer: All Firm Offers shall be subject to a reply within the period stated in respective cables. When "immediate reply" is used, it shall mean that a reply is to be received within three days and in either case, how－ever, Sundays and all official New York Bank Holidays are excepted.
5. Orders: Any business closed by cable shall be confirmed in writing with－out delay, and orders thus confirmed shall not be cancelled unless by mutual consent.
6. Credit: Banker's Confirmed Letter of Credit shall be opened in favour of the Sellers immediately upon confirmation of sale. Credit shall be made available twenty－one(21) days beyond shipping promises in order to provide for unavoidable delays of shipment.
7. Payment: Drafts shall be drawn under credit at sight, documents attached, for the full invoice amount.
8. Shipment: All goods sold in accordance with this Agreement shall be shipped within the stipulated time. The date of Bill of Lading shall be taken as a conclusive proof of the day of the shipment. Unless expressly agreed upon, the port of shipment shall be at the Seller's option.
9. Marine Insurance: All shipments shall be covered I.C.C.(B) for sum equal to the amount of the invoice plus ten(10) percent, if no other conditions

are particularly agreed upon. All policies shall be made out in U.S. Dollar and payable in New York.

10. Quality: The Sellers shall guarantee all shipments to conform to samples, types, or descriptions, with regard to quality and condition at the place of shipment.
11. Damage in Transit : The Sellers shall ship all goods in good condition and the Buyers shall assume all risks of damage, deterioration, or breakage during transportation.
12. Force Majeure : The Sellers shall not be responsible for the delay of shipment in all cases of force majeure, including mobilization, war, riots, civil commotion, hostilities, blockade, requisition of vessels, prohibition of export, fires, floods, earthquakes, tempest, and any other contingencies, which prevent shipment within the stipulated period. In the event of any of the aforesaid causes arising, documents proving its occurrence of ex-istence by the Chamber of Commerce shall be sent by the Sellers to the Buyers without delay.
13. Delayed Shipment : In all cases of force majeure provided in the Article 12, the period of shipment stipulated shall be extended for a period of twenty-one(21) days. In case shipment within the extended period should still be prevented by a continuance of the causes mentioned in the Article 12 or the consequences of any of them, it shall be at the Buyer's option either to allow the shipment of late goods or to cancel the order by giving the Sellers the notice of cancellation by cable.
14. Claim : No claim shall be entertained before the payment is made or the draft is duly honored. Each claim shall be advised by telegram or telex to seller within fourteen(14) days after the arrival of the goods at destination and shall be confirmed by airmail with surveyor's report within fifteen(15) days thereafter. No claims shall be entertained after the expiration of such fourteen days.
15. Arbitration : Any dispute or claim arising out of or relation to this contract shall be settled amicably as far as possible, but in case of failure it shall

be settled by the arbitration pursuant to the regulation of the Korea Commercial Arbitration Board, Seoul, Whose decision shall be final and enforceable to both parties, and the loser shall bear its cost.

16. Trade Terms : The trade terms under this agreement shall be governed and interpreted under the provisions of the latest Incoterms® 2020.
17. Governing Law : This Agreement shall be governed as to all matters including construction and performance under and by United Nations Convention of Contracts for the International Sale of Goods(1980).
18. Patents, Trade marks, etc. : Seller shall be free from liabilities or responsibilities for any trade mark, design or stamp used by seller pursuant to instructions of buyer. Buyer hereby agrees to assume the responsibilities for any disputes resulting from such use.
19. Shipping Notice : Shipment effected against the contract of sale shall be immediately cabled.
20. Shipment Samples : In case shipment samples be required, the Sellers shall forward them to the Buyers prior to shipment against the contract of sale.
21. Marking : All shipments shall be marked “OX”/New York and given consecutive numbers.
22. Cable Expense : Expenses relating to cabling shall be borne by the respective senders.

In witness whereof, both parties have caused their duly authorized representatives to execute this Agreement on the··· day of···, 2024. This Agreement shall be valid on and from the··· day of··· 2024 and the Articles in the Agreement shall not be changed or modified unless by mutual consent.

(Buyers) XYZ Co. Ltd..

(Signed)

General Manager

(Sellers) ABC Co. Ltd.

(Signed)

Managing Director

① 거래형태(Business)

거래당사자와 거래형태를 명기한다. 'principal to principal'은 당사자 대 당사자 거래, 즉 1 : 1의 거래를 말한다.

② 물품(Goods)

거래되는 물품명과 가격단위 및 포장방법 등을 명기한다.

③ 견적(Quotation)

가격조건에서는 가격의 단위, 가격의 표시통화, 산출기준 즉, FOB 가격인지 CIF 가격인지를 표시한다.

④ 확정청약(Firm Offer)

청약의 유효기간을 명시하고 'immediate reply'(즉시 회신)의 의미와 청약의 유효기간에 공휴일과 일요일은 제외한다는 내용을 명기한다.

⑤ 주문(Order)

주문조건에서는 주문의 확정방법과 주문의 취소불가능성을 명기한다.

⑥ 신용장(L/C)

결제수단으로 신용장을 사용할 경우 신용장의 개설시기와 신용장하에서의 서류제시시기를 명기한다.

⑦ 지급조건(Terms of payment)

일람출급화환어음으로 결제한다고 명기한다. 또한, 어음의 발행금액 등을 기재한다.

⑧ 선적조건(Shipment)

선적시기와 선박이 지정된 경우에는 이를 명기하며, 선적일의 증명방법과 선적항의 선택당사자를 명기한다.

⑨ 해상보험(Maine Insurance)

보험조건에는 보험계약자, 보험금액, 담보조건, 보험증권상의 보험금액의 표시통화 및 보험금의 지급장소를 명기한다.

⑩ 품질(Quality)

품질의 기준과 기준시기를 명기한다.

⑪ 운송 중 손상(Damage in Transit)

운송 중 물품의 손해 즉, 변질이나 파손에 대한 책임을 누가 부담하는지를 명기한다. 이러한 명기가 없으면 정형거래조건에 따라 위험부담자가 손해를 부담한다.

⑫ 불가항력(Force Majeure)

이행불능의 사유가 되는 불가항력의 내용을 구체적으로 표기하고 이에 대한 입증방법을 명기한다.

⑬ 지연선적(Delayed Shipment)

지연선적의 사유와 기간, 그리고 지연된 기간 내에 불가항력의 사태가 계속될 경우에 주문의 취소에 관한 사항을 명기한다.

⑭ 클레임(Claim)

클레임 제기의 전제조건, 클레임 제기방법, 제기기간 및 증빙서류 등에 관하여 명기한다.

⑮ 중재(Arbitration)

클레임의 해결방법으로서 중재를 선택할 것과 중재장소 및 중재 시의 준거법을 명기한다.

⑯ 정형거래조건(Trade Term)

정형거래조건의 해석에 관해서는 Incoterms® 2020을 기준으로 할 것을 명기한다.

⑰ 준거법(Governing Law)

본 계약의 성립 및 이행에 관한 준거법은 UN통일매매법(CISG)을 기준으로 할 것을 규정한다.

⑱ 특허, 상표 등(Patents, Trade Marks, etc.)

매도인이 매수인의 지시에 따라 선적한 물품이 수입국에서 특허권이나 상표권을 침해한 것으로 소송이 제기되더라도 책임을 지지 않을 것을 명기한다.

⑲ 선적통지(Shipping Notice)

계약대로 선적이행 후 전보로 통지할 것을 명기한다.

⑳ 선적견본(Shipment Sample)

매수인이 선적견본을 요구할 때는 매도인은 선적 전에 이를 송부할 것을 약정한다.

㉑ 화인(Marking)

모든 선적품은 "OX"/New York으로 표시되고 일련번호를 부여하도록 명기한다.

㉒ 전보비용(Cable Expenses)

전보에 관련된 비용은 각 발신인이 부담하도록 명기한다.

4 영문계약서

1) 영문계약서의 구성 및 내용

영미법에 바탕을 둔 국제물품매매계약서는 기본적으로 표제(title), 전문(non-operative part), 본문(operative part), 최종부(final part)로 구성되어 있다.

(1) 영문계약서의 구성

① 표제(Title)

② 전문(Non-operative part)

가) 일자(data)

나) 당사자(parties)

다) 설명조항(whereas clause)

③ 본문(Operative Part)

가) 정의조항(definition provision)

나) 실질조항(operative provision)

다) 일반조항(general provision)

ⓐ 계약기간(term, duration)

ⓑ 계약종료조항(termination clause)

ⓒ 불가항력조항(force majeure clause)

ⓓ Hardship조항

ⓔ 계약양도조항(assignment clause)

ⓕ 중재조항(arbitration clause)

ⓖ 재판관할조항(jurisdiction clause)

ⓗ 준거법조항(governing law clause)

ⓘ 완전합의조항(entirety clause)

ⓙ 통지조항(notice clause)

ⓚ 이행보증조항(performance of guarantee clause)

ⓛ 담보조항(warranty clause) 또는 책임제한조항(limitation of liability clause)

ⓜ 손해배상액예정조항(liquidate damage clause)

ⓝ 권리불포기조항(non-waiver clause)

ⓞ 가분성조항(severability clause)

ⓟ 권리침해조항(infringement clause)

ⓠ 비밀유지조항(confidentiality clause; secrecy clause)

ⓡ 주권면제포기조항(waiver of sovereign immunity clause)

ⓢ 클레임조항(claim clause)

④ 최종부(Final part)

가) 말미문언(testimonium clauses)

나) 서명(signature)

다) 날인(seal)

(2) 영문계약서의 내용

① 표제(title)

계약서의 표제는 계약서의 머리 부문에 기재되며, 계약 성격이나 식별을 위하여 표시하지만, 그 내용이나 해석에는 영향을 주지 않는다. 따라서 누구든지 표제만 보면 어떤 종류의 계약인지 알 수 있다. 표제부분은 'SALES AGREEMENT, 'DISTRIBUTION AGREEMENT' 등과 같이 계약서의 종류를 대문자로 기재한다.

② 전문(non-operative part)

전문은 계약당사자, 계약체결일, 설명조항, 약인조항으로 구성된다. 첫째, 계약체결일은 계약이 체결된 연·월·일을 표시하며, 계약의 효력발생시기를 별도로 명시하고 있지 않으면, 일반적으로 이 일자가 효력발생시기가 된다. 계약서는 특별한 경우를 제외하고 계약체결일로부터 효력을 갖지만, 계약의 효력이 행정청의 인가를 조건으로 하는 경우에는 다를 수도 있다.

둘째, 계약당사자를 표시하는 부분은 계약당사자를 개별적·구체적으로 확정하기 위하여 기술하는 것이다. 계약당사자가 개인인 경우에는 성명(full name), 주소 및 국적 등을 기재하고, 법인의 경우에는 정확한 법인명과 주된 영업소의 소재지, 설립 준거법 등을 기재하여야 한다. 특히 미국과 같은 연방국가에서는 본사의 주소와 상관없이 전혀 별개의 주법(state law)이 설립 준거법으로 될 수 있으므로 설립 준거법도 어느 주의 법인지 명시하여야 한다. 또한, 계약당사자의 명칭은 계약서에 여러 번 반복되기 때문에 번거로움을 피하기 위하여 약칭을 사용할 수도 있다.

설명조항(whereas clause)은 계약체결의 목적, 계약내용, 계약체결의 경위 및 경과를 나타낸다. 설명조항은 주로 계약내용의 개요가 기재되는데, 엄밀히는 법적효력을 갖지 않는다고 해석되지만, 다음의 2가지 의미를 지니고 있다. 첫째, 상대방이 설명조항을 신뢰한 경우, "표시에 의한 금반언의 법리"(estoppel by representation)에 의해서 이에 반하는 주장을 할 수 없다. 둘째, 계약당사자 중 일방이 설명조항을 계약의 담보

(warranty)로 하든가 조건(condition)으로 하는 경우, 이를 본문의 합의내용 중에 포함시킬 필요가 있다.

설명조항은 영미계약서의 관례로 되어 있는데, 최근에는 점차 간단한 표현으로 변해가고 있다. 이는 국내 계약서에는 볼 수 없는 영미의 특유한 것으로 본 조항이 빠져 있어도 계약은 유효하게 성립한다고 보여진다. 그러나 설명조항에는 당사자가 계약을 체결하는 데까지 이르게 된 동기 또는 목적이 기재되어 있고, 계약서 각 조항의 해석에 있어서 계약당사자의 의사를 확인할 수 있는 내용으로 볼 수 있으므로 계약 전문에 계약의 중요한 원칙을 명시하여 간결하게 기재하여야 한다.

약인조항(consideration clause)은 'in consideration of'라는 영문으로 시작되는데, 'in consideration of'는 '약인' 또는 '대가'로 번역하며, 전통적인 영미법의 법리에서는 계약이 유효하게 성립되기 위해서는 약인의 존재가 필요하다는 이론에서 비롯되었다. 이것은 원래 거래를 증여와 구별하고, 호의적인 증여의 성질을 갖는 약속을 강제집행하는 것은 부당하다는 취지에서 출발한 것으로 강제집행력을 갖기 위해서는 약인의 존재를 명시할 필요성이 있음을 반영한 것이다. 약인조항은 오늘날 전통적이면서 역사적인 의미를 갖는데 불과하며, 이 조항을 삽입하므로써 약인문제를 해결한 것으로 보는 경우가 많다.

③ 본문(operative part)

본문은 주로 정의조항(definition provision), 실질조항(specific provision), 일반조항(general provision)으로 구성된다.

가) 정의조항(definition provision)

정의조항은 국제계약, 특히 대리점계약, 독점적 판매계약, 기술계약, 합작투자계약 등과 같은 계약에 종종 사용되는 단어나 중요한 용어에 대하여 규정해 놓은 조항을 말한다. 또한, 정의조항은 계약서상에 긴 표현이 필요한 용어가 반복해서 사용될 경우에 그 설명의 반복을 피하기 위한 경우와 의미의 명확화를 위하여 사용하는 경우가 많다. 이 경우, "hereinafter referred to as xxx"와 같은 표현을 사용한다. 정의는 강행

법규에 위반되지 않는 한 당사자 간 자유의사로 합의할 수 있지만, 그 정의에 따라 당사자 간의 권리·의무에 영향을 줄 수 있으므로 신중히 명시하여야 한다.

나) 실질조항(operative provision)

실질조항은 실질적 내용 및 조건을 나타낸 것으로 그 계약의 특징적인 조건들을 포함한다. 우리가 무역실무에서 일반적으로 말하는 무역계약의 7대 조건이라는 것이 실질조항에 명시된다. 즉, 매매계약서에 명기되는 조건으로, 일반적으로 거래의 기본이 되는 품질(quality), 수량(quantity), 가격(price), 포장(packing), 선적(shipment), 결제(payment), 보험(insurance) 등을 말한다. 이러한 실질조건들 중 품질, 수량, 가격, 선적 등의 기본적 조건은 거래 시마다 청약과 승낙을 통해서 확정되는 경우가 빈번하다.

ⓐ 품질조건

국제상거래는 명세서에 의한 선물거래가 대부분이다. 따라서 계약서에 물품의 품질, 성능, 색상, 중량, 부피, 성분 등을 상세하게 명시한다고 해도 동일 명세하에서는 여러 품질의 물품이 생산될 수 있기 때문에 보다 가시적인 방법으로 품질을 확인하는 방법을 약정하는 것이 좋다. 청약과 승낙으로 체결되는 매매계약(sale contract)에는 품질에 관한 명세를 기록하고, 이를 확인할 수 있는 세부적 내용 즉, **i) 품질의 결정방법, ii) 품질의 결정시기, iii) 품질의 증명방법 등**은 일반협정서의 품질조건에 명기하는 것이 좋다.

ⓑ 수량조건

계약이 성립하면 매도인은 매수인에게 계약수량에 일치하는 상품을 제공하여야 한다. 무역계약에서 수량(quantity)이란 개수만을 의미하는 것이 아니라 중량, 용적, 부피 등을 의미한다. 국제상거래에서 수량은 품질 다음으로 분쟁이 발생하기 쉬운 조건이다. 따라서 **계약체결 당시 수량을 결정하는 시기 및 방법과 과부족용인 조항 등을 상세히 명시**하는 것이 필요하다. 수량조건도 품질조건과 마찬가지로 선적수량을 기준으로 할 것인지, 양륙수량을 기준으로 할 것인지를 명시하여야 한다. 매수인이 구매하는 물품이 산화물(bulk cargo)인 경우, 과부족이 생길 가능성이 높다. 만약 당해 거래의 결제가 신용장을 기반으로 하는 경우 ± 5%의 과부족이 용인된다. 하지만 ±5%의 과부족으로 충분하지 않다고 생각된다면 개산수량조건(approximate terms)을 삽입하게 된다.

ⓒ 가격조건

물품의 가격은 거래당사자의 이윤과 직결되기 때문에 무역계약의 조건 가운데 매매당사자의 관심이 가장 높은 조건이다. 가격조건에서 가장 문제가 되는 것은 **가격의 산출기준과 가격의 표시 통화**이다. 또한, 국제상거래는 가격산출의 기준이 되는 정형거래조건에 따라서 물품의 인도장소, 인도조건, 소유권의 이전 장소 및 시기, 위험부담의 한계 등이 달라지기 때문에 가격조건은 복잡한 문제를 야기한다. 한편, 물품의 장기공급계약인 경우, 대금조항에는 조세 등 비용부담에 관한 변동이 생기기 쉬우므로 이에 관한 사항을 합의하여 분쟁을 사전에 방지할 필요성이 있다.

ⓓ 포장조건

물품이 선적되는 형태는 곡물이나 광물과 같은 산화물(bulk cargo), 자동차나 공장설비와 같은 비포장화물 및 포장화물로 나눌 수 있다. 포장은 물품의 운송, 보관, 하역, 진열, 판매 등을 하는데 있어 그 물품의 내용과 외형을 보호하고 상품으로서의 판매 가치를 유지하기 위하여 적절한 재료나 용기로 둘러싸는 기술적인 작업 및 상태를 말하는 모든 종류의 포장을 통칭하는 의미로 사용되고 있다.

특히 수출포장은 적은 비용으로 안전하고 적절하게 물품을 포장하여 장기간의 운송 중에 상품을 보호하는 데 주된 목적이 있다. 수출포장은 충분히 튼튼하게 하여야 하나 화물의 중량이나 용적이 필요 이상으로 크게 되면 운송비의 부담이 커질 수 있다. 따라서 수출포장 시에는 가볍고, 부피가 작고, 튼튼하고, 값싸고, 보기 좋은 것으로 하되, 수출물품의 종류, 성질, 도착지와 운송 도중의 기후, 환적의 횟수, 도착국가의 관련 법규 및 상관습, 포장비, 운임 등을 충분히 고려하여 가장 합리적이고 안전한 포장을 하여야 한다.

무역계약체결 시 포장조건의 내용인 **포장종류, 포장방법, 포장재료, 화인 등에 대하여 명시적으로 약정**하여야 한다. 물품의 포장 불충분으로 입은 손해에 대해서는 운송인과 보험자 모두 책임을 부담하지 않으므로 이는 매도인이 전적으로 책임을 져야 한다. 또한, 무역계약에서 포장조건이 '수출표준포장'이라는 문언으로 명시되어 있는 경우가 많이 있는데, 이는 위와 같은 제반 사항을 고려하여 포장할 것을 요구하는 의미로 해석할 수 있다. 특히 불완전하거나 부적합한 포장으로 인한 화물의 손상은 운송인이나 보험자 모두에게 면책이 되므로 수출상에게 포장은 중요한 사항이라 할 수 있다.

ⓔ 선적조건

무역계약의 이행은 매도인의 물품인도와 매수인의 대금지급으로 요약할 수 있다. 매도인은 **물품인도를 위하여 운송인과 운송계약을 체결**하므로 운송서비스를 통하여 간접적으로 매수인에게 인도된다. 국제물품매매에서 매도인은 제조업자 또는 공급업자와 매매계약을 체결하여야 하고, 매수인은 도매업자 또는 다른 구매자와의 사이에 물품인도의 합의를 해야 하므로, 양 당사자 모두에게 인도시기가 매우 중요하다. 특히, 일반적으로 잘 발생하지는 않지만 간혹 이행지체가 발생할 수도 있으므로 매도인은 물품의 인도시기에 관한 합의를 할 때 신중을 기하여야 한다.

또한, 매도인이 선적조건에 명시된 선적시기에 선적하지 못한다면, 이는 계약위반이 되므로 매수인은 이에 대한 구제를 요청할 수 있다. 즉, 인도가 지연되면 매수인이 구매자에게 손해배상을 해야 하거나 판매계약을 취소해야 하기 때문에 매수인은 손해를 입게 된다. 따라서 계약서 내에 매도인이 이러한 인도지연으로 인한 매수인의 손해를 보상해 줄 책임이 있음을 명백히 해야 한다. 이 경우 매수인은 상대방의 계약위반으로 자신이 입은 손해를 입증하여야 하는바, 이는 결코 쉬운 일이 아니다.

따라서 이에 대한 대안으로 계약서에 'Liquidated Damage Clause'를 삽입하면 손해액을 입증하지 않고 약정된 금액을 청구할 수 있다. L/D 조항은 상대방에게 계약이행을 압박하는 효과도 있다. 매수인의 입장에서 보면, 상황에 따라 여러 가지 구제수단 중 하나 또는 그 이상을 선택할 수 있도록 해 두는 것이 중요하다. 이에 대해 매도인은 자신의 통제를 벗어난 불가항력으로 인하여 의무이행이 지체된 경우, 그에 대하여 책임을 부담하지 아니함을 명확히 해야 할 것이다.

ⓕ 결제조건

국제물품매매에서 매도인의 주된 의무가 물품인도의무라면 매수인의 주된 의무는 대금지급의무이다. 수출대금을 받는 일은 매도인뿐만 아니라 수출국의 외국환 관리측면에서도 매우 중요하다. 수출대금을 언제, 어디서, 어떻게 받는지는 매도인의 주된 관심사이다. **지급조건에서 검토해야 할 사항은 지급금액, 지급장소, 지급시기, 지급방법** 등이다. 이 가운데 지급장소는 지급방법에 따라 결정되기 때문에 지급시기와 지급방법에 따라 여러 가지 결제수단이 동원될 수 있다.

ⓖ 보험조건

운송 중인 물품은 선박의 좌초, 침몰, 충돌 등과 같은 해상고유의 위험, 화재, 전복 등과 같이 예상하지 않는 **위험에 직면하여 손해**(loss or damage)가 발생할 가능성이 있기 때문에 이러한 위험을 **담보**하기 위하여 적하보험(cargo insurance)에 부보하여야 한다. 적하보험은 해상운송이나 해륙복합운송의 경우, 해상적하보험(marine cargo insurance), 육상운송의 경우에는 운송보험(transport insurance), 항공운송의 경우에는 항공운송보험(air transport insurance)이 이용된다.

계약체결 시 보험조건에 포함되어야 할 내용은 ① 보험계약자와 보험료 부담자, ② 사고발생 시 보험금을 받게 될 피보험자, ③ 담보위험과 담보기간, ④ 손해보상범위 등이 있다. 매매계약체결 시 '보험조건'을 두어 이러한 문제들에 대하여 규정할 필요도 있지만, 대부분의 경우 보험에 관하여 별도의 약정을 하지 않는 경우도 많다. 명시적인 약정이 없을 경우, 묵시계약의 성격을 갖는 정형거래조건에 의하여 위의 문제들을 해결할 수 있다.

다) 일반조항(general provision)

일반조항은 국제계약서를 작성할 때 계약의 특수한 내용과는 무관하게 당사자 간의 합의에 의하여 보편적으로 필요불가결한 사항에 관하여 규정하는 조항을 의미하며, 당해 계약의 특수한 내용을 규정하는 실질조항과 구별된다. 일반조항은 계약당사자 간의 이해관계의 대립이 심하지 않으므로 비교적 쉽게 합의·결론에 도달하는 내용임에 반하여, 실질조항은 해당 계약에 기업목적을 달성하려는 특유한 사항을 규정하므로 이에 대한 계약당사자 간의 의견대립이 심하고 그 협상이 어려운 것이 일반적인 경향이다.

일반조항들은 당해 계약의 유지·관리에 필요한 조건들로서 계약의 종류나 내용에 따라 대동소이하다. 주요한 일반조항들로는 발효일(effective date), 계약기간(duration), 계약종료(termination), 준거법(governing law), 중재(arbitration), 비밀유지(secrecy), 불가항력(force majeure), 양도(assignment), 통지(notice), 완전합의(entire agreement), 권리불포기(non-waiver) 조항 등이 있다.

이러한 일반조항 중에서 불가항력이나 중재조항 등은 거의 모든 거래에 공통적인조항으로 매 거래 시마다 변동될 필요가 없다. 국제거래의 신속성과 편의성이 확보되기 위해서 가능한 한 명시조건은 간단하고 명료하여야 하므로 공통적인 조항은 미리 일반거래조건협정서(general agreement)를 통하여 확정해 두고, 가변적인 조항은 청약과 승낙을 통하여 확정하는 것이 좋다.

한편, 무역계약이 장기공급계약(long-term supply contract)인 경우에는 신축조항(escalation clause), 보증조항(warranty clause), 계약종료조항(termination clause), 손해배상액예정조항(liquidated damage clause) 등이 추가될 수 있다. 매매당사자는 계약체결 시 계약내용을 거래관습이나 준거법에 따르는 것이 불확실하다고 판단하면 이를 명시하는 것이 거래의 안정성을 위하여 바람직하다.

ⓐ 계약기간(term, duration)

모든 계약에는 **계약의 효력이 개시되는 시기와 효력이 끝나는 종기**가 있다. 시기는 계약서를 작성한 날짜 또는 양 당사자의 서명일, 그 날짜가 명확하지 않을 때에는 전문 중에 기재된 계약서 작성일이 계약의 효력발생일(effective date)이 된다. 그러나 계약당사자들의 합의에 의하여 특정한 날을 계약의 효력발생일로 할 수도 있다. 또한, 기술도입계약이나 합작투자계약과 같이 관련기관의 허가가 필요한 경우, 이를 취득한 일자를 시기로 할 수 있다. 계약의 종기는 계약의 만기 일이 도래한 만료일(date of expiration)과 계약기간 중도에 그 효력이 끝나는 종료일(date of termination)이 있다. 계약기간이 만료되어 이를 연장하고자 할 경우, 당사자가 협의하여 새로이 계약기간을 정하는 경우와 자동적으로 갱신하는 방법이 있다.

ⓑ 계약종료조항(termination clause)

계약의 종료는 **일정한 사유로 당사자 간의 계약관계가 해소되는 것**을 말한다. 국제계약에서 계약이 종료되는 경우는 (i) 계약목적의 달성 또는 계약기간의 만료로 인한 종료, (ii) 계약위반에 따른 계약해제권의 행사, (iii) 계약을 지속하기 어려운 사유의 발생 등으로 구분할 수 있다. 첫째, 계약목적의 달성 및 계약기간의 만료로 인한 종료의 경우는 예기된 것으로서 당사자 간에 특별히 새로운 권리 · 의무를 발생시키지 아니한다. 둘째, 계약위반에 따른 계약해제권을 행사하는 경우 계약은 해제된다. 하지만 계약위반의 경우, 모든 경우에 계약해제권이 주어지는 것은 아니다. 영미계약법에서는 계약조건을 조건(condition)과 담보(warranty)로 구분하고, 전자의 경우 계약해제권을 부여하지만, 후자의 경우에는 손해배상청구권만을 부여한다.

또한, UN통일매매법에서는 일방당사자의 중대한 계약위반이 있을 경우와 추가 이행기간 내에 이행하지 않는 경우에 한하여 타방당사자는 계약을 해제할 수 있다. 셋째, 계약위반은 아니지만 계약을 지속하는 데 지장을 초래할 일정한 조건이 발생하는 경우에 계약을 종료하도록 규정할 수 있다. 계약이 종료될 수 있는 중요한 사유로는 (i) 사해행위(詐害行爲), 파산(bankruptcy), 지급불능(insolvency), 청산(dissolution) 등을 명기한 경우이다. (ii) 불가항력조항이나 매도인의 선적지연과 매수인의 신용장 개설지연 시를 대비한 손해배상액예정조항에 이들 사유가 일정한 기간을 초과하는 경우, 계약을 해제할 수 있다는 조항을 삽입할 수 있다.

한편, 계약이 종료되면 종료의 효력이 그 이전의 계약 및 계약당사자의 채권 · 채무에는 아무런 영향을 미치지 않으며, 당사자 일방의 조기 종료로 인하여 상대방에게 손해를 끼쳤다면, 손해배상의 책임도 져야 한다. 따라서 이를 계약서에 명시할 필요는 없지만, 분쟁 방지를 위해 명시하는 경우, 이를 확인규정이라 한다. 결국 계약을 해제하기 위해서는 일방당사자의 책임 있는 사유로 인한 중대한 계약위반이 발생하고, 또한 계약을 종료시킨다는 상대방의 의사표시가 있어야 한다. 따라서 예측가능성을 높이기 위해서 계약체결 시에 해제권을 발생시키는 경우를 명확히 설정하여 두는 것이 바람직하며, 이렇게 함으로써 본래는 중대한 계약위반에 해당하지 않지만, 계약당사자가 주관적으로 중요하다고 생각하는 사정을 고려할 수도 있을 것이다. 한편, 계약이 종료된 경우에도 당사자 간 특약에 의해 특정조항의 효력을 계약종료일 이후에도 계속 유효한 것으로 정하는 경우가 있는데, 이러한 조항을 존속조항(survival clause)이라 한다. 존속조항은 다른 말로 효력연장조항(survival clause)이라고 하며, 대표적인 존속조항으로는 보증조항, 비밀유지조항, 로얄티지급의무조항 등이 있다.

ⓒ 불가항력조항(force majeure clause)

무역계약의 이행과정에서 **당사자의 합리적 통제를 벗어난 사유 즉, 어느 당사자에게도 귀책이 될 수 없는 사유로 당해 계약의 이행이 불가능하게 된 경우**를 통상적으로 불가항력이라고 한다. 즉, 불가항력은 장애의 통제 불가능성, 예견 불가능성, 극복 불가능성을 그 요건으로 한다. 불가항력의 인정 여부, 인정되는 범위 및 성립요건 등은 법 계통이나 각국의 법률에 따라 크게 다르다. 또한, 계약당사자는 불가항력에 대한 명시적 규정이 없더라도 계약의 일반적 해석상 또는 준거법의 내용에 따라 불가항력임을 주장할 수 있겠지만 불가항력에 해당될 수 있는 범위, 대상 및 그 처리 방향을 두고 분쟁이 발생할 수 있다. 따라서 이로 인한 계약의 중단이나 지연사태를 방지하고 불필요한 분쟁을 예방하기 위하여 불가항력에 해당하는 사항들과 그 처리 방향 등을 사전에 당해 계약에서 명시적으로 규정해 둘 필요가 있다.

ⓓ Hardship조항

Hardship조항은 **계약 성립 후 정치 · 경제 · 정세 등의 주위 사정의 변화로 계약이행**

이 현저하게 어려운 경우, 이를 강제하게 되면 당사자 사이의 계약책임상 불균형이 초래되므로 이를 수정하여 **적정한 계약관계를 유지시키는 조항**이다. Hardship의 기본요건은 계약체결 후에 발생한 사건이 계약의 형평성을 근본적으로 변경시키는 것이다. 또한, 사건이 계약체결 후 발생하거나 불이익 당사자에게 알려져야 하고, 발생된 사건이 불이익 당사자에게 합리적으로 고려될 수 없는 사건이어야 한다. 또한, 사건이 불이익 당사자의 통제를 벗어나야 하고, 사건이 초래할 위험을 불이익 당사자가 상정하지 않았어야 한다.

이러한 요건을 갖춘 Hardship의 경우 불이익 당사자는 재협상을 요구할 권리가 있고, 합리적인 기간 내에 합의에 도달하지 못하는 경우, 어느 당사자든지 법원의 결정을 구할 수 있다. 이 경우 법원은 hardship이 있다고 인정할 경우, 결정된 시기와 계약조건에 따라 계약을 종료시키거나 혹은 계약의 형평성을 회복시키기 위하여 계약을 변경할 수 있다. 국제물품매매계약에서 Hardship 문제는 주로 장기계약과 관련되어 있으며, 이행비용의 증가나 이행가치의 하락으로 나타난다.

다만, 문제가 되는 것은 Hardship조항의 법적인 근거를 UNIDROIT 원칙에서 찾을 수 있는데, UNIDROIT 원칙이 국제적인 통일법이 아니기 때문에 계약당사자가 자신들의 계약서에 준거법으로 명시하였다고 하더라도 사건이 소송에 회부되면 법원에서 이를 준거법으로 인정할지 의문이다. 결국 준거법에 관한 규정이 없는 경우 법의 일반원칙으로 간주되어 준거법을 보충하는 기능을 할 수 있을 것으로 기대된다. 하지만 사건이 중재에 회부되면 중재인들은 반드시 준거법에 따라 중재하여야 할 의무가 없기 때문에 본 원칙의 적용가능성이 높아진다.

ⓔ 계약양도조항(assignment clause)

국제계약에서 당사자의 지위를 양도할 수 있는지 여부에 관한 조항으로서 당사자로서의 권리 · 의무를 포괄적으로 이전하는 전부양도와 제한된 부분에 한하여 이전하는 일부양도가 있다. 국제계약은 계약당사자의 상호신뢰를 기초로 성립된 것이므로 법적 지위의 양도 자유보다도 계약당사자가 바뀜으로 발생하는 불이익을 예방하는 측면이 중요하므로 **상대방의 사전 동의 없이는 당해 계약 또는 계약상의 권리·의무를 제3자에게 양도할 수 없도록 규정**하고 있다. 이러한 경우를 양도금지(non-assignment) 특약이라고 한다.

ⓕ 중재조항(arbitration clause)

국제상거래에서 계약당사자 사이에 분쟁이 발생할 경우, 이를 해결할 수 있는 방법으로는 소송과 대체적 분쟁해결방법이 있다. 대체적 분쟁해결방법에는 화해, 알선, 조정, 중재가 있는데, 이 중에서 중재가 가장 보편적이고 합리적인 분쟁해결수단이다. 중재는 당사자의 서면합의 즉, **사전합의인 중재조항**(arbitration clause) **또는 사후합의인 중재부탁(회부)계약**(submission to arbitration)**이 있는 경우에만 이용 가능**하다. 또한, 중재판정은 뉴욕협약의 발효로 인해 대다수의 국가에서 그 집행력을 인정하고 있다. 나아가, 당사자 간 중재계약은 직소금지의 효력과 함께 독립성을 갖기 때문에, 중재계약이 있으면 당사자는 법원에 소송을 제기할 수 없을 뿐만 아니라, 중재조항이 포함된 계약의 일부가 무효가 될 경우에도 중재조항 자체는 유효하다. 그리고 중재조항에는 3가지 요건 즉, 중재지·중재기관·준거법을 명기하여야 한다.

ⓖ 재판관할조항(jurisdiction clause)

무역계약에 관한 분쟁이 당사자의 화해나 중재 등 사적해결방법에 의하여도 해결되지 않는 경우, 국내에서의 분쟁해결과 같이 최종적으로 국가기관인 법원에 의한 해결에 의존할 수밖에 없다. 이러한 경우, 무역계약의 당사자들은 계약을 체결함에 있어서 재판관할 문제에 대하여 고심하게 된다. 당사자들이 법원의 재판관할을 선택하면, **어느 국가의 법원이 그 분쟁해결을 위하여 적합한지를 결정**하고, 그와 같은 선택이 법에서 허용되는지 그리고 그 선택을 유효하고 구속력 있게 하는 요건이 무엇인지를 신중히 검토하여야 한다. 그 결과 당사자자치의 원칙에 따라 계약당사자 간의 약정으로 재판을 담당할 법원을 지정하게 된다. 재판관할을 지정하는 계약당사자의 약속이 재판관할조항이다.

ⓗ 준거법조항(governing law clause)

국제무역에서 준거법은 법률이 서로 다른 주권국가에 속해 있는 당사자들이 그 **계약의 성립, 구성, 효력, 해석 및 이행 등의 기준으로서 어느 나라의 법률에 의하여 판단**할 것인가를 합의한 법률을 말한다. 준거법을 지정할 것인지의 여부와 어느 나라의 법률을 준거법으로 지정할 것인지 등의 문제는 우선적으로 당사자의 자유의사에 맡겨져 있다. 계약당사자 간의 합의에 의하여 준거법이 지정될 경우에는 그에 따라야 하겠지만, 준거법 지정이 없는 경우에는 어느 국가의 법률을 준거법으로 하는지를 결정하는 법의 선택(choice of law) 문제가 대두된다. 이 경우 어느 국가의 법률을 준거법으로 하는지에 대하여는 입법례, 학설 및 판례 등이 일치하지 않지만, 통상적으로 계약의 체결지, 이행지, 기타 수출지역이나 분쟁장소 등과 같은 계약의 밀접한 관련성 또는 연결점을 기초로 판단하게 된다.

준거법의 합의가 당사자의 자유의사에 맡겨져 있기는 하지만 경우에 따라 준거법의 합의에 제한이 있는 경우도 있다. 예컨대, 일부 중남미 국가에서는 자국을 준거법으로 강제시킴으로써 합의에 의한 준거법은 전면적으로 부정하고 있다. 또한, 특정사항에 대하여는 합의된 준거법 이외의 법률이 강제적으로 적용되는 경우가 있다. 통상적으로 국가주권 또는 통치권이 미치는 관세, 수출입, 외국환, 공정거래 등 공법 분야에 많다. 기타 일부의 미국 법원에서는 당해 계약과 전혀 관계없는 국가의 준거법을 배척하는 경우도 있다.

ⓘ 완전합의조항(entirety clause)

완전합의조항은 영미법계의 계약서에 주로 쓰이는 조항으로서 Integration Clause, Merger Clause, Entirety Clause라고도 한다. 완전합의조항은 본 계약은 당해 계약에 관한 전부의 내용을 포함하고 있으므로 본 계약을 체결함에 있어서 그 시점까지 계약당사자 간에 체결된 약속, 결정, 각서, 이해 사항 등의 전부에 대하여 본 계약이 우선하고, **기존의 모든 것은 본 계약에 흡수되어 소멸한다는 내용을 명문화하기 위하여 규정**하는 것이다.

완전합의조항은 동일 주제의 최종합의를 나타내는 계약서의 서명 이전까지 유효한 일체의 합의 등을 부인하는 면책적 효과가 있으므로, 동일 주제에 대한 서로 다른 합의로 인하여 장래에 야기될지도 모르는 분쟁을 사전에 방지하기 위하여 명시한다. 따라서 계약체결의 단계에서는 예비적으로 합의한 사항 또는 합의하고자 하는 사항의 누락은 없는지 등을 신중히 검토하여야 한다. 만약 당해 계약서 작성 이전에 있었던 구술 또는 문서로 된 합의의 일부가 누락된 경우, 완전합의조항이 있으면 그 합의의 내용을 계약 내용으로 주장할 수 없게 되며, 또한, 이 조항에 의해 명시적 담보책임이 부인되는 효과가 발생할 수도 있으므로 각별히 주의하여야 한다.

실제의 계약체결과정에서는 강행규정에 의한 금지·제한의 회피, 정부의 인가 목적 등 여러 가지의 필요에 따라 이면계약을 체결하게 되는데, 이러한 경우 이면계약의 서명일이 본 계약서보다 빠른 날짜로 기재되어 있으면, 완전합의조항과 관련하여 그 효력이 문제가 되는 경우가 많다. 따라서 본 계약서에 포함시키기 곤란한 이면약속이 교환되는 경우에 반드시 이면계약의 날짜를 본 계약체결일과 같게 하거나 늦도록 기재하여야 효력을 유지할 수 있다.

ⓙ 통지조항(notice clause)

계약당사자는 **계약이 체결된 후에도 상호 간 여러 차례 통지, 보고 등의 연락**을 할 수 있다. 이러한 상호 연락이나 통지에 관한 절차문제는 국내에서보다 국제계약에서 훨씬 의미 있고 중요할 수 있다. 왜냐하면 국제계약에서의 통지는 국내계약에 비하여 훨씬 어렵고 이에 관한 공통된 기준이 없으며, 구체적인 절차와 방법에 관한 사전합의가 필요하기 때문이다.

통지조항에는 통지를 주고받을 계약당사자의 주소, 통지의 방법, 통지의 효력발생시기, 이들 내용의 변경이 있는 경우에 대한 조치사항 등에 관하여 규정하여야 한다. 특히, 통지의 효력발생시기와 관련하여 각국은 원칙적으로 도달주의를 채택하고 있지만, 우편이나 전보에 의한 격지자 간의 통지인 경우에 우리나라, 일본, 영미법 등에서는 발신주의를 채택하고 있다. 물론 통지의 효력발생시기를 도달기준으로 할 것인지 또는 발신기준으로 할 것인지는 먼저 당사자 간의 합의에 의한 계약자유의 원칙에 맡길 문제이고, 계약서에서 상호 합의된 바가 없으면 준거법의 규정에 따라 결정된다. 특히, UN통일매매법의 경우 청약과 승낙에서는 도달주의를 채택하면서 계약이행에 있어서는 발신주의를 채택하고 있다.

또한, 통지방법과 관련하여 인편, 전화, 팩스, e-mail 등 증빙 능력이 없는 수단은 피하는 것이 좋다. 증빙 능력이 없는 통신수단을 이용할 경우, 담당자의 교체, 통신망의 사정변경 등에 의한 상대방의 의도적 입장변화에 제대로 대처할 수 없게 된다. 따라서 중요한 내용의 통지는 등기우편이나 전보, 인증된 EDI(전자문서교환방식) 등의 증빙 능력이 있는 수단을 이용하거나, 통지 후에 반드시 수령 여부를 확인하는 절차가 필요하다. 따라서 통지조항과 관련하여 거래 상대방과 협상할 때에는 정해진 문구 또는 상대방이 작성한 표현을 그대로 채택할 것이 아니라 거래의 성격 및 자사의 입장 등을 고려하여 보다 더 구체적으로 검토할 필요가 있다.

ⓚ 이행보증조항(performance of guarantee clause)

국제거래에서 상대방의 계약위반을 우려하여 이에 대비한 조항을 둘 수 있는데, 그 중 하나가 이행보증조항이다. 따라서 이행보증은 계약내용이 준수되지 아니할 경우를 대비하여 계약당사자가 아닌 제3자가 그 이행을 보장하는 것을 의미한다. 즉, 보증은 채무자의 채무불이행이 있는 경우, 이를 이행한 것과 동일한 효과를 얻기 위하여 **채무자 이외의 제3자가 대신하여 채권자에게 채무를 부담하는 것**을 의미한다.

국제거래에서 계약당사자의 이행을 확보하기 위하여 이용되고 있는 보증제도로는 지급보증서(Letter of Guaranty), 보증신용장(Stand-by Letter of Credit), Comfort Letter 등이 있다. 첫째, 지급보증서는 계약상대방인 채권자가 은행 등의 보증인에게 당사자인 채무자가 채무를 불이행 또는 지연하였음을 통지하면, 보증인은 약정된 금액을 채권자에게 지급할 것을 내용으로 하는 약속증서이다. 이는 주로 입찰보증(bid bond), 이행보증(performance bond), 선급금환급보증(advance payment bond) 등에 널리 이용되고 있다.

둘째, 보증신용장은 계약당사자인 채무자의 채무이행을 보증하기 위하여 채무자의 거래은행(개설은행)이 계약상대방인 채권자 앞으로 개설하고, 채무자가 채무를 불이행할 경우, 채권자가 개설은행에게 어음을 제시하면 이에 약정된 금액을 지급할 것을 약속하는 확약증서이다.

셋째, Comfort Letter는 자회사나 공공단체가 금전을 차용하는 경우, 모회사 또는 정부가 대주(貸主)에 대하여 일정한 보장을 하게 되는 경우가 많다. 이러한 보장은 대체적으로 법적 구속력을 가지는 보증의 형태로서 이루어지는 것이지만 때로는 이행을 보장하는 자의 명예, 신용 등에 일임할 뿐 거기에 법적 구속력을 부여하지 않는 경우가 있는데, 이러한 형태의 보장을 가리켜 Comfort Letter라 한다. 따라서 계약서를 작성할 때, 어떠한 종류의 보증조건을 선택할 것인지 검토할 필요가 있다.

① 담보조항(warranty clause) 또는 책임제한조항(limitation of liability clause)

영미법에서 담보는 계약물품이 일정한 품질 또는 성능을 가진 제품과 일치한다는 것을 명시적 또는 묵시적으로 약속하는 것을 의미한다. 그리고 이러한 담보에 의하여 발생하는 책임을 담보책임(warranty liability)이라고 한다. 즉, **실제의 인도된 물품이 담보된 내용의 것이 아닐 때 매도인이 지는 손해배상책임**을 말하며, 이는 대륙법계의 하자담보책임과 유사한 개념이다.

담보의 종류는 크게 명시담보(express warranty)와 묵시담보(implied warranty)로 나눌 수 있다. (i) 명시담보는 인도된 물품이 계약체결 시 제시된 물품명세서(description), 견본(sample), Model, 광고 내용 등과 일치할 것을 명시적으로 약속하는 담보를 말한다. (ii) 묵시담보는 계약적합성의 기준을 문서나 구두 등의 명시적 수단에 의하여 명시적으로 제시하지 않았지만, 이 정도의 보증은 있어야 한다고 하는 것을 관습 또는 법규의 뒷받침에 의하여 인정 또는 추정되는 보증을 의미한다. UN통일매매법에 따르면, 매매되는 물품은 묵시적으로 판매적합성을 가져야 하며, 그 물품과 동일한 명세의 물품의 통상사용목적에 적합하여야 하고, 만약 특정목적이 매도인에게 알려졌다면 특정목적적합성이 확보되어야 한다.

매도인은 명확하고 분명하게 표현하여 매도하는 물품에 대한 담보책임을 지지 아니하거나 담보책임을 제한할 수 있다. 따라서 명시적 담보는 원칙적으로 이를 부인·배제할 수 없다. 그러나 묵시적 담보는 다음의 방법으로 배제할 수 있다. 첫째, 매수인으로 하여금 모든 묵시적 담보가 배제된다는 사실을 주의하게 하고, 묵시적 담보가 없음을 분명하게 밝히는 '현품 그대로'(as is)나 'with all faults'(모든 하자와 함께) 등의 표현을 사용하면 묵시적 담보가 배제된다. 둘째, 매수인이 계약체결 전에 목적물이나 견본 또는 모형을 원하는 만큼 충분하게 조사하였거나 조사를 하지 않겠다고 하였다면, 그러한 사정 아래서 조사함으로써 나타나는 결함에 대하여는 묵시적 담보가 배제된다. 셋째, 묵시적 담보는 계약과정, 이행과정, 거래과정에 따라 배제 또는 변경될 수 있다.

한편, 영미법에서는 담보(warranty)와 조건(conditions)을 구별하고 있는데, 담보는 이를 위반할 경우 손해배상만을 청구할 수 있다는 점에서, 손해배상책임뿐만 아니라 계약의 해제도 가능하게 하는 조건과 구별된다. 그러나 실제 국제상거래에서 담보와 조건의 정확한 구분은 어렵다. 결국, 공급자는 계약서 작성 시 위와 같은 책임배제 문구를 빠짐없이 삽입시키도록 노력하여야 하고, 구매자는 이러한 문구의 존재여부를 확인하고, 이에 대한 수정을 요구하여 자기도 모르게 불리한 계약이 체결되는 일이 없도록 하여야 할 것이다.

ⓜ 손해배상액예정조항(liquidate damage clause)

국제물품매매계약에서 계약위반에 대한 구제방법은 다양하지만, 어떤 구제방법과도 병행하여 사용할 수 있는 것이 손해배상청구권이다. 하지만 손해배상청구권을 행사하기 위해서는 상대방의 계약위반 사실과 자신이 입은 손해액을 입증하여야 한다. 손해액의 입증은 경우에 따라서 매우 어렵고 복잡하기 때문에, 계약당사자는 계약서상에 상대방이 **계약위반 시 일정금액의 손해배상금을 지급하도록 미리 약정**할 수 있다. 이를 손해배상액예정조항(Liquidated Damage Clause; LD조항)이라고 한다.

LD조항의 기능은 크게 3가지로 나눌 수 있다. 첫째, 손해배상기능이다. 즉, 손해액의 입증곤란으로 분쟁이나 소송이 장기화되는 것을 막고 양자의 법률관계를 간단하게 해결하도록 하는 기능이다. 그리고 손해액을 미리 약정하므로 契約違反에 대한 문제를 법원에 호소할 필요조차 없게 된다. 둘째, 이행확보기능이다. 손해배상액의 예정은 채무자에게 심리적 경고를 주어 채무의 이행을 강제하는 기능을 한다. 셋째, LD조항은 계약을 위반한 채무자가 자신의 손해액을 줄이기 위하여 사용될 수도 있다. LD조항과 유사한 기능을 하는 것이 위약벌(違約罰) 조항이다. 위약벌이라 함은 채권·채무관계에서 채무불이행 시에 채무의 이행을 확보·강제할 목적으로 실손해의 배상과는 별도로 채무불이행에 대한 일종의 제재금을 따로 받는 것을 말한다. 영미법에서 위약벌조항은 그 약정액이 실제 손해액보다 과다한 경우 무효이다. 우리나라의 판례도 위약벌은 채무자의 계약이행을 강제하는 이행확보기능만을 인정하기 때문에 그것이 부당하게 과도한 경우에도 감액할 수 없으며 또한, 이것은 제재금이기 때문에 이와 별도로 손해배상청구가 가능한 것으로 보여진다.

LD조항에 관한 법적 근거를 보면 우리 민법에서도 손해배상액을 인정하고 있으며, 지나치게 과다할 경우 법원은 적당히 감액할 수 있다고 규정하고 있다. 그런데 주의할 것은 손해배상의 예정액이 부당히 과다한 경우에 감액할 수 있을 뿐이지 부당히 과소하다고 해서 증액을 하지 못한다는 점이다. 또한, 타인의 경솔(輕率), 궁박(窮迫) 등을 이용하는 폭리행위가 되는 경우에는 손해배상액의 예정은 무효가 된다고 해석하고 있다. 한편, UN통일매매법에서는 손해배상액의 예정에 관한 조항은 없으며, UNIDROIT원칙은 손해배상액의 예정을 인정하고, 그 금액이 불이행에 따른 손해, 기타 제반사정에 비추어 현저하게 과도한 때에는 이를 합리적인 정도로 감액할 수 있다고 규정하고 있다.

LD조항을 작성함에 있어 고려하여야 할 사항은 먼저, 계약체결 시 손해배상예정액이 과도하게 지나치지 않도록 유의하여야 한다. LD조항은 그 배상내용이 지나치게 과다하지 않는 한, 영미법계, 대륙법계, UNIDROIT원칙, 우리 민법에 의하여도 그 유효성이 인정된다. 하지만 지나치게 과다한 경우, 영미법에서는 무효가 되기 때문에 손해배상청구권이 뒤따르게 되지만, 대륙법계나 UNIDROIT원칙에서는 법원이 감액권을 행사할 수 있다. 둘째, 계약체결 과정에서 LD조항을 선택할 때 각종 모델계약서나 해당거래의 성격을 감안하여 Penalty로 판단되지 않도록 하여야 한다.

ⓝ 권리불포기조항(non-waiver clause)

권리불포기조항은 계약당사자가 일시적으로 어느 계약조건의 이행청구를 하지 아니하였다고 하여, 이를 이유로 그 이후의 **동일한 조항이나 조건의 이행청구권 포기로 보고 이를 박탈할 수 없다는 조항**을 말한다. 즉, 국제계약의 당사자가 특정한 계약상 권리를 계속·반복적으로 불행사한 경우에도 해당권리의 불행사는 장래 모든 권리를 포기(waiver)하는 것이 아니라 오직 해당권리만을 포기시키는 효력이 있을 뿐이며, 그 이후의 해당권리에 대한 포기는 되지 않음을 명확히 하는 내용의 조항이다. 이와 관련하여 영미법상 금반언(estoppel)의 원칙이 있다. 금반언이란 과거의 행동과 모순되는 주장을 금하는 영미법상의 Fair Play 원칙을 말한다. 권리불포기조항을 두는 목적은 이러한 금반언의 원칙을 배제하는 데 있다.

ⓞ 가분성조항(severability clause)

가분성조항은 계약서 중의 일부 조항이 어떠한 이유로 무효화되더라도 **당해 계약서 전체가 무효가 되는 것이 아니라는 조항**이다. 본 조항은 준거법이나 강행규정, 판결 등에 의하여 계약의 일부가 실효 또는 무효로 될 경우에 계약전체가 실효 또는 무효로 되는 것을 방지하기 위하여 삽입한다. 물론 이러한 조항이 없더라도 법원이나 중재기관이 이와 동일한 취지의 해석을 내릴 수 있겠지만, 이에 관한 불필요한 분쟁을 없애기 위하여 계약서상에 가분성조항을 명시하는 것이 바람직하다.

ⓟ 권리침해조항(infringement clause)

권리침해조항은 Supplier가 Distributor에게 제공하는 물품은 물질적 측면에도 하자가 없어야 하지만, **권리적 측면에서도 하자가 없어야 함을 규정한 조항**이다. Supplier는 자신이 공급하는 물품이 수입국에 있는 제3자의 권리를 침해할지 여부를 판단하기가 쉽지 않다. 따라서 계약 시 supplier가 공급하는 물품이 수입국내의 제3자의 권리를 침해하는지 여부를 조사할 의무를 Distributor에게 부여하고, 그럼에도 불구하고 추후에 발생된 제3자의 클레임에 대하여는 Distributor에게 협조할 의무를 규정하는 것이 Supplier 입장에서는 유리하다.

ⓠ 비밀유지조항(confidentiality clause; secrecy clause)

비밀유지조항은 본 계약과 관련하여 제공되는 정보는 소유자의 귀중한 자산이므로 기술도입계약 등에서 이를 이용하는 **당사자는 이에 대한 비밀을 유지할 것을 약정하는 조항**이다. 국제계약에서 계약에 관한 중요한 사항이나 영업상 또는 업무상 비밀에 대하여 엄중한 비밀을 유지하는 것이 반드시 필요하다. 비밀유지조항에 규정해야 할 사항과 요령은 계약의 종류에 따라 다르겠지만, 기술이전계약을 기초로 하여 살펴보면 다음과 같이 정리할 수 있다. (i) 비밀유지의 대상 비밀을 정의조항 등에서 명확히 정한다. (ii) 비밀은 계약상 허용된 목적과 용도 이외에는 사용하지 못하도록 한다. (iii) 기술도입자뿐만 아니라 그 종업원, 하청업체 등에 대하여도 비밀유지의무를 부과한다. (iv) 비밀유지와 보관 상태를 점검·조사할 수 있는 권한을 삽입한다. (v) 당해 계약의 종료 시에는 일체의 비밀을 반환하고, 이후에는 일체의 사용을 금지한다. (vi) 계약기간의 종료 후에도 비밀유지의무가 계속되도록 한다. (vii) 비밀유지의무의 위반에 대비하여 손해배상액예정금액을 정하여 둔다.

ⓡ 주권면제포기조항(waiver of sovereign immunity clause)

주권면제포기조항은 계약상대방이 외국정부나 공공기관일 경우, 이들이 주권침해를 들어 **의무이행을 거부하거나 판결집행을 거부할 수 없게 하는 조항**이다. 최근의 일반적 관례는 비록 국가 또는 정부라 하더라도 그 행위가 국가행위가 아닌 순수 상업적 행위인 경우에는 면책이 인정되지 않는 것으로 되어 있지만 이때에도 만약의 경우를 대비하여 주권면제특권의 명시적 포기를 받아 두는 것이 좋다.

ⓢ 클레임조항(claim clause)

계약이 불완전하게 이행된 경우, 이에 관련된 상대방의 클레임 제기권이 준거법에 따라 행사될 경우 예상하지 못한 손해를 초래할 가능성이 있다. 따라서 양당사자는 계약체결시 클레임 조항을 두어 **클레임의 제기기간, 클레임의 제기방법 및 클레임 제기시 증빙서류의 제시를 약정**해 두는 것이 좋다. 클레임의 제기기간과 물품의 하자통지기간은 별도의 사항이므로 따로 규정하여야 한다. UN통일매매법에는 물품의 불일치 통지는 인도일로부터 2년으로 제한하고 있다.

④ 최종부(final part)

계약서 말미에는 계약당사자의 대표자가 서명하지만, 실제로는 계약당사자가 아닌 그 **수권대리인이 서명하고 계약효력발생을 선언**한다. 이러한 취지를 명기하는 것을 말미문언이라고 한다. 여기서 주의할 것은 첫째, 국제계약에 있어서는 계약서의 언어가 1개국 이상의 국어로 작성되는 경우가 많고, 이 경우 양자 간에 차이가 있을 때, 어느 나라의 언어에 의해서 본 계약이 최종적으로 해석되어야 하는가를 결정해 둘 필요가 있다. 둘째, 조항의 제목(heading)은 법적인 효력은 없다. 즉, 각 조항의 표제는 조항의 해석과 무관하며, 통상적으로 해당조항의 내용파악을 위한 편의성이나 참조를 목적으로 삽입된다. 셋째, 서명은 계약당사자를 대표할 수 있는 권한을 부여받은 자가 하여야 한다. 대리서명인 경우, 'for and on behalf of …'의 문언을 회사명 앞에 붙여야 한다. 그리고 반드시 자필로 서명하여야 하며, 성명과 직위를 명기하여야 한다. 넷째, 증거약관이다. 이는 상기 내용을 증거로 하여 정당한 권리자가 계약서 모두(冒頭)에 기재된 일자에, 특정 장소에서 본 계약을 체결했음을 선언하는 조항을 말한다. 이는 관용적 문구에 불과하다. 만약 여기에 장소를 명기하는 것은 국제사법상 준거법 지정 또는 재판관할권 등과 관계가 있을 수 있다.

※ 영문계약서 실례

【Sales Agreement】

This Agreement("Agreement") is made this [1st] day of [June, 2024] by and between [ABC Corp.], with its registered office at [140, West 51st Street, New York, N.Y., U.S.A.] ("Buyer") and [HAN KOOK Co., Ltd.], with its registered office at [159, Samsung-dong, kangnam-ku, Seoul, Korea] ("Seller"):

WITNESSETH

WHEREAS, the Buyer desires to purchase from the Seller and the seller desires to sell to the Buyer [five million sets of T.V.] during a period of [5] years.

Now, THEREFORE, in consideration of the Premises and covenants herein contained, the parties hereto agree as follows:

Article 1. Sale of Goods

1.1 The Buyer shall purchase from the Seller and the Seller shall sell to the Buyer newly manufactured [T.V. Set] ("Goods") subject to the terms and conditions herein provided.

Article 2. Quantity, Specification and Quality

2.1 For [5] years commencing [July 1, 2024], the Buyer shall purchase from the Seller and the Seller shall sell to the Buyer [one million (1,000,000) pieces] of the Goods per year to make the total quantities of the sale of the Goods [five million (5,000,000) pieces] from [July 1, 2024] to [June 30, 2029.]

2.2 Specification and Quality

2.2.1 The specification of the Goods shall be prescribed and specified in Specification attached hereto as Exhibit [I].

2.2.3 The goods sold on sample shall be warranted by the seller to conform exactly to the sample upon arrival at destination.

Article 3. Price

3.1 The agreed unit price of each Goods ("Price") is [Two Hundred United States Dollars (US$ 200)] on [C.I.F. New York] basis.

3.2 The Price is fixed and effective up to shipments performed on or before [the end of December 2024] and thereafter the Price shall be readjusted every [6] months according to Seller's request.

Article 4. Payment

4.1 Except otherwise agreed by the parties, all the payment for the Goods shall be made in United States Dollars by an irrevocable letter of credit in favor of the Seller, [confirmed by first class international bank designated by the Seller]. The letter of credit shall be established by the Buyer at least [two months] prior to each scheduled shipment date to be stipulated in Exhibit [II] and to be negotiable at sight against draft and to be valid for no less than [thirty (30) days] after the latest date allowed for the shipment.

The Buyer shall bear all banking expenses associated with the establishing of the letter of credit.

Partial shipment, transshipment and partial negotiations of letter of credit shall be permitted and the letter of credit shall be worded accordingly.

4.2 Delay by the Buyer in establishing the letter of credit shall extend the time for performance of this Agreement by the Seller to such extent as may be necessary to enable it to make delivery in the exercise of reasonable diligence after such letter of credit has been established. Should opening the letter of credit be delayed for causes for which the Buyer is liable, Buyer shall pay the Seller amount equal to [two tenths of one percent (0.2%)] of the amount of relevant letter of credit per each full week as liquidated damages in net cash or sight draft within [three days] from receipt of relevant bill from the Seller.

However, the total amount of liquidated damages shall not be more than [one percent (1%)] of the amount of relevant letter of credit. Should opening of letter of credit be delayed by more than [five (5) full weeks], the Seller may terminate the Agreement without prejudice to the Seller's rights under the Agreement, including claim of said liquidated damages.

Article 5. Shipment of the Goods

5.1 The Goods shall be delivered by the Seller to the Buyer at [any Korean port] in accordance with the Shipment Schedule attached hereto as Exhibit[II] ("Shipment Schedule").

5.2 The Seller shall arrange the suitable vessel of any flag, subject to freight being available, to transport the Goods to the destination, [New York, U.S.A.] or other seaport designated by the Buyer on relevant letter of credit provided that C.I.F. price is not increased.

The Seller shall notify by telex of facsimile, the Buyer of necessary information at least [7] days before each shipment so that the Buyer may make arrangement for receipt and inland transportation, if necessary, of the Goods.

Article 6. Late Delivery

6.1 In the event that the Seller delays shipment of the Goods in accordance with the shipment Schedule for reasons solely attributable to the Seller, the Buyer shall grant the Seller [seven days] grace, without liquidated damage on each specified delivery.

After that [seven days] grace, the Buyer have the right to claim [one percent (1%)] of the contract price of the Goods of which shipment shall have been delayed, per each full week from [seven days] after the scheduled delivery date until actual shipping date thereof.

The total amount of the liquidated damage under the Agreement shall be limited to [six percent (6%)] of the contract price of the Goods delayed.

6.2 If the aforesaid delay of delivery exceeds [six (6) full weeks], the Buyer have the right to cancel the Agreement, without prejudice to Buyer's right under the Agreement, including claim of said liquidated damages.

6.3 In the event of Force Majeure, liquidated damage for late delivery shall not be applied.

Article 7. Packing and Marking

7.1 The Goods shall be packed and marked in the manner customary for exporting. In case special instructions are necessary, Buyer shall furnish Seller with such instructing in time for preparation or shipment of the goods.

Article 8. Insurance

8.1 Seller shall effect marine insurance on all shipments on [ICC(A)] for 110% of the invoice amount.

Article 9. Warranty

9.1 Each good(s) supplied by the Seller is hereby expressly warranted to be free from defect in material and workmanship under normal use and service.

9.2 This Warranty shall be limited to a period of [12 months] after delivery thereof to the Buyer under storage in a roofed warehouse.

9.3 The above warranty shall not apply to the Good(s), which is used for a purpose for which it was not designed or which has been subject to normal wear and tear, damage caused by accident, misuse, abuse, damage occurring during shipment.

9.4 The Seller's liability under this warranty shall be IN LIEU OF ALL OTHER LIABILITIES OF THE SELLER for defect in material or workmanship of the Goods or ANY OTHER WARRANTIES, EXPRESS OR IMPLIED, statutory or at common law WHICH THE BUYER HEREBY WAIVES In no event shall the seller be liable for consequential or indirect damages regarding the Goods.

Article 10. Claim

10.1 Any claim by the Buyer of whatever nature arising under this contract shall be made by cable within [thirty (30) days] after arrival of the goods at the destination specified in the bills of lading. Full particulars of such claim shall be made in writing, and forwarded by registered mail to Seller within [fifteen (15) days] after cabling. The Buyer must submit with particulars sworn surveyor's reports when the quality or quantity of the goods delivered is in dispute.

Article 11. Force Majeure

11.1 Except for the payments due for the Goods delivered by the Seller, any party ("Affected Party") hereto shall not be responsible to the other party ("Non-Affected Party") for nonperformance [either in whole or in part] or delay in performance of the terms and conditions of the Agreement, due to war, warlike operation, acts of God, riot, strikes, sabotage or other labor disturbances in the manufacturing plant; lockout of the manufacturing plant; epidemics, floods, earthquakes, typhoon; embargoes, laws and regulations of the Buyer's country or seller's country; or any other causes beyond the control of the parties.

In case of any such event the terms of this Agreement relation to time and performance shall be suspended during the continuance of the event.

11.2 Within [five (5) days] from the date of commencement of the event, the Affected Party shall advise the Non-Affected Party by telex, facsimile of cable of the date when such delay in performance commenced, and the reasons therefor as enumerated in this Agreement; likewise, within [five (5) days] after the delays ends, the Affected Party shall advise Non-Affected Party by telex, cable or facsimile of the date when such delay ended, and shall also specify the redetermined time by which the performance of the obligation hereunder is to be completed.

Article 12. Breach, Indemnity

12.1 In the event either party breaches an obligation under this Agreement or toward a third party, delays or interferes with the other party in the performance of this Agreement, it shall be liable to the other party for any reasonable direct damages thereby sustained by the other party. In the event a third party commences any proceeding for which a party hereto intends to claim indemnity, such party shall promptly notify the other party and allow suitable participation in all stages of the proceeding and settlement thereof. Failure to promptly notify or allow equitable participation by the other party shall reduce the right of indemnity by the extent of actual resultant prejudice.

12.2 It is specifically understood and agreed by both parties that the Buyer shall be solely responsible for the observance of any restriction against importation of the Goods imposed by any [federal or local authority in (U.S.A) and shall defend and save harmless the Seller from any liabilities and obligations under the restriction or any claims arising out of the infringement of the restriction.

Article 13. Taxes/Duties, Contingent Charges

13.1 Any duties, tariffs for import and export of other taxes or charges which are now assessed or imposed or which may hereafter be assessed or imposed by [U.S.A] Government or other competent authorities other than [Korea] in connection with the Goods and/or transactions thereof shall be borne and paid by the Buyer.

13.2 Increase in freight, insurance premiums and/or surcharge, due to war, threat of war, warlike conditions, port congestion or other emergency or contingency unforeseen or not existent at the time of concluding the Agreement, shall be for the Buyer's account.

Article 14. Aftersales Service

14.1 The Seller may, upon request of the Buyer and consent of the Seller, dispatch some experienced technicians to some places in [U.S.A] for the purpose of rendering effective after-service in connection with the Goods.

Article 15. Infringement

15.1 The Buyer shall be liable for and hold the Seller harmless from and against all losses and damages incurred and suits and claims brought by third party due to possible infringement of trademark, patent, copyright or other proprietary rights of the third party in connection with the Seller's manufacture and sale of the Goods according to the Specification attached hereto as Exhibit [I].

Article 16. Termination

16.1 The Agreement may be terminated upon occurrence of any of the following event:

i) Agreement in writing of the parties;

ii) By the non-defaulting party, upon default by the other party in the performance of any of its obligations under the Agreement, if not remedied within [30 days] after receipt of written notice from the non-defaulting party;

iii) By the other party, upon either party's (a) making an assignment for the benefit of creditors, being adjudged bankrupt, or becoming insolvent; (b) having a reasonable petition filed seeking its dissolution or liquidation not stayed or dismissed with in [sixty (60) days]; or (c) ceasing to do business for any reason;

iv) By the Seller, if the Buyer fails to open relevant letter of credit by more than [five (5) full weeks] as stipulated in Article 4.2 hereof;

v) By either party, if a force majeure condition under Article 11 hereof makes it unreasonable to proceed with the agreement in the foreseeable future.

16.2 Upon termination of the Agreement, neither party shall be discharged from any antecedent obligations or liabilities to the other party under the Agreement unless otherwise agreed in writing by the parties.

16.3 Nothing in the Agreement shall prevent either party from enforcing the provisions thereof by such remedies as may be available in lieu of termination.

Article 17. Arbitration

17.1 All disputes, controversies, or differences which may arise between the parties, out of or in relation to or in connection with this contract or for the breach thereof, shall be finally settled by arbitration in Seoul, Korea in accordance with the Commercial Arbitration Rules of The Korean Commercial Arbitration Board. The award rendered by the arbitrator(s) shall be final and binding upon both parties concerned.

Article 18. Trade Terms and Governing Law

18.1 The Trade Terms under this agreement shall be governed and interpreted under the provisions of Incoterms® 2020.

18.2 This Agreement shall be governed by and construed in all respects under and by United Nations Convention on Contracts for International Sales of Goods(1980).

18.3 In the event of conflict between United Nations Convention on Contracts for International Sales of Goods(1980) and Incoterms® 2020, Incoterms® 2020 shall prevail and govern.

Article 19. Assignment

19.1 Either party shall not assign this Agreement to any other person without the other parties prior consent in writing. In the event of assignment with the written consent of the other, the one shall not be relieved from its obligations under this Agreement and shall be held responsible for its performance.

Article 20. Non-waiver

20.1 No claim right of either party under this Agreement shall be deemed to be waived or renounced in whole or in part unless the waiver or renunciation of such claim or right is acknowledged and confirmed in writing by such party.

Article 21. Notice

21.1 Unless otherwise agreed by the parties, all notices, invoices and communications under this Agreement shall be sent to the parties at their addresses set forth in the initial paragraph of the Agreement. All notices shall be sent by registered airmail and where circumstances require, notices may be sent by cable, facsimile or telex which shall be confirmed by registered air mail.

Article 22. Entire Agreement

22.1 This Agreement constitutes the entire agreement between the parties, all prior representations having been merged herein, and may not be modified except by a writing signed by a duly authorized representatives of both parties.

Article 23. Effective Date and Term

23.1 This Agreement shall become effective upon signing of the duly authorized representatives of both parties and remain in full force and effect up to [June 30, 2029] unless terminated earlier pursuant to Article 16.

[ABC CORP]	[HAN KOOK CO., LTD]
By:____________________	By:____________________
Title:____________________	Title:____________________

CHAPTER
04

무역계약의 기본조건

계약대상(물품)에 관한 조건

1 품질조건

1) 품질조건의 의의

매매의 목적이 자신이 원하는 물품의 취득에 있다면 품질이 바로 이러한 물적 성취 여부의 기준이 된다는 점에서 품질조건은 매매계약의 가장 중요한 조건이다. 따라서 계약당사자는 계약에서 물품의 품질에 관하여 가능한 한 상세하게 약정한다. 매도인의 기본의무는 매매계약에 약정된 물품을 매수인에게 제공하는 인도의무이며, **품질의 일치성은 물품 자체뿐만 아니라 용기와 포장까지도 계약과 일치**해야 함을 의미한다. 당사자 간 품질에 관한 구체적인 합의가 없는 경우에는 **물품**이 동일 명세의 **통상적인 목적에 적합**하여야 하며, 계약체결 시 명시적 · 묵시적으로 매도인에게 알려져 있는 **특정 목적에 적합**해야 한다. 따라서 매도인이 견본이나 모형을 제시했다면 이와 동일한 품질을 갖고 있어야 한다.

일반적으로 매매계약서(sales contract), 청약서(offer sheet), 주문서(order sheet) 등에는 품질에 관한 세부적 내용 즉, ① 품질결정방법, ② 품질결정시기, ③ 품질증명방법 등이 명기된다.

2) 품질결정방법

품질을 결정하는 방법으로 견본매매(sale by sample), 점검매매(sale by inspection), 표준품매매(sale by standard), 상표매매(sale by trade make or brand), 명세서매매(sale by specification), 규격매매(sale by grades) 등이 있으며, 경우에 따라서는 이들 방법을 혼합하여 사용할 수도 있다.

(1) 견본매매(sale by sample)

국제상거래는 선물거래이기 때문에 매수인은 계약체결 시 물품의 명세와 함께 **견본을 송부받고 이와 동질의 물품이 송부될 것을 전제로 계약을 체결**한다. 따라서 매매계약서나 협정서에 매매 시 품질의 기준이 견본임을 명시할 필요가 있다. 즉, "Goods sold on sample shall be warranted by the seller **to be equal to the sample** upon arrival at destination"으로 명시한다.

의류, 가방 등 규격제품이 아닌 경우 수주받을 욕심으로 견본은 최상의 품질로 제작하였으나 최종 납품하는 물품의 품질이 이에 따라가지 못하는 경우 품질 불일치로 인한 분쟁이 발생할 수 있다. 이러한 점을 고려하여 중간 품질을 견본으로 제시하는 관습도 바람직하다.

견본에는 매도인이 매수인에게 송부하는 **매도인 견본**(seller's sample), 매수인이 매도인에게 송부하는 **매수인 견본**(buyer's sample)이 있는데, 이는 품질의 기준을 약정하기 위한 원견본이 된다. 그리고 매도인 혹은 매수인이 보내는 최초의 견본을 **원견본**(original sample), 원견본에 수정을 가하여 새롭게 제시한 견본을 **대응견본**(counter sample)이라 한다. 또한, 원견본에 대하여 상대방이 수락하게 되면 **승인견본**(approval sample)이 되며, 매매계약의 성립 후 선적 시에 선적품 중에서 골라서 매수인에게 보내는 것을 **선적견본**(shipping sample)이라고 하는데, 이는 선적품의 품질이 계약상품과 동일한지 여부를 확인하기 위함이다.

한편, 견본 보관자에 따라 분류하면, 최소한 동일한 견본을 3개 이상 만들어 그 중 하나를 매도인은 매수인에게 발송하는데, 이를 **원견본**(original sample), 그것과 동일한 하나를 자사에 보관하는데 이를 **제2견본**(duplicate sample) **혹은 보관견본**(keep sample)이라 한다. 그리고 다른 하나는 물품 공급자(제조업자)에게 보내는데, 이를 **제3견본**(triplicate sample)이라 한다. 그리고 선적물품을 발송하기 전에 미리 매수인에게 선적품을 알리기 위하여 **선발견본**(advance sample)을 발송하기도 하며, 매수인이 견본에 의하여 요청을 해 왔을 때 매도인이 그 견본과 동일한 혹은 유사한 **반대견본**(counter sample)을 보내고 승낙을 얻기도 한다.

그리고 계약체결 시 품질을 표시할 때 품질표시의 문구로는 quality to be same as sample, quality as per sample, quality to be equal to sample 등과 같은 엄격한 표현보다는 **quality to be about the same as sample, quality to be about equal to the sample, quality to be similar to the sample 등의 표현이 클레임의 예방**을 위하여 매도인에게 바람직하다.

(2) 점검매매(sale by inspection)

점검매매는 매수인이 거래물품을 **물품의 소재지에서 실제 점검**하여 품질을 결정하는 방법이다. 이 방법은 보세창고도거래(Bonded Warehouse Transaction; BWT)나 현물상환도지급(Cash On Delivery; COD) 방식 등에서 주로 이용된다. 이것은 매수인이 직접 물품을 점검하고 구매하기 때문에 분쟁발생 가능성이 낮다.

(3) 표준품매매(sale by standard)

농산물, 임산물 또는 광산물과 같은 1차산품은 일정한 규격이 없으므로 품질을 약정하기가 곤란하다. 따라서 이러한 물품의 거래에서는 **일정한 표준품(standard)을 추상적으로 제시하여 대체로 이와 유사한 수준의 품질을 인도**하면 된다. 표준품매매의 품질표시방법에는 평균중등품질조건(Fair Average Quality; FAQ), 판매적격품질조건(Good Merchantable Quality; GMQ), 그리고 보통품질조건(Usual Standard Quality; USQ) 등이 있다.

① 평균중등품질조건(Fair Average Quality; FAQ)

평균중등품질조건이란 동종상품 중 그 품질이 평균적이며 중등의 수준에 해당하는 상품을 인도하면 되고, 이것이 표준품매매의 일반적인 것이다. 이 조건은 주로 **곡물이**

나 과일과 같은 농산물과 광산물 등의 매매에 이용되며, 인도 물품의 품질은 당해 계절 출하품의 평균중등품질을 조건으로 하는 것을 의미한다. 표준품은 동종물품의 평균적인 중등의 품질을 선정하여 표준품의 대표품질로 한다. 위의 물품을 선물거래로 할 경우에는 **전년도 수확물의 평균중등품을 품질의 기준**으로 삼고 계약을 체결한 후 실제로 인도되는 물품은 **당해 연도 수확물의 평균중등품을 기준**으로 한다.

② 판매적격품질조건(Good Merchantable Quality; GMQ)

판매적격품질조건이란 **원목**(timber or lumber)**이나 냉동 수산물** 등과 같이 외관상으로는 좋게 보이지만 그 내부가 부식되는 등 잠재하자 가능성이 높은 경우와 선적된 물품이 **도착지**에서 매수인에게 인도 시 **판매적격성**(merchantability)**을 매도인이 보증**하는 품질조건이다. 즉, 매수인이 도착지에서 품질을 검사하여 판매적격성이 없을 경우 이에 대한 책임을 매도인이 지는 조건이다.

③ 보통품질조건(Usual Standard Quality; USQ)

당해 생산물을 관장하는 **공인검사기관 또는 공인표준기관에 의하여 확인된 보통품질을 표준품의 품질**로 정한다. 공인검사기관은 특정 물품의 품질을 그 등급에 따라 특등, 1등, 2등과 같이 표준화 해놓고 있다. 예컨대, 우리나라에서 수출하는 인삼이나 오징어, 해태(海苔, 김) 등은 1등품, 2등품 또는 A급, B급 등으로 구분하는데 이는 해당 수출조합이나 정부가 지정한 공공기관에서 품질을 판정하여 구분한다.

(4) 상표매매(sale by trade make or brand)

매매물품의 **상표**(trade mark, brand)가 **국제적으로 널리 알려져 있을 경우**에 견본을 제공할 필요 없이 그 상표 또는 브랜드를 신뢰하여 이를 **품질의 기준**으로 삼는다. 매도인이 약정된 상표나 브랜드가 부착된 물품을 제공하면 물품의 품질조건을 충족한 것으로 간주된다. 예컨대, SAMSUNG 스마트폰, LG 가전제품, HYUNDAI 자동차, Lancome 화장품, Rolex 시계, Channel 향수, Coca-cola 음료 등이 브랜드 거래 품목이라고 할 수 있다.

(5) 명세서매매(sale by specification or dimensions)

선박, 대형운반기계, 의료기기, 철도차량 등은 견본이나 표준품으로 물품의 품질을 표시하는 것이 불가능하다. 또한, 화공약품, 의약품, 연료 등은 그 함유된 성분을 견본으로 입증하기 곤란하다. 이들 제품은 **소재, 구조, 규격, 성능 및 성분을 표시한 자세한 명세서**로 **품질의 기준**을 삼는다. 이러한 명세서의 보조물로 청사진(blue print), 도해목록(illustrated catalogue) 및 설계도(plan drawing) 등이 이용된다.

(6) 규격매매(sale by grades)

국제적으로 물품의 규격이 정해져 있거나 **수출국의 법규**에 의하여 **물품의 규격**이 정해져 있을 경우 이를 **품질의 기준**으로 삼고 거래가 이루어진다. 국제적인 규격의 예로는 국제표준기구(International Standardization Organization; ISO)의 규격이 있으며, 개별국가의 표준규격으로는 우리나라의 KS(Korea Standard), 일본의 JIS(Japan Industrial to Standard), 영국의 BSS(British Standard Specification) 등이 있다.

3) 품질결정시기

일반적으로 국제간 거래되는 물품은 **장기간에 걸쳐 운송**되므로 **선적 시와 양륙 시에 품질이 달라질 수 있다.** 따라서 어느 시점의 품질을 기준으로 할 것인지 미리 정해두지 않으면 매도인은 선적 시의 품질을 기준으로 하기 원하는 반면, 매수인은 양륙 시 품질을 기준으로 하기 원하기 때문에 계약당사자 간 분쟁이 발생할 수 있다. 품질의 결정시기를 크게 나누어 **선적 시를 기준으로 하는 선적품질조건**과 **도착 시를 기준으로 하는 양륙품질조건**으로 나눌 수 있다. 선적 시와 도착 시에 품질의 변화가 가장 큰 물품이 농산물이다.

(1) 일반상품의 품질결정방법

① 선적품질조건(shipped quality terms)

선적품질조건은 거래물품의 품질이 매매계약과 일치하는지 여부를 판정하는 **품질의 결정시기를 선적항에서의 선적 시로 하는 조건**이다. 선적품질조건은 일반 공산품 등에 널리 이용되고 있으며, 매도인은 운송 중에 변질된 물품에 대해서는 책임을 부담하지 않는 조건이다. 일반적으로 FCA, FAS, FOB, CFR, CIF, CPT, CIP조건은 선적품질조건이라고 할 수 있어 선적 시 품질을 기준으로 하는 것으로 본다. 그리고 표준품매매의 FAQ조건도 역시 선적 시 품질을 기준으로 한다.

② 양륙품질조건(landed quality terms)

양륙품질조건이란 거래물품의 품질이 매매계약과 일치하는지 여부를 판정하는 **품질의 결정시기를 물품의 도착, 양륙 또는 인도가 행해지는 목적항 또는 목적지에서 검품하는 조건**으로, 도착품질조건이라고도 한다. 양륙품질조건에서 매도인은 운송 중에 변질된 물품에 대해서는 책임을 부담하여야 한다. 실무적으로는 계약서나 협정서에 달리 규정한 바가 없으면 양륙인도조건인 DAP, DPU, DDP조건은 양륙품질조건으로 볼 수 있으며, 표준품매매의 GMQ조건도 양륙품질조건에 해당한다.

(2) 곡물의 품질결정시기

곡물거래에 있어서는 일찍이 영국 London 곡물시장에서 정립되어 오늘날 널리 사용하고 있는 특수조건으로 **선적품질조건인 TQ·SD와 양륙품질조건인** RT가 있다.

① Tale Quale(T.Q.)

곡물류의 선적품질조건으로 'as it is', 'just as they come'의 뜻이다. 즉, 운송 중 물품의 변질에 대하여 매도인이 책임을 지지 않는 조건이다.

② Sea Damage(S.D.)

이것은 일본에서 영국에 청완두 수출 시 사용했던 조건이다. 이것은 특약부 선적품질조건으로 해상운송 중 생긴 유손 즉, 해수유(sea water), 우유(rain), 담수유(fresh water), 증기유(heating), 습손(sweet), 곰팡이(mold) 등으로 인하여 야기되는 품질손해에 대해서는 매수인이 클레임을 제기할 수 있는 조건부 선적품질조건이다.

③ Rye Terms(R.T.)

곡물류의 양륙품질조건으로 운송 중의 변질에 대하여는 매도인이 모든 책임을 지는 조건으로 대부분의 곡물류 거래에 이 조건이 활용된다.

4) 품질의 증명

물품의 검사는 **매도인이 인도하는 물품이 계약에 일치하는지를 매수인이 확인**하는 방법이다. 당사자는 필요한 경우 매매계약서에 검사에 관한 조항을 삽입하여야 한다. 검사조항에는 검사시기, 검사장소, 검사인, 검사방법 및 검사비용 부담 등에 관하여 명시하여야 한다. 만약, 수출국의 검사규정에 따른 검사로 대신하고자 한다면 그 취지를 명기하여야 한다. 국제적인 전문검사기관으로는 영국의 Lloyd's Agent, 프랑스의 SGS(Societe Generale de Serveillance S.A), 미국의 Del Pan Inc. 등이 있다. 이들 검사기관이 검사 후 발표하는 감정보고서(survey report)는 국제적으로 신뢰를 받고 있다.

【INSPECTION CERTIFICATE】

KOREA INSPECTION CO., LTD.
171, Jang－dong, Yuseong－gu, Daejeon 305－343, Korea
Tel: 82－42－868－7401/Fax: 82－42－868－7402

* DESCRIPTION OF GOODS : 100% POLYESTER WOVEN FABRIC
58"HI COUNT DTY T/F
42,800MTS 12,784KG 13,500KG

TOTAL 42,800MTS 12,784KG 13,500KG
AS PER BENE.'P/I NO. HKD2002－05 DATE : 15.MAR.2024

* DOCUMENTARY CREDIT NUMBER 1200/85054652/CD

* L.C. ISSUING BANK BANK SEPAH FERDOSI SQ, BR., FERDOSI SQ., P.C.11319, TEHRAN,IRAN TEL NO.6709664 FAX NO.9711725

* CUSTOMS TARIFF NO. 7210/69

* SHIPMENT FROM BUSAN－KOREA TO BANDAR ABBAS PERSIAN GULF BY CLASSIFIED VESSEL

* NAME OF VESSEL APL MALATSIA 104W

* NOTIFY PARTY PARS KHAZAR INDUSTRIAL CO.THERAN/IRAN CREDIT NUMBER.1200/80504642/CD

* BENEFICIARY HONG KIL DONG CO., LTD 45, NAMDAENUM－RO 4GA, JUNG－GU SEOUL 100－743, KOREA

* MANUFACTURER HONG KIL DONG CO., LTD

* PACKING CASE IN CONTAINER

* TOLERANCE TOTAL QUANTITY ＋0/－10PCT

WE HEREBY CONFIRM AND CERITY THAT GOODS ARE PRODUCED IN CONFORMITY WITH STANDARD K.I.C C3314 AS DECLARED BY MANUFACTURER/SUPPLIER.

Signed by ＜검사기관장 서명＞

2 수량조건

1) 수량의 의의

무역계약에서 수량(quantity)이란 **개수**만을 의미하는 것이 아니라 **길이, 넓이, 부피, 중량 등을 의미**한다. 국제상거래에서 수량은 품질 다음으로 분쟁이 일어나기 쉬운 조건이다. 따라서 계약체결 시 수량의 단위, 수량의 결정시기 및 과부족용인조항 등에 주의가 필요하다.

2) 수량의 단위

수량을 표시하는 단위는 물품의 성질과 관습에 따라 개수(piece), 길이(length), 넓이(square), 부피(measurement), 중량(weight), 포장(package) 등으로 나눌 수 있다. 또한, 컨테이너의 경우에는 TEU(Twenty Feet Equivalent Unit)나 FEU(Forty Feet Equivalent Unit) 등이 있다.

(1) 개수

개수는 낱개로 거래되는 공산품의 대금계산 단위로, 주로 piece, each, set, unit, dozen 등의 단위를 사용한다. 특히, dozen의 상세 표기는 아래와 같다.

1dozen	12pieces
1small gross	10dozen(12x10)=120 pieces
1gross	12dozen(12x12)=144 pieces
1great gross	12gross(12x12x12)=1,728 pieces

(2) 길이 및 넓이

길이는 meter, inch(≒2.54㎝), feet(=12inch≒30.4㎝), yard(=3ft= 36inch≒91㎝) 등의 단위를, 넓이는 ㎡, ft2 등의 단위를 사용한다.

(3) 부피(용적)

용적은 물품을 담을 수 있는 부피 혹은 용기 안을 채우는 분량을 의미한다. 용적을 나타내는 단위로 m^3(cubic meter; CBM), ft3(cubic feet; CFT), TEU, FEU, liter, drum, gallon, barrel 등을 사용한다. 용적단위는 주로 액체나 목재 등의 거래에 사용되는데 목재 등은 CBM 또는 CFT, 합판이나 타일 등은 square feet 등이 사용된다. 유류 등에 사용되는 1drum은 200리터, 1gallon은 3.785리터, 1barrel은 158.984리터이다. 화물을 부피로 나타낼 때는 소량화물은 CBM으로 만재화물은 TEU 또는 FEU로 나타낸다.34)

(4) 중량

중량은 철강제품, 광물, 곡물 등의 거래에 주로 사용된다. 중량을 표시하는 단위는 pound(lb), kilogram(kg), Ton 등이 있다. Ton의 경우 중량을 표시하는 중량톤(Weight Ton; W/T)과 용적을 표시하는 용적톤(Measurement Ton; M/T)이 있다. 특히, **중량의 표시 단위는 아래와 같이 국가별로 차이**가 있다.

Long Ton(L/T)	1,016kg	2,240lbs	영국식
Short Ton(S/T)	907kg	2,000lbs	미국식
Metric Ton(M/T)	1,000kg	2,204lbs	프랑스, 독일, 한국 등

중량측정의 종류에는 총중량(Gross Weight)조건과 순중량(Net Weight)조건이 있다. 총중량조건은 포장재료의 중량을 포함한 중량을 대금계산의 기준으로 하는 조건을 말하며, 포장용기 및 함유잡물이 일정한 면화, 소맥가루, 분말 등 그 성질상 포장과 분리가 어려운 특성을 지닌 제품에 한하여 사용된다. 순중량조건은 총중량에서 포장재료의 중량을 공제한 것을 대금계산의 중량조건으로 하는 것을 말한다. 여기서 다시 순중량에서 함유잡물(dust)의 중량을 제외하거나(예컨대, 농산물), 부자재의 중량을 제외한(예컨대, 섬유제품) 중량을 정미순중량이라 한다. 한편, 법적순중량(Legal Net Weight)은

34) TEU(20피트) : twenty－feet equivalent unit(8feet×8feet×20feet), 33CBM(최대적재), 25CBM(평균적재)
FEU(40피트) : forty－feet equivalent unit(8feet×8feet×40feet), 67CBM(최대적재), 55CBM(평균적재)

중량관세의 부과를 위하여 사용되는 중량으로 총중량에서 겉포장재료의 무게를 공제한 중량을 말한다.

(5) 컨테이너

컨테이너는 길이에 따라 20ft(TEU), 40ft(FEU), 45ft(High Cubic) 컨테이너로 분류한다. 이러한 컨테이너의 폭과 높이는 각각 8ft×8.6ft, 8ft×8ft, 8ft×9.6ft이다. 이들 컨테이너 가운데 TEU는 컨테이너 전용선, 컨테이너 물품의 수량, 컨테이너 부두의 수용능력 등을 측정하는 기준이 된다.

3) 살화물(Bulk cargo)의 수량 약정

살물(撒物, bulk cargo)**이란 불가산**(uncountable)·**비포장상태**(unpacked)**로 거래되는 대량물품** 예컨대, 포대나 용기에 넣지 않은 곡물류, 석탄, 광석, 모래, 자갈 등을 말한다. 이러한 살물은 약정된 수량을 정확히 인도하는 것이 불가능하기 때문에 어느 정도 **과부족**(surplus or deficiency)**을 허용하는 조건으로 약정**해야 한다. 따라서 수량에 관한 분쟁을 미연에 방지하기 위해서 과부족용인조항이나 개산수량조항을 사용하여 수량을 표시하는 것이 좋다.

(1) 과부족용인조항(more or less clause; M/L clause)

곡물, 광산물 등과 같이 장기간의 운송 도중에 감량이 예상되는 경우, 또는 물품의 성질 혹은 생산이나 선복의 사정상 정확하게 계약대로 수량을 인도하기 곤란한 물품에 관하여는 약간의 과부족을 허용하는 조건을 명시해야 한다.

① 특약에 의한 과부족용인조항 설정

약정된 수량에서 **약간의 과부족이 발생하더라도 이를 계약위반으로 간주하여 클레임을 제기하지 않도록 과부족을 용인하는 조항**을 계약에 명기한다. 수량과부족을 허용할 경우, 얼마만큼을 허용할 것인지 또는 과부족 선택권자를 누구로 할 것인지를 계약서에 명시하는 것이 좋다. 과부족용인조항에는 용인수량의 한도와 과부족의 선택권자를 명시한다. 예컨대, **"5% more or less at seller's option"**이나 "seller has the option of delivering 10% more or less on the contracted quantity" 등과 같은 조항이다. 수량과부족을 인정하는 경우에 과부족 부분의 대금정산은 계약가격(Contract Price)에 의하는 것이 원칙이다.

② 신용장거래에서의 과부족용인조항

신용장통일규칙(UCP600) 제30조 제b항에서는 산화물의 과부족용인에 관한 전통적인 거래관습을 반영하여 반대의 명시가 없는 한 ±5%**의 과부족을 허용**하는 규정을 두고 있다. 즉, "만일 신용장이 수량을 포장단위 또는 개별단위의 특정 숫자로 기재하지 않고 청구금액의 총액이 신용장의 금액을 초과하지 않는 경우에는 물품의 수량에서 5%를 초과하지 않는 범위 내의 많거나 적은 편차는 허용된다."고 규정하고 있다.[35] 주의할 점은 신용장통일규칙은 신용장거래에만 적용되기 때문에 송금 및 추심거래(D/A or D/P)에서는 과부족용인조항을 반드시 명시해 두어야 한다는 것이다.

(2) 개산수량조항(approximate terms)

개산수량조항이란 **수량 표시에 "약"이란 뜻의 "about", "approximately" 등의 용어를 사용하는 조항**이다. 개산수량조항은 물품의 수량을 정확한 수가 아닌 대략으로 나타낸 수 즉, 개수(槪數)로 표시한 조건을 말한다. 개산수량조항은 실제의 값은 알고 있으나 그대로의 정밀한 값을 사용할 필요가 없는 경우, 또는 실제의 정확한 값을 알 수 없을 경우 등에 쓰인다. 신용장통일규칙(UCP600) 제30조 제a항에서는 수량, 금액 및 단가 앞에 이러한 단어가 사용되었다면 10%의 과부족을 허용한다고 규정하고 있다. 주의할 점은 필요한 경우 금액 앞에 "about"을 사용하지 않고 수량에만 "about"을 붙

---

35) 제30조 제(b)항; A tolerance not to exceed 5% more or 5% less than the quantity of the goods is allowed, provided the credit does not state the quantity in terms of a stipulated number of packing units or individual items and the total amount of the drawings does not exceed the amount of the credit.

였다면 이것으로 금액의 초과에는 이용할 수 없다. 또한, 신용장거래의 경우에도 단가, 수량, 금액을 제외한 예컨대, 선적기일, 운임 등에는 "about"의 10% 오차가 적용되지 않는다는 것이다.

4) 수량결정시기

품질조건에서 언급한 바와 같이 수량조건에서도 어느 시점의 수량을 계약상의 수량과 같아야 하느냐 하는 것이다. 품질조건의 경우와 마찬가지로 **선적 시의 수량을 기준으로 하는 선적수량조건**(shipped quantity terms)**과 양륙 시를 기준으로 하는 양륙수량조건**(landed quantity terms)이 있다. 첫째, 선적수량조건은 선적 시점에 검량한 수량이 계약에서 명시한 수량과 합치되면, 운송 도중의 감량은 매수인이 책임을 져야 한다. 일반적으로 FOB, CIF조건에 의한 거래는 특약이 없는 한 선적지인도조건으로, 선적수량조건에 의한다.

선적수량조건의 경우 매도인은 계약수량대로 선적하면 운송 중의 증감에 대해서는 책임을 지지 않으며, 선적 시의 수량에 대해서는 미리 매수인의 승인을 얻은 검사기관 또는 공인검량업자의 검량을 받아 그가 발행하는 중량용적증명서로 입증하여 이것을 운송서류의 일부로서 매수인에게 송부하여야 한다.

둘째, 양륙수량조건은 목적항에서 양륙하는 시점에 검량하여 인도수량이 계약수량과 일치하여야 하는 조건으로, 만일 운송 중 감량이 있는 경우에는 매도인이 책임을 부담하는 조건이다. 일반적으로 DAP, DPU, DDP조건에 의한 거래는 특약이 없는 한 양륙수량조건이다.

【CERTIFICATE OF QUANTITY/WEIGHT/MEASUREMENT】

HONG KIL DONG CO., LTD.

50, Namdaemun－Ro 1Ga, Jung－gu Seoul 100－710, Korea
Tel:(82－2)316－3302/Fax:(82－2)316－3500

1. MANUFACTURER

   HONG KIL DONG CO., LTD.

   50, Namdaemun－Ro 1Ga, Jung－gu Seoul 100－710, Korea

   Tel:(82－2)316－3302/Fax:(82－2)316－3500

2. EXPORTER

   HONG KIL DONG CO., LTD.

   50, Namdaemun－Ro 1Ga, Jung－gu Seoul 100－710, Korea

   Tel:(82－2)316－3302/Fax:(82－2)316－3500

3. DESCRIPTION OF GOODS

   100%POLYESTER WOVEN FABRIC 58"P/D

4. QUANTITY

   10,000YRD (G.W : 10,143KGS, N.W : 9,998KGS)

5. MAIN MANUFACTION STAGES COMPLETED BY THE MANUFACTURER ISSUING THE CERTIFICATE;

   WEAVING/DYEING/FINISHING : HONG KIL DONG CO., LTD.

   "I, THE UNDERSIGND, CERTIFY THAT THE GOODS COVERED BY THE CERTIFICATE WAS MANUFACTURED BY HONG KIL DONG CO., LTD.
   I UNDERTAKE THAT THE INFORMATION PROVIDED IN THIS CERTIFICATE IS CORRECT AND VERIFIABLE."

Signed by <신청업체 대표자 서명>

3 가격조건

무역계약의 조건 가운데 매매당사자의 관심이 가장 높은 것이 가격조건(price terms)이다. 왜냐하면 가격이 당사자의 이윤과 직결되기 때문에 청약에 대한 승낙의 가장 결정적인 조건이다. 가격조건에서는 가격표시방법, 가격결정방법, 요소비용 및 정형거래조건 등을 살펴볼 필요가 있다.

1) 가격표시방법

가격표시방법과 관련하여 "Price: US$125.75/set FOB Busan Port"**와 같이 통화, 단가**(unit price), **정형거래조건(비용과 위험의 분기점) 등을 명기**하게 된다. 표시통화는 수출국통화, 수입국통화, 제3국통화가 있으며, 표시통화를 선택하는데 있어서는 안정성, 유통성 및 교환성 등을 고려하여야 한다. 일반적으로 표시통화를 선택할 때에는 환시세의 변동에 따른 환위험이 적은 안정된 통화를 선택하는 것이 바람직하다.

매도인은 무역계약을 체결한 후 시장가격 상승, 매수인은 가격하락에 따른 위험을 부담한다. 수출국의 통화로 표시하면 환율변동에 따른 환위험(exchange risk)을 수입상이 부담하며, 수입국의 통화로 표시하면 이를 수출상이 부담한다. 제3국의 통화로 표시하면 환위험을 양 당사자가 모두 부담하게 된다. 통화 중에는 같은 명칭이라도 사용국가에 따라 가치가 다르다. 예컨대, dollar에는 US dollar, Canadian dollar, Hong Kong dollar 등이 있으므로 반드시 통화명 앞에 국명을 붙여야 한다.

2) 가격결정방법

수출입물품의 가격은 Price＝**제조(구매)원가＋이윤＋요소비용의 공식에 따라 결정**하게 된다. 요소비용에 대하여는 운송 · 물류비, 보험료, 은행비용, 행정비용 및 부대비용 등이 계산된다. 수출입물품의 가격은 물품의 단가를 정하여 상대방에게 제시할 때 원래 물품의 제조원가와 영업비 및 이윤을 제외한 아래의 여러 가지 수출입비용 가운데 어느 항목까지 포함시켰느냐에 따라 달라질 수 있다.

국제거래에서는 이들 비용의 부담 정도에 따라 가격의 표시방법을 정형화하여 매매당사자의 선택에 따라 사용하도록 하고 있다. 이와 같이 정형화된 가격조건을 정형거래조건(trade terms)이라고 하며, 이에 관한 ICC의 해석규칙을 "정형거래조건의 해석에 관한 국제규칙"(International Rules for the Interpretation of Trade Terms), 영문 약어로 Incoterms라 한다. Incoterms는 1936년에 제정되어 그 후 대략 10년 주기의 개정을 거쳐 2020년 1월 1일부터 Incoterms® 2020이 사용되고 있다.

【COMMERCIAL INVOICE】

<table>
<tr><td colspan="3">① Shipper/Seller   KRGILTRA159SEO

GILDING TRADING CO., LTD.
159, SAMSUNG－DONG, KANGNAM－KU,
SEOUL, KOREA</td><td colspan="3">⑦ Invoice No. and date
8905 BK 1007 MAR. 20. 2024

⑧ L/C No. and date

55352 MAR. 15. 2024</td></tr>
<tr><td colspan="3">② Consignee(or For account & risk of Messrs)
MONARCH PRO CO., LTD.
5200 ANTHONY WAVUE DR.
DETROIT, MICHIGAN 48203
U. S. A</td><td colspan="3">⑨ Buyer(if other than consignee)
MONARCH PRODUCTS CO., LTD.
5200 ANTHONY WAVUE DR.
DETROIT, MICHIGAN 48203
U. S. A</td></tr>
<tr><td colspan="3">③ Departure date
MAR. 20, 2024</td><td colspan="3">⑩ Other references
COUNTRY OF ORIGIN :
REPUBLIC OF KOREA</td></tr>
<tr><td colspan="3">④ Vessel/flight   ⑤ From
PHEONIC   BUSAN,KOREA

⑥ To
DETROIT, U.S.A</td><td colspan="3">⑪ Terms of delivery and payment
F.O.B BUSAN
L/C AT SIGHT</td></tr>
<tr><td>⑫ Shipping Marks</td><td>⑬ No.&kind of packages</td><td>⑭ Goods description</td><td>⑮ Quantity</td><td>⑯ Unit price</td><td>⑰ Amount</td></tr>
<tr><td>
MON/T
DETROIT
LOT NO
C/NO.1－53
MADE IN KOREA</td><td colspan="2">NYLON OXFORD
420 DP X 420D
MATERIAL.
AS PER MONARCH PRODUCTS
INDENT NO. T. 858</td><td>60,000M
1208.06KGS.</td><td>US$1.00/M</td><td>US$60,000</td></tr>
<tr><td colspan="4"></td><td colspan="2">Signed by
⑱</td></tr>
</table>

4 포장조건

1) 포장의 의의

국제상거래에서 포장은 운송 중 물품을 안전하게 보호하고, 경우에 따라서는 물품의 상품가치를 높이는 기능을 한다. 안전성을 너무 강조하면 과대포장이 될 가능성이 있다. 이러한 과대포장(over packing)은 포장비용을 높이고 운송비의 부담을 증가시킬 수 있다. 따라서 물품의 종류, 운송방법, 거리, 기후, 온도, 환적, 항만시설, 포장비 및 운임 등을 고려하여 가장 합리적인 포장을 하여야 한다. 필요할 경우 **계약서에 구체적인 포장방법과 포장재료를 명기**할 수 있다. 또한, 물품의 외장에는 다른 화물과 식별을 위하여 화인(cargo mark)을 하게 된다.

한편, UN통일매매법에는 국제상거래에 있어서 포장이나 용기의 중요성을 인정하여 이들도 물품의 적합성을 가늠하는 기준에 포함시키고 있다. 즉, “당사자가 달리 합의한 경우를 제외하고, 물품이 통상적인 방법으로 또는 그러한 방법이 없는 경우에는 그 물품을 보존하고 보호하는 데 적절한 방법으로 용기에 담거나 또는 포장되어 있어야만 그 물품은 계약과 일치하게 된다”고 규정하고 있다.

2) 포장의 종류

포장의 종류에는 **외장, 내장 및 개장**이 있다. 첫째, 외장(outer packing)은 운송 중에 일어날 수 있는 물품의 변질이나 파손 또는 유실 등의 위험을 미연에 방지하고, 화물 취급을 편리하게 할 수 있도록 수 개의 내장을 합쳐서 큰 단위로 포장하는 것을 말한다. 이러한 외장은 화물의 단위화(unitization)를 고려하여야 한다. 화물의 단위화에는 해상운송의 경우에는 팔레트(pallet)나 컨테이너(container), 항공운송의 경우에는 ULD(Unit Load Device)가 사용된다.

둘째, 내장(inner packing, interior packing)은 개장 물품의 수송이나 취급에 편리하도록 수 개의 개장 물품을 모아서 포장하는 것이다. 내장에는 물품이 영향을 받을 수 있는 수분, 광열, 충격을 고려하여 물품의 보호를 위한 보호적 내장(inner protection)도 있다. 셋째, 개장(unitary packing)은 물품 하나하나에 대한 포장으로, 각 물품의 보호기능과 소비자의 구매 의욕을 자극하기 위한 기능도 한다.

3) 화인

화인(marking)은 화물의 식별과 취급을 용이하게 하기 위해 포장의 외장에 특정한 기호나 문자 따위를 표기하는 것으로, 주화인(main mark), 부화인(counter mark), 화번(case number), 도착항표시(port mark), 중량표시(weight mark), 원산지표시(origin mark), 주의표시(care mark, side mark, caution mark) 및 주문번호(order no.), 지시표시(attention mark), 품질표시(quality mark) 등 여러 가지가 추가적으로 표시될 수 있다.

(1) 주화인(main mark)

다른 화물과의 식별을 용이하게 하기 위하여 **외장에 특정의 기호(symbol)를 표시하고 그 안에 상호 등의 약자를 삽입**한다. 기호로서는 삼각형(triangle), 정사각형(square), 직사각형(rectangle), 원형(circle), 동심원(concentric circle), 마름모(diamond) 등이 있다.

(2) 부화인(counter mark)

주화인만으로 다른 화물과 식별이 어려울 때 **생산자 또는 공급자의 약자를 보조적으로 표시**한다.

(3) 포장번호(case number)

매 포장마다 **일련번호를 부여**하여 송장이나 포장명세서 또는 운송서류상의 포장과 대조 확인할 수 있도록 한다.

(4) 도착항표시(port mark)

한 선박에 여러 화물이 함께 선적되기 때문에 화물의 선적과 양하 작업이 용이하도록 또는 배달 사고가 없도록 **도착항이나 경유항**[36)]을 표시한다.

(5) 품질 또는 중량표시(quality or weight mark)

내용물의 **품질 또는 등급**을 기호로써 표시하며 검사의 합격표시도 할 수 있다. 또한, 운임계산, 통관, 하역작업 등을 용이하게 할 수 있도록 **순중량과 총중량**을 표시한다.

(6) 원산지표시(origin mark)

당해 물품의 생산국을 외장의 맨 아래에 표시한다.

(7) 주의표시(care mark, caution mark)

화물 취급 시 주의할 점을 표시하는 것으로 외장의 측면에 도안이나 문자로 표시한다.

화인 예시

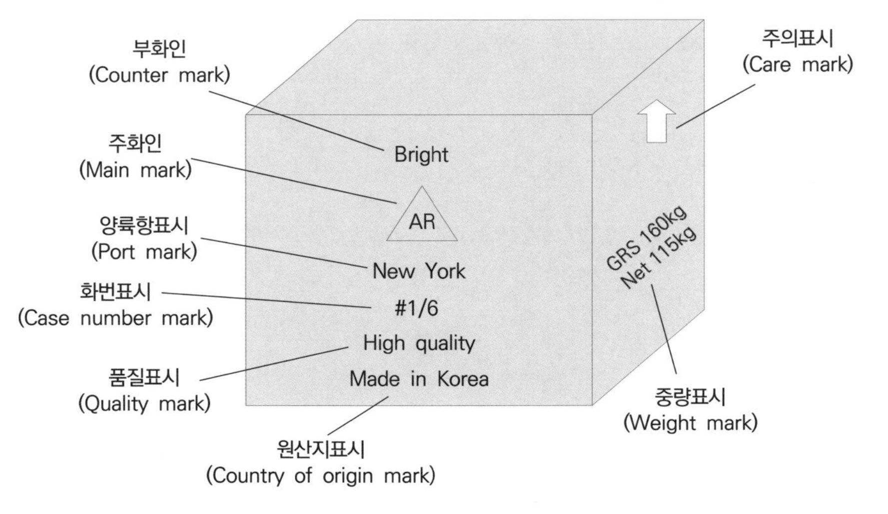

36) 예컨대, 파나마항이나 시애틀항을 경유할 경우 New York via Panama 또는 New York overland via Seattle 등으로 표시한다.

【PACKING LIST】

① Seller Gil Dong Trading Co., Ltd.	⑧ Invoice No. and date 8905 HC 3108 May. 15, 2024.
② Consignee(or For account & risk of Messrs.) Monarch Products Co., Ltd. P.O.Box 208 Bulawayo, Zimbabwe ③ Notify Party Same as above.	⑨ Buyer(if other than consignee) Monarch Products Co., Ltd. P.O.Box 208 Bulawayo, Zimbabwe ⑩ Other references Country of Origin: Republic of Korea
④ Departure date May. 20, 2024.	
⑤ Vessel/flight Phoenix ⑥ From BUSAN, KOREA	
⑦ To Bulawayo, Zimbabwe	

⑪ Shipping Marks	⑫ No.&kind of packages	⑬ Goods description	⑭ Quantity or net weight	⑮ Gross Weight	⑰ Measurement
MON/T Bulawayo LOT NO C/NO.1－53 MADE IN KOREA	4200DX420D Material, As per Monarch Products Indent No T.858	Nylon Oxford	60,000M 1208.06Kgs	1,317kgs	24.5CBM

//

Signed by
⑱

계약이행에 관한 조건

1 선적조건

1) 선적과 인도

국제상거래에서 선적은 인도의 가장 대표적인 방법이다. FOB나 CIF조건에서 선적과 인도가 같은 개념이지만 DAP나 DDP 등에서는 그 개념이 다르다. 따라서 계약조건으로 인도조건(delivery terms)이란 용어를 사용하면 이것이 선적을 의미하는지, 위험의 이전을 의미하는지, 또는 매도인이 매수인의 관리하에 물품의 반입을 의미하는지 혼동하기 쉽다. 물품의 인도와 관련된 시기를 나타내는 계약조건은 선적조건(shipment terms)이라고 명기하는 것이 좋다.

선적일과 관련하여 선적(shipment)은 해상운송뿐만 아니라 철도, 항공, 우편, 복합운송의 경우까지 확대하여 사용하고 있다. 구체적으로 선적은 본선적재(loading on board), 발송(dispatch), 수탁(taking in charge), 운송을 위한 인수(accepted for carriage), 우편수령(date of post receipt), 접수일(date of pick－up)까지 모두 포함된 광의의 개념이다.

2) 선적시기

(1) 선적시기의 표시

① 단월조건 : 선적시기와 관련하여 신용장상에 "Shipment shall be made during

september"와 같이 합의하였다면 매도인은 9월 1일부터 9월 30일까지 선적하면 된다.

② 연월조건: 선적시기와 관련하여 신용장상에 "Shipment shall be made during June and July" 또는 "June/July shipment"와 같이 합의하였다면 매도인은 6월 1일부터 7월 31일 사이에 선적하면 된다.

③ 특정일 이전 또는 이후 선적조건: 선적시기와 관련하여 신용장상에 "Shipment shall be made till September 15, 2024."와 같이 합의하였다면 2024년 9월 15일까지 선적하면 된다. **선적기일 표시와 관련하여 "from", "till", "by", "until", "to" 등은 당해 일이 포함되나 "after"와 "before"는 당해 일이 제외**된다. 또한, **"on or about"(경)은 당일을 포함하여 명시된 일자의 전후 5일 즉, 총 11일 이내에 선적**되는 것으로 해석한다.

④ 특정일 이전을 표시하는 문언에는 "the latest shipping date" 또는 "not later than"과 같은 표현을 사용하기도 한다.

⑤ 특정월의 **초순은 "at the beginning of…", 중순은 "in the middle of …", 하순은 "at the end of …"로 표시**하고, 각각 해당 월의 1일부터 10일, 11일부터 20일, 그리고 21일부터 말일까지를 나타낸다. 또한, **특정 월을 전반과 후반으로 구분할 때는 각각 "the first half of…"와 "the second half of …"**로 표시하고 전자는 1일부터 15일, 후자는 16일부터 말일까지를 나타낸다.

⑥ 선적시기와 관련하여 신용장에 **구체적인 일자나 기간을 명기하지 않고 "prompt", "immediate", 또는 "as soon as possible"과 같은 문언은 사용하지 말 것**을 권고하고 있다. 그럼에도 불구하고 이러한 용어나 이와 유사한 용어가 사용되었다면 은행은 이를 무시하도록 규정하고 있다.[37)]

---

37) 신용장통일규칙(UCP600) 제3조; Unless required to be used in a document, words such as "prompt", "immediately or "as soon as possible" will be disregarded.

(2) 선적시기와 신용장 유효기일과의 관계

신용장의 유효기일 또는 제시를 위한 최종일이 불가항력적인 사유 이외의 사유로 제시를 받아야 하는 은행의 휴업일에 해당하는 경우, 그 유효기일 또는 제시를 위한 최종일은 경우에 따라 최초의 다음 은행영업일까지 연장된다. 예컨대, 일요일, 국경일 또는 기타 은행 휴업일 등으로 인하여 은행이 휴업할 경우, 신용장의 유효기일은 다음 최초의 영업일까지 자동 연장된다. 하지만 선적을 위한 최종일은 이러한 이유로 연장되지 않는다. 왜냐하면 선적 작업은 공휴일에도 가능하기 때문이다.

(3) 선적지연(delayed shipment)

약정된 물품을 계약서나 신용장상에 명기된 기간 내에 선적하지 못하면 선적지연이 된다. 일반적으로 선적지연은 매도인의 고의 또는 과실이나 불가항력적 사정에 의하여 발생한다. 만약 선적지연이 매도인의 고의 또는 과실로 발생했다면 이것은 **계약위반**(breach of contract)이 되며 매수인에 대하여 **손해배상책임**을 져야 한다. 실무에서는 인도지연이나 불인도 시 매도인이 지연 기간에 따라 약정된 손해배상금액을 지급하도록 하는 **약정손해배상액약관**(liquidated damage clause)을 사용하기도 한다.

물론, 매도인이 미리 인도지연을 예상하고 매수인과 연락하여 선적기간의 연장 등 가능한 조치를 취할 수 있다. 한편, 선적지연이 매도인이 통제할 수 없는 사유 즉, **불가항력**에 의한 경우에는 매도인은 원칙적으로 **손해배상책임이 면제**된다. 이 경우 지연이 허용되는 기간은 계약에 의하여 정해진다. 불가항력에 따른 이행기간의 연장은 불가항력에 대한 매도인의 입증책임을 전제로 하기 때문에 매도인은 지체 없이 자국의 상공회의소, 수출국에 거주하는 수입국의 영사관 등 관련기관으로부터 증명서를 교부받아 매수인에게 이를 송부하여야 한다.

3) 분할선적 및 환적

(1) 분할선적 및 할부선적

물량 또는 금액이 많은 거래에서는 매도인이 그 전체를 한꺼번에 생산하여 선적하기 곤란한 경우도 있고, 매도인이 조속한 자금 회수를 위하여 먼저 생산한 물품을 가능한 빨리 선적하기를 원할 수 있다. 또한, 매수인도 자신의 판매계획이나 시황에 따라 전체를 일시에 선적되길 원할 수도, 원하지 않을 수도 있다. 이와 같이 **약정 수량을** 한꺼번에 선적하지 않고 **수차례에 걸쳐 나누어 선적**하도록 하는 것을 **분할선적**(partial shipment)이라 한다. 이러한 분할선적은 거래 당사자 간 분할 횟수와 수량, 각 분할분의 선적시기 등을 구체적으로 약정하여, 정해진 기간마다 정해진 물량을 선적하는 할부선적과는 구별된다.

할부선적(instalment shipment)**은 일정기간 내에 일정량을 싣도록 하는 선적방법**을 가리킨다. 예컨대, 5월에 1,000 M/T, 6월에 2,000 M/T, 그리고 7월에는 3,000 M/T를 선적하도록 하는 경우이다. 신용장에서 할부선적을 요구하는 경우, 이러한 신용장을 할부선적신용장이라 하며, 어느 할부분을 기간 내 선적하지 못하면 당해분 및 차후분에 대하여 신용장이 무효가 된다. 예컨대, 5월분 1,000 M/T는 5월에 선적하였으나, 6월분을 기간 내 선적하지 못한 경우 6월분 2,000 M/T와 7월분 3,000 M/T에 대하여 신용장이 무효가 된다. 그리고 할부분 내에서의 분할선적은 불가능하다. 즉, 5월 1,000 M/T을 500 M/T와 500M/T로 분할해서 선적할 수 없다.

당사자는 계약에서 할부선적을 약정하고 이에 따라 매도인이 선적하는 과정에서 특정 할부분의 선적이 약정된 기간에 이행되지 않았을 경우 이 할부분의 불이행이 계약 전체의 효력에 영향을 줄 수 있다. 신용장통일규칙(UCP600)도 "신용장에 일정기간에 할부방식에 의한 어음의 발행 및 선적이 명시되어 있는 경우, 어느 할부분이 허용된 할부기간 내에 어음이 발행되지 않았거나 선적되지 아니하였다면 동 신용장은 별도의 명시가 없는 한, 동 할부 부분은 물론 그 이후에 있을 모든 할부부분에 대하여도 효력을 상실한다"고 규정하여 **위약된 한 부분은 물론 그 이후의 분할분에 대하여도 신용**

장의 효력이 종료됨을 명시하고 있기 때문에 할부 기간과 수량이 약정된 할부거래에서는 각별한 주의가 요구된다.

또한, 동일한 운송수단 그리고 동일한 항해를 위하여 출발하는 선적을 증명하는 2세트 이상(more than one set)의 운송서류를 구성하는 제시는 이들 서류가 동일한 목적지를 표시하고 있는 한, 이들 서류가 상이한 선적일 또는 상이한 적재항, 수탁지 또는 발송지를 표시하고 있더라도 분할선적이 행해진 것으로 보지 아니한다.[38)]그리고 2이상의 특송화물수령증, 우편 수령증 또는 우송증명서를 구성하는 제시는 그 특송화물수령증, 우편수령증 또는 우송증명서가 동일한 장소 및 일자, 그리고 동일한 목적지를 위하여 동일한 특송업자 또는 우편서비스에 의하여 스탬프 또는 서명된 것으로 보이는 경우에는 분할선적으로 보지 아니한다. 이는 우편이나 특사배달의 경우 소포의 포장단위가 여러 개가 될 수 있고, 또 포장단위로 명세서가 작성되므로 여러 장의 수령증이 발급될 수 있음을 고려한 것으로 여겨진다.

(2) 환적

환적(transshipment)이란 일단 **선적한 화물을 내려서 다른 선박이나 다른 종류의 운송수단에 적재**하는 것을 말한다. 매수인의 입장에서 보면 물품이 환적될 경우 그 과정에서 파손위험이 있기 때문에 환적을 원하지 않을 수 있다. 그렇지만 매도인의 입장에서는 약정된 선적기일까지 목적항으로 출항하는 직항선이 없다면 환적이 허용되는 경우 일단 선적할 수 있으므로 신용장상의 선적기일을 지킬 수 있다. 이와 같이 환적도 매매당사자의 이해관계가 다를 수 있기 때문에 만약 **매수인이 환적 금지를 원한다면 신용장상에 "transshipment is prohibited" 또는 "transshipment is not allowed"라고**

---

38) 신용장통일규칙(UCP600) 제31조 제(b)항; A presentation consisting of more than one set of transport documents evidencing shipment commencing on the same means of conveyance and for the same journey, provided they indicate the same destination, will not be regarded as covering a partial shipment, even if they indicate different dates of shipment or different ports of loading, places of taking in charge or dispatch. If the presentation consists of more than one set of transport documents, the latest date of shipment as evidenced on any of the sets of transport documents will be regarded as the date of shipment.

명기하여야 한다.

특수한 사정 때문에 동일선박에서 화물을 양륙한 후 당해 선박에 다시 적재하는 것은 환적이 아니다. 선적지에서 목적지까지 직항선(direct line)이 없는 경우에는 환적이 불가피하다. 이와 같은 경우 매수인은 신용장상에 환적 허용 문언을 삽입하거나 이에 관하여 언급하지 말아야 한다. 만약 신용장상에 환적 금지 문언이 있을 경우, 매도인은 매수인에게 이를 알려 조건을 변경하도록 하여야 한다. 정기선 운항에서 운송인은 채산성을 고려하여 모선(mother vessel)은 주요 항구에만 기항할 경우, 나머지 작은 항구에서 주요 항구까지의 운송은 지선(feeder vessel)이 담당하게 된다. 이 경우에도 환적이 가능해야만 지선운송을 이용할 수 있다.

신용장통일규칙(UCP600)에는 해상선하증권이나 비유통성 해상화물운송장(sea waybill)의 경우, 물품이 환적되거나 또는 될 수 있다고 표시할 수 있다. 하지만 전 운송이 동일한 선하증권 또는 비유통성 해상화물운송장에 의하여 커버되어야 한다. 그리고 환적을 금지하고 있는 경우에도 물품이 선하증권 또는 비유통성해상화물운송장에 의하여 입증된 대로 컨테이너, 트레일러 또는 래쉬선에 선적된 경우에는 환적이 행해질 것이라거나 또는 행해질 수 있다고 표시하고 있는 선하증권 또는 비유통성해상화물운송장은 수리될 수 있다. 왜냐하면 복합운송의 경우에는 화물이 수탁지에서 선적지, 양륙지 및 최종목적지에 이르는 구간에 선박, 철도, 자동차 등 상이한 운송수단 간의 환적이 불가피하기 때문이다.

계약서에 선적조건으로 "direct shipment"(직항선적) 또는 "direct steamer"(직항선)이라고 명기될 수 있다. 이들은 환적 금지의 의미뿐 아니라 관습적 항로(customary route)로 항해할 것을 묵시하고 있다. 그렇지만 **직항선적의 경우에도 해난을 만나 피난항에 기항하거나 선용품의 조달을 위하여 일시적으로 기항하는 것은 예외**이다.

4) 선적일의 증명

매도인은 자신이 계약상 선적조건을 지켰음을 증명해 보여야 하는데 바로 그것이 운송서류이다. 매도인의 지연선적 여부를 판단할 때 기준이 되는 것은 운송서류의 일자이다. 해상운송의 경우 **선적선하증권**(shipped B/L)의 양식을 이용한 경우에는 **선하증권의 발급일이 곧 선적일이 된다.** 그렇지만 수취선하증권(received for shipment B/L)의 양식을 사용하였을 경우 운송인이 화물수취 후 선적되었음을 나타내는 "on board notation"에 표시(부기표시)된 일자를 선적일로 간주한다.

신용장통일규칙(UCP600)에서 운송방식에 따라 요구되는 운송서류별 그 **발행일자**의 해석은 다음과 같다.

운송서류별 발행일자 해석

운송서류	발행일자 해석
해상/해양선하증권 (Marine/Ocean B/L)	본선적재일(date of loading on board) 또는 선적일(date of shipment)
비유통성 해상화물운송장(Non-Negotiable Sea Waybill)	선적일(date of shipment) (다만, 비유통성 해상화물운송장이 본선적재부기를 포함하고 있는 경우, 본선적재부기표상에 명기된 일자)
용선계약부선하증권 (Charter Party B/L)	선적일(date of shipment)(다만 , 본선적재부기표를 포함하고 있는 경우, 본선적재부기표상에 명기된 일자)
복합운송서류 (Multimodal Transport Document)	발송일(data of dispatch), 수탁일(date of taking in charge), 본선적재일(date shipped on board) 및 선적일(date of shipment) (다만, 운송서류가 스탬프 또는 표기에 의하여 발송, 수탁 또는 본선선적일을 표시하고 있는 경우, 이러한 일자)
항공운송서류 (Air Transport Document)	선적일(date of shipment)(다만, 항공운송서류가 실제의 선적일에 관한 특정 표기를 포함하고 있는 경우, 그 표기에 명기된 일자)
도로 · 철도 · 내수로운송서류 (Road, Rail of Inland Waterway Transport Document)	일자 기재의 수령스탬프, 수령일의 표시일 또는 선적일을 포함하고 있으면 포함된 기명 일자, 그렇지 않으면 선적일(date of shipment)
특사(courier)를 이용한 경우	접수일(date of pick-up) 또는 수령일(date of receipt)
우편수령증(Post Receipt)의 경우	발송지에서의 스탬프 일자(date of stamp)

【Bill of Lading】

<table>
<tr><td colspan="3">① SHIPPER/EXPORTER
Charlie Trading Corporation
159－1, Samsung－Dong, Kangnam－Gu,
Seoul, 135－729, Korea</td><td colspan="3" rowspan="4">Bill of Lading
B/L No. : SW5E

HMM</td></tr>
<tr><td colspan="3">② CONSIGNEE
To the order of ANZ Bank of Australia</td></tr>
<tr><td colspan="3">③ NOTIFY PARTY
Inline Business Consulting
27, Penrose Avenue, Cherrybrook, NSW 2121, Australia</td></tr>
<tr><td colspan="2">PRECARRIAGE BY</td><td>④ PLACE OF RECEIPT
Busan CY</td></tr>
<tr><td colspan="2">⑤ OCEAN VESSEL/VOYAGE/FLAG
J. Elroy</td><td>⑥ PORT OF LOADING
Busan, Korea</td><td colspan="3">⑨ FOR TRANSSHIPMENT TO</td></tr>
<tr><td colspan="2">⑦ PORT OF DISCHARGE
Hobart, Australia.</td><td>⑧ PLACE OF DELIVERY</td><td colspan="3">⑨－1 FINAL DESTINATION</td></tr>
<tr><td colspan="6">PARTICULARS FURNISHED BY SHIPPER</td></tr>
<tr><td>MARKS \ AND NUMBERS</td><td>NO. OF CONT. OR OTHER PKGS.</td><td colspan="2">DESCRIPTION OF PACKAGES AND GOODS</td><td>GROSS WEIGHT (KGS)</td><td>MEASUREMENT (CBM)</td></tr>
<tr><td>⑩
"W S" In triangle
C/No. 1－2500
Item : Pant
Size :
Q'ty :
⑪
Container/Seal No.
－－－－－－－－－
20'IWTU4102/3/4/5/6/7
S/034334/5/6/7/8/9
CY/CY
Total No. of CNTNR or Pkgs(in words)</td><td>⑫
2,500 Cartons

6 X 20'</td><td colspan="2">⑬
Container "Shipper's Load & Count & Sealed"
Said to contain :

1,000 Pieces of Jean Pant
"Freight Prepaid"
L/C No. IMP101133

Say : six(6) container only
⑰</td><td>⑭
15, 370 Kgs</td><td>⑮
148 CBM

⑯
On Board Date:
February 15, 2024</td></tr>
</table>

<table>
<tr><td>FREIGHT AND CHARGES
⑱ REVENUE TONS RATE PER</td><td>PREPAID</td><td>COLLECT</td><td rowspan="2">Received in apparent good order and condition unless otherwise specified on board the aforementioned vessel the goods described above the particulars given being supplied by the Shipper and the measurement, wight, quantity, brand contents, marks mumbers, quality and value being unknown to the carrier) for the carriage to the port of discharge or so near thereunto as she may safely go subject to the terms and condition and ....
IN WITNESS WHEREOF, the master or agent of the said ship has affirmed to THREE(3) bills of lading, all of this tenor and date, ONE of which being accomplished, the others to stand void.

B/L NO. SN3E | ⑲－3DATED: February 15, 2024 Seoul, Korea

Sung Nam Asia Shipping Line

BY ______ ⑳ ______
As Agent on behalf of Carrier</td></tr>
<tr><td>"Freight As Arranged"

⑲ No. of Original Bls :Three(3)

⑲－1 Freight Prepaid at :
Seoul, Korea
⑲－2 Freight Payable at :</td><td></td><td></td></tr>
</table>

2 보험조건

운송 중인 물품이 예상치 못한 위험을 만나면 손해(loss or damage)가 발생할 가능성이 있기 때문에 이러한 **위험을 담보하기 위하여 적하보험(cargo insurance) 부보가 필요하다**. 적하보험은 해상운송의 경우 해상적하보험(marine cargo insurance), 육상운송의 경우 운송보험(transport insurance), 항공운송의 경우 항공적하보험(air transport insurance)이 이용된다.

계약체결 시 보험조건에 포함되어야 할 내용은 ① 보험계약체결자와 보험료부담자, ② 사고발생 시 보험금을 받게 될 피보험자, ③ 담보위험과 담보기간, ④ 손해보상범위 등이 있다. 매매계약체결 시 보험조건을 두어 이러한 문제들을 규정할 필요가 있지만, 대부분의 경우 보험에 관하여 별도의 약정을 하지 않는 경우도 많다. **명시의 약정이 없을 경우, 묵시계약의 성격을 갖는 정형거래조건에 의하여 위의 문제들이 해결**될 수 있다.

1) 보험계약당사자

보험계약의 직접 당사자는 보험자와 보험계약자 또는 피보험자이다. ⓐ **보험자**(insurer)는 보험료를 지급받고 보험사고가 발생한 경우에 보험금액을 지급할 것을 약속하는 자이고, ⓑ **보험계약자**(policy holder)는 보험자와 보험계약을 체결하고 보험료를 지급하는 자로서, 피보험자와 반드시 일치하는 것은 아니다. ⓒ **피보험자**(insured)는 피보험이익의 소유자 즉, 손해를 입고 보험금액을 지급받는 자이다.

매매당사자 중 누가 보험계약을 체결하며, 보험금을 지급받는 피보험자는 누구인지는 정형거래조건에 따라 결정된다. 정형거래조건은 보험계약체결의 의무가 누구에게 있는지를 규정하고 있으며, 위험의 이전 시기를 규정하여 피보험이익(insurable interest)이 누구에게 귀속되는지를 알 수 있다. 통상, 위험을 부담하는 자가 보험계약을 체결하지만 CIF와 CIP조건에서는 위험부담자가 매수인인데 반하여, 매도인이 보험계약체결과 보험료지급의무를 지고 있다. **Incoterms® 2020에서는 양 당사자 간 별도**

의 합의가 없는 경우, CIF**조건은 매도인의 최저담보를**, CIP**조건은 매도인의 최대담보를 규정**하고 있다.

2) 피보험이익

피보험이익(insurable interest)은 **피보험목적물과 특정인 간의 이해관계**를 말하며, 피보험이익이 바로 보험계약의 목적이며, 보험 보호의 대상이 된다. 해상보험계약의 목적은 담보위험에 의하여 입은 피보험목적물에 대한 손해를 피보험자로 하여금 보상받도록 하는 것이다. 이러한 손해를 보상받기 위해서 피보험자는 위험에 직면한 부보된 재산에 이해관계(interest)를 가져야 한다. 만약, 이해관계가 없다면 손해를 당할 일도, 보상받을 일도 없게 된다.

피보험이익이 성립하기 위해서는 반드시 피보험목적물을 금전적으로 평가할 수 있어야 하고(**경제성**), 피보험목적물이 적법한 것이어야 한다(**적법성**). 또한, 피보험이익은 손해가 발생할 때까지는 금전적으로 확정되고 그 귀속이 결정되어야 한다(**확정성**).

3) 보험가액과 보험금액

보험가액(insurable value)**은 피보험목적물의 평가액** 즉, 일정한 피보험이익에 대하여 발생가능한 경제적인 손해의 최고한도액을 말한다. 따라서 보험가액은 계속 변동할 가능성이 있으므로 보험계약을 체결할 때 일정금액으로 협정하고 이를 변하지 않는 것으로 한다. 이를 보험가액불변의 원칙이라 한다. 이렇게 보험계약 당사자가 임의로 합의한 보험가액을 협정보험가액이라고 하고, 보험계약을 체결할 때 보험가액을 명시적으로 약정하지 아니한 경우, 법으로써 정한 표준적인 가액을 적용하는데, 이를 법정보험가액이라고 한다.

한편, **보험금액**(insured amount)**은** 보험사고 또는 소정의 **손해가 발생한 경우 보험자**(insurer; assurer)**가 지급해야 하는 금액 또는 그 최고한도의 금액**으로, 보험계약의 체결에 있어서 보험자와 피보험자(insured; assured) 간에 약정된 금액을 말한다. 따라서 보험가액에 비하여 보험금액이 낮을 때를 일부보험(partial insurance), 양자가 일치할 때는 전부보험(full insurance), 보험금액이 보험가액보다 높을 때는 초과보험(over insurance)이라 한다.

실무적으로 물품의 운송책임을 부담하는 당사자가 보험자와 보험계약을 체결하는 경우, 그 보험금액과 부보의 범위를 결정하면 된다. 그러나 CIF나 CIP조건과 같이 보험계약자와 피보험자가 상이한 경우에는 보험금액에 대한 별도의 약정이 필요하다. 특히, CIF조건의 경우 최소부보금액으로 110% of the CIF invoice value, the amount of invoice plus 10%와 같이 보통 송장금액에 10%를 가산한 금액이 된다.

4) 보험증권과 보험약관

보험증권(insurance policy)**은** 보험계약이 성립한 후에 보험계약의 내용을 증명하기 위하여 **보험자가 발행하는 일종의 증거증권**이다. **보험약관**(保險約款)**은** 보험자가 동종 또는 다수의 보험계약을 체결하기 위하여 **계약의 내용 및 조건** 등을 미리 정하여 놓은 정형화된 계약조항을 말한다. 보험약관은 보험증권의 뒷면에 기재되는 것이 일반적이다.

보험계약은 운송계약과 같이 보험자가 다수의 계약자와 계약을 체결하므로 계약자유의 원칙에 따라 계약조건 하나하나를 상호 협의하여 정하지 않고 보험자가 제시하는 약인을 보험계약자가 승인함으로써 체결되는 **부합계약**(contract of adhesion) **형식**을 따르고 있다. 따라서 보험계약자는 담보위험에 관하여 제시된 담보조건 중의 하나를 선택하게 된다.

담보조건은 런던보험자협회(Institute of London Underwriters; ILU)가 제정한 **협회적하약관**(Institute Cargo Clauses; ICC)이다. 협회적하약관은 구약관과 신약관이 있으며, 구약관은 전위험담보(All Risks; A/R), 분손담보(With Average; WA) 및 분손부담보(Free from Particular Average; FPA) 약관이 있다. 신약관은 ICC(A), ICC(B) **및** ICC(C)가 있다.

신·구약관의 담보위험 비교

보상하는 손해	A/R	ICC(A)	W.A.	ICC(B)	F.P.A.	ICC(C)
1) 전손	○	○	○	○	○	○
2) 공동해손	○	○	○	○	○	○
3) 구조료	○	○	○	○	○	○
4) 특별비용	○	○	○	○	○	○
5) 손해방지비용	○	○	○	○	○	○
6) 좌초, 침몰, 화재, 충돌로 인한 단독해손	○	○	○	○	○	○
7) 피난항에서의 하역 중의 손해	○	○	○	○	○	○
8) 하역작업 중 매포장 단위당 전손	○	○	○	○	○	×
9) 투하	○	○	○	○	○	○
10) 갑판유실	○	○	○	○	×	×
11) 악천후로 인한 해수침손	○	○	○	○	×	×
12) 기타의 분손	○	○	×	×	×	×

【Marine Insurance Policy】

Assured(s), etc ② THE SAMWON CORPORATION

Certificate No.
① 002599A65334

Ref. No.③ Invoice No. DS－070228
L/C No. IOMP20748

Claim, if any, payable at : ⑥
GELLATLY HANKEY MARINE SERVICE
842 Seventh Avenue New York 10018
Tel(201)881－9412
Claims are payable in

Amount insured ④
USD 65,120.－
(USD59,200 XC 110%)

Survey should be approved by ⑦
THE SAME AS ABOVE

⑧ Local Vessel or Conveyance	⑨ From(interior port or place of loading)
Ship or Vessel called the ⑩ KAJA－HO V－27	Sailing on or about ⑪ MARCH 3, 2024
at and from ⑫ BUSAN, KOREA	⑬ transshipped at
arrived at ⑭ NEW YORK	⑮ thence to

Conditions ⑤
* INSTITUTE CARGO CLAUSE(A) 2009
* CLAIMS ARE PAYABLE IN AMERICA IN THE CURRENCY OF THE DRAFT.

Goods and Merchandises ⑯
16,000YDS OF PATCHWORK COWHIDE LEATHER

Subject to the following Clauses as per back hereof institute Cargo Clauses
Institute War Clauses(Cargo) Institute War Cancellation Clauses(Cargo)
Institute Strikes Riots and Civil Commotions Clauses
Institute Air Cargo Clauses(All Risks)
Institute Classification Clauses
Special Replacement Clause(applying to machinery)
Institute Radioactive Contamination Exclusion Clauses
Co－Insurance Clause Marks and Numbers as

Place and Date signed in SEOUL, KOREA MARCH 2, 2024 No. of Certificates issued, TWO.
This Certificate represents and takes the place of the Policy and conveys all rights of the original policy－holder
(for the purpose of collecting any loss or claim) as fully as if the property was covered by a Open Policy direct to the holder of this Certificate.
This Company agrees lossed, if any, shall be payable to the order of Assured on surrender of this Certificate.
Settlement under one copy shall render all others null and void.
Contrary to the wording of this form, this insurance is governed by the standard from of English Marine Insurance Policy.
In the event of loss or damage arising under this insurance, no claims will be admitted unless a survey has been held with the approval of this Company's office or Agents specified in this Certificate.

SEE IMPORTANT INSTRUCTIONS ON REVERSE
⑲ KB Insurance Co., Ltd.

AUTHORIZED SIGNATORY

This Certificate is not valid unless the Declaration be signed by an authorized representative of the Assured.

3 결제조건

국제상거래에서 매도인의 주 의무가 물품인도의무라면 매수인의 주 의무는 대금지급의무이다. 대금을 받는 일은 매도인뿐만 아니라 수출국의 외국환 관리측면에서도 매우 중요하다. 수출상은 안전한 결제조건(terms of payment)을 선택하여 신용위험을 줄이고자 한다. 즉, 국제상거래 시 수출상은 선적에 앞서 대금을 미리 받고 싶어 하지만, 반대로 수입상은 대금지급에 앞서 물품을 수령하기를 원한다. 이러한 사전 또는 사후 송금에 의한 대금결제방식은 수출상 또는 수입상 한쪽에게만 유리한 조건이기 때문에 신뢰가 쌓인 거래선이 아니면 선뜻 선택할 수 없을 것이다. 따라서 사전 또는 사후 송금방식의 위험을 줄이기 위해서 전통적인 대금결제방식인 신용장 방식과 추심방식이 이용되기도 한다.

1) 지급시기

매도인이 대금지급을 받는 시기에 따라 선지급(payment in advance), 동시지급(concurrent payment), 후지급 또는 연지급(deferred payment)으로 나눌 수 있다.

(1) 선지급

매도인이 물품을 선적하기 전에 물품대금을 지급받는 방식이다. 선지급은 통상 매수인이 미리 물품확보를 할 수 있도록 하기 위하여 주문 시나 계약 시에 대금을 지급하는 방식으로 **주문도방식**(Cash With Order; CWO)**과** 신용장거래에서 선지급방식인 **선대(전대)신용장**(Red Clause L/C)이 있다.

이러한 선지급방식은 매도인에게는 대금회수에 따른 위험이 없으므로 안전한 거래방식이나, 매수인 측면에서는 미리 대금을 지급하였기 때문에 물품의 적기 입수에 따른 위험을 부담하여야 한다. 선지급은 견본구매나 소액거래 시 이루어지며 지급방식은 송금수표나 우편환 또는 전신환 등이 이용된다.

(2) 동시지급

동시지급은 약정된 물품 또는 이와 동일시되는 선적서류 등과 상환으로 대금을 결제하는 방식이다. 수입지에서 물품인도와 동시에 대금지급이 이루어지는 **현물상환지급방식**(Cash on Delivery; COD)과 수출지에서 서류 인도와 교환으로 대금지급이 이루어지는 **서류상환지급방식**(Cash against Document; CAD)이 있다. 또한, **지급인도**(Document against Payment; D/P)**와 일람출급신용장**(sight L/C) 방식이 있다.

(3) 후지급 또는 연지급

물품 또는 서류가 매수인에게 인도되고 일정기간 경과 후에 매도인이 대금을 지급받는 방식을 말한다. 후지급은 매수인의 입장에서는 자금부담 없이 물품을 수령하여 이를 판매 후 그 대금으로 결제할 수 있으나, 매도인의 입장에서는 대금회수에 따른 위험을 부담하여야 한다. 후지급방식에는 신용장의 경우 환어음이 발행되는 **기한부신용장**(Usance L/C), 환어음이 발행되지 않는 **연지급신용장**(Deferred Payment Credit)이 있으며, 계약서에 의한 거래로는 **인수인도**(Document against Acceptance; D/A)**방식**이 있다.

(4) 누진 또는 할부지급

누진 또는 할부지급(progressive or installment payment)은 거래의 각 단계별 즉, 계약 시, 주문 시, 인도 시, 그리고 인도 후 일정기간까지 각 단계별로 대금을 지급하는 방식이다. 기계류나 플랜트 등과 같이 중장기연불수출 등에서 계약금액이 매우 크기 때문에 그 대금을 누진 또는 할부방식으로 결제한다.

2) 결제방식

결제방식에는 전통적인 송금방식(remittance basis), 추심방식(collection basis), 신용장방식(letter of credit basis) 및 혼합방식이 있다. 이러한 방식 이외에도 국제팩토링

(international factoring), 포페이팅(forfeiting), 신용카드(credit card), 국제리스(international lease), 에스크로우(escrow), 전자결제(bolero project or trade card), 페이팔(paypal) 등이 있다.

【Irrevocable Documentary Credit】

TO : ANZ Bank (Reopen 구분 : ☐ 1차발행 ☐ 2차발행) 1. Date : May 6, 2024

※2 Advising Bank : KOREA EXCHANGE BANK (BIC CODE :)

※2−1 Credit No. : 용도구분 : (예시 :NS, ES)

3. Applicant : Inline Business Consulting, 25, Penrose Avenue, Cherrybrook, NSW, 2126, AUSTRALIA

4. Beneficiary : Charlie's Trading Corp., 159−1, Samsung−dong, Kangnam−Gu, Seoul, 135−729, Korea

5. Amount : 통화 US DOLLAR 금액 (Tolerance : /)

6. Expiry Date : May 30, 2024 7. Latest date of shipment : May 20, 2024

8. Tenor of Draft ☑ At Sight (☐ Reimburse ☐ Remittance)

☐ Usance days

9. For % of the invoice value(Usance L/C only : ☐ Banker's ☐ Shipper's ☐ Domestic

DOCUMENTS REQUIRED(46A:)

10. ☑ Full set of clean on board ocean bills of lading made out of the order of ANZ Bank marked "Freight PREPAID and notify (☑ Accountee ☐ Other : ____________)

11. ☑ Insurance Policy or certificate in duplicate endorsed in blank for 110% of the invoice value, stipulating that claims are payable in the currency of the draft and also indicating a claim setting agent in America.

Insurance must include : the Institute Cargo Clause : ICC(A) with ICC(WARS)

12. ☐ Signed commercial invoice in 3 FOLD 13. ☐ Certificate of analysis in ____________

14. ☐ Packing list in 3FOLD

15. ☐ Certificate of Origin in ONE ORIGINAL AND TWO COPIES issued by AN AUTHORIZED INSTITUTE

16. ☐ Inspection Certificate in 2 FOLD issued by ALLY HOUSE CO., LTD16−1 JANGAN−DONG

17. ☑ Other documents (if any)

−BENEFICIARY CERTIFICATE THAT WE HAVE ALREADY SENT A COPY OF ALL DOCUMENTS TO APPLICANT BY COURIER SERVICE AT THE TIME OF SHIPMENT.

18. Description of goods and/or services (45A :) 19. (Price Term :)

Commodity Description		Quantity	Unit price	Amount
(H.S. CODE) 6203.42−1000, 500 PCS OF JEAN PANT 6204.62−1000, 500 PCS OF JEAN PANT				
Country of Origin	R.O.K		Total	

20. Shipment From : BUSAN, KOREA Shipment To : SYDNEY, AUSTRALIA

21. Partial Shipment : ☐ Allowed ☑ Prohibited 22. Transshipment : ☑ Allowed ☐ Prohibited

23. Confirmation : ☐ ____________

Confirmation charges : ☐ Beneficiary ☐ Applicant

24. Transfer : ☐ Allowed (Transferring Bank : ____________)

25. Documents must be presented within(10)days after the date of shipment of B/L or transportation documents.

Additional Conditions (47A:) 26.

☑All banking charges including reim charges outside Korea are for account of ☐ Beneficiary ☐ Applicant

☐ Stale B/L or AWB is acceptable ☐ Charter Parry B/L is acceptable

☐ Third Party documents is acceptable ☐ Short Form B/L is not acceptable

☐ Bills of lading or Air Waybill should be issued by ____________

☐ ( )% More or less in quantity and amount to be acceptable.

☐ Acceptance commission and discount charges are for account of

☐ Other conditions :

※ Drawee Bank(42A:) :____________

※ Reimbursement Bank(53A:)

Except so far as otherwise expressly stated, This DC is subject to the UCP 600(2007 Revision)ICC Pub No.600

위와 같이 신용장발행을 신청함에 있어서 따로 제출한 외환약정서의 해당조항을 따를 것을 확약하며, 아울러 위 수입물품에 관한 모든 권리를 귀행에 양도하겠습니다.

승인신청번호 : 주 소 : 25, Penrose Avenue, Cherrybrook, NSW, 2126, AUSTRALIA

고객번호 : 신 청 인 : Inline Business Consulting,

4 기타조건

국제상거래에서 당사자 간의 계약위반으로 분쟁이 발생한 경우, 중재제도를 이용할 수 있다. 중재는 당사자 쌍방의 중재합의로, 무역분쟁을 법원의 소송절차에 의하지 않고 **공정한 제3자를 중재인**(arbitrator)**으로 선정**하여 중재판정부(arbitral tribunal)를 구성하고, 그곳에서 내려진 **중재판정**(arbitral award)에 양 당사자가 **무조건 승복함으로써 클레임을 해결하는 방법**이다. 중재판정은 법원의 확정판결과 동일한 효력을 지니며, 외국중재판정의 승인 및 집행에 관한 국제연합협약(United Nations Convention on the Recognition and Enforcement of Foreign Arbitral Awards; 뉴욕협약, 1958)에 따라 각 체약국 내에서는 외국중재판정의 승인 및 집행을 보장받게 된다.

중재는 소송에 비하여 저렴한 비용, 빠른 판정(단심제), 회사 기밀보호(비공개 원칙), 전문성, 집행력(뉴욕협약)에서 장점을 가지고 있다. 반면, 중재인이 법률 전문가가 아닌 관계로 충분한 법률적 판단이 이루어지지 않을 수 있다는 단점이 있다. 중재계약이 유효하기 위해서는 중재지, 중재기관, 준거법을 반드시 서면으로 약정해야 한다. 중재제도에 대해서는 본서의 마지막 장에서 상세히 기술한다.

MEMO

CHAPTER

05

Incoterms® 2020

section

개요

1 정형거래조건의 의의

1) 정형거래조건의 개념

국제상거래는 매도인과 매수인의 상호합의에 따른 국제물품매매계약에서 비롯하는데, 당사자들이 매번 계약상의 다양한 의무를 일일이 합의한다는 것은 무척이나 번거로운 일이고, 설령 그러한 수고를 기꺼이 감내하더라도 그 합의를 항상 정확하게 도출하는 것은 쉬운 일이 아니다. 이에 국제상거래에 종사하는 상인들은 오래전부터 FOB나 CIF와 같은 정형거래조건(trade term)을 사용하여 그러한 불편과 어려움을 극복하여 왔다.

정형거래조건이란 국제상거래에 있어 국제적으로 정형화된 표준거래조건(예: FOB, CIF)과 같은 약어를 말하며, 물품이 매도인으로부터 매수인에게 이르기까지 운송과 수출입통관을 비롯하여 모든 비용과 위험부담의 당사자를 구분해 주는 국제매매계약의 주된 요소를 말한다.

이러한 정형거래조건들을 통하여 당사자들은 물품이 매도인에게서 매수인에게로 이르는 동안에 그 물품에 관한 위험과 비용을 누가 부담하여야 하는지, 물품의 국제적 운송과 수출입통관에 필요한 일은 누가 담당하여야 하는지 등의 국제물품매매계약에서 보편적이고 공통적인 기본문제들을 해결할 수 있기 때문이다. 따라서 이러한 관습을 그 성격에 따라 부호화하여 사용하고 또한, 각 부호가 함축하고 있는 계약내용을 국제규칙으로 정하여 두고 있다.

2) Incoterms의 목적

그러나 그러한 정형거래조건들은 국가나 지역에 따라 달리 해석되었고, 이로 인하여 국제상거래에서 불필요한 오해와 분쟁이 초래되기도 하였다. 이러한 문제를 해결하고자 국제상업회의소(International Chamber of Commerce; ICC)는 『Incoterms』를 제정하였는데, 이는 '정형거래조건의 해석과 적용에 관한 국제적 통일규칙'이라 하며, 간단히 '정형거래조건통일규칙'이라 한다. Incoterms라는 용어는 "International Commercial Terms"에서 각각 "In"과 "co" 및 "terms"를 발췌·합성하여 조어(造語)되었다. ICC의 이러한 노력은 대체로 매우 성공적인 것으로 평가되고 있으며 특히, Incoterms가 CISG로 널리 통용되고 있는 1980년 『국제물품매매계약에 관한 UN협약』(United Nations Convention on Contracts for the International Sale of Goods; CISG) 특히, 위험이전 규정에 큰 영향을 준 것은 역사적인 일이다.

3) Incoterms의 적용범위

Incoterms는 컴퓨터 소프트웨어와 같은 무형재를 제외하고 유형재로서 매매되는 물품의 인도와 관련된 계약당사자의 권리와 의무에 관련된 사안에 한하여 적용된다. 즉, Incoterms는 매매계약에서의 당사자 관계만을 규정할 뿐 매매계약의 종속계약인 운송계약, 보험계약, 결제계약 등에는 적용되지 않는다. 또한, Incoterms는 매매계약에서의 소유권 이전 문제 및 계약위반과 구제 등에 대해 다루지 않는다. 이러한 문제들은 무역계약서를 작성할 때 준거법(Governing Law)에 따라 해결되어야 한다.

4) Incoterms의 기능

Incoterms는 가격조건과 인도조건의 기능을 하고 있다. 첫째, 가격조건으로서의 Incoterms는 무역가격을 산정하는 기초가 되며, 그 가격의 구성 내용을 나타낸다. 예컨대, FOB 가격은 물품이 본선에서 인도되기까지의 비용이 포함된 것을 의미한다. 둘째, 인도조건으로서 Incoterms는 국제간의 물품매매에 따른 당사자 간 계약상의 책임을 정하고 있다. 즉, 계약물품에 대한 위험의 부담이 매도인으로부터 매수인에게 어느 시점에 이전되는가 하는 위험부담의 문제를 규정하고 있다.

5) Incoterms® 2020

ICC는 1936년, 최초 『Incoterms 1936』을 제정하였고, 이후 1953년, 1967년, 1976년, 1980년, 1990년, 2000년, 2010년 그리고 가장 최근인 2020년에 이를 각각 개정하였다. 2020년 1월 1일부터 시행되고 있는 『Incoterms® 2020』은 범세계적으로 관세자유지역(customs-free zone)의 확대, 전자적 통신수단(electronic communications)의 사용 증대, 국제적인 물류보안(security)의 규제 강화, 국제운송실무의 변화에 순응하고자 하였다.

특히, 『ICC rules for the use of domestic and international trade terms』(국내·국제 거래조건의 사용에 관한 ICC 규칙)이라는 공식부제(公式副題)를 채택함으로써, EU 등에서 국경의 중요성이 점차 감소하여 국내거래와 국제거래의 차이가 소멸되고 있는데다가 실무상 순수한 국내매매계약에서도 Incoterms가 흔히 사용되고 있는 현실을 반영함과 아울러 Incoterms도 (신용장통일규칙이나 청구보증통일규칙 등과 같이) ICC의 "규칙"(rules)으로 의도되어 있음을 강조하였다. 또한, ICC의 상표등록에 따라 『Incoterms® 2020』이 등록상표가 되었고, 따라서 "incoterms"로 "i"를 소문자로 표기하거나 개별 정형거래조건을 지칭하기 위하여 "Incoterm"이라는 단수형을 사용하는 것은 옳지 않다. 무엇보다도 이번 개정에서는 매매물품이 컨테이너화물로 운송되는 경우, 매매계약에서 종래의 FOB나 CIF와 같은 해상운송조건을 사용하는 것이 옳지 않음에도 불구하고 실무에서 지금까지 그렇게 하지 못하고 있는 문제를 해결하고자 하였다.

첫째, 『Incoterms® 2020』에서는 11개의 정형거래조건을 "Rules for Any Mode or Modes of Transport"(어떠한 단일 또는 복수의 운송방식에 사용가능한 조건)와 "Rules for Sea and Inland Waterway Transport"(해상운송과 내수로운송에 사용가능한 조건)로 양분하고 있다. EXW, FCA, CPT, CIP, DAP, DPU, DDP의 7가지 조건이 전자에 속하고, FAS, FOB, CFR, CIF의 4가지 조건이 후자에 속한다. 전자는 복합운송을 포함한 모든 운송방식에 사용가능한 데 반하여, 후자는 해상운송을 포함한 수상운송방식에 한하여 사용될 수 있다. 이에 종래 실무에서는 편의상 전자를 “복합운송조건”으로, 후자를 “해상운송조건”으로 부르기도 하였는데, 이번 개정에서는 매매물품이 복합운송에 의하여 운송되는 경우에는 복합운송에 사용가능한 조건이 올바르게 사용될 수 있도록 하자는 취지에서 복합운송을 포함한 모든 운송방식에 사용가능한 조건을 전면에 배치하고 있다.

다음으로, **이번 개정에서는** DAT**를** DPU(Delivered at Place Unloaded)**로 변경하였고, 매도인의 의무부담의 순서를** DAP－DPU－DDP**로 조정하였으며,** CIF(**최소담보조건** ICC(C))**와** CIP(**최대담보조건** ICC(A)) **간의 부보 수준에 차등**을 두었다. 1980년 이후로 Incoterms는 대략 10년을 주기로 개정되고 있는바, 『Incoterms® 2020』은 오는 2030년까지 시행될 것으로 예상된다. 모쪼록 이번 개정의 취지가 충분히 이해되고, 널리 『Incoterms® 2020』이 올바르게 사용되길 희망한다.

2 Incoterms® 2020 편제와 특징

제1그룹(운송방식불문조건) (Rules for Any Mode or Modes of Transport)		제2그룹(해상운송전용조건) (Rules for Sea and Inland Waterway Transport)	
EXW	Ex Works	FAS	Free Alongside Ship
FCA	Free Carrier	FOB	Free On Board
CPT	Carriage Paid To	CFR	Cost and Freight
CIP	Carriage and Insurance Paid to	CIF	Cost Insurance and Freight
DAP	Delivered At Place		
DPU	Delivered at Place Unloaded		
DDP	Delivered Duty Paid		

거래조건 \ 구분	위험이전	비용이전	수출입절차
EXW(Ex Works) (공장인도)	• 지정 인도장소(매도인의 영업장, 창고 등)에서 매수인의 처분에 맡겨진 때	• 매도인은 위험이전까지 모든 비용부담	• 수출허가/통관 매수인 부담 • 수입허가/통관 매수인 부담
FCA(Free Carrier) (운송인인도)	• 매수인이 지명한 운송인 또는 그 밖의 당사자에게 인도된 때(매도인의 영업장 또는 기타의 장소)	〃	• 수출허가/통관 매도인 부담 • 수입허가/통관 매수인 부담
CPT(Carriage Paid To) (운송비지급인도)	• 매도인에 의해 지명된 운송인 또는 기타 당사자에게 물품을 인도한 때	• 매도인은 FCA조건+지정된 목적지까지의 물품 운송비(복합운송개념에서의 운송비)부담	〃
CIP(Carriage and Insurance Paid To) (운송비•보험료지급인도)	• 매도인에 의해 지명된 운송인 또는 기타 당사자에게 물품을 인도한 때	• 매도인은 CPT조건+지정된 목적지까지의 적하보험료 부담	〃
DAP(Delivered at Place) (도착지인도)	• 지정된 목적지의 합의된 지점에 도착한 운송수단에서 양하하지 않은 상태로 매수인의 처분하에 놓인 때	• 매도인은 위험이전까지의 모든 비용 부담(하역비 매수인부담)	〃
DPU(Delivered at Place Unloaded) (도착지양하인도)	• 지정된 목적지의 합의된 지점에서 도착한 운송수단으로부터 양하된 상태로 매수인의 처분하에 놓인 때	• 매도인은 위험이전까지의 모든 비용 부담(하역비 매도인부담)	〃
DDP(Delivered Duty Paid) (관세지급인도)	• 지정된 목적지의 합의된 지점에 도착한 운송수단에서 양하하지 않은 상태로 매수인의 처분하에 놓인 때	• 매도인은 위험이전까지의 모든 비용 부담(하역비 매수인부담)	• 수출허가/통관 매도인 부담 • 수입허가/통관 매도인 부담
FAS (Free Alongside Ship) (선측인도)	• 물품이 지정선적항의 부두에 혹은 부선으로 선측에 인도되었을 때(일반적으로 선적항의 부두)	• 매도인은 위험이전까지 모든 비용부담	• 수출허가/통관 매도인 부담 • 수입허가/통관 매수인 부담
FOB(Free On Board) (본선인도)	• 물품이 지정선적항에서 매수인이 지정한 본선상에 적재한 때	〃	〃
CFR(Cost and Freight) (운임포함인도)	• 물품이 지정선적항에서 본선상에 적재하여 인도한 때	• 매도인은 적재시까지의 모든 비용+목적항까지의 운임	〃
CIF(Cost, Insurance and Freight) (운임 · 보험료포함인도)	〃	• 매도인은 적재시까지의 모든 비용+목적항까지의 운임 및 보험료	〃

section

Incoterms® 2020의 내용

1 공장인도(EXW)

EXW(EX WORKS)

EXW(insert named place of delivery) Incoterms® 2020

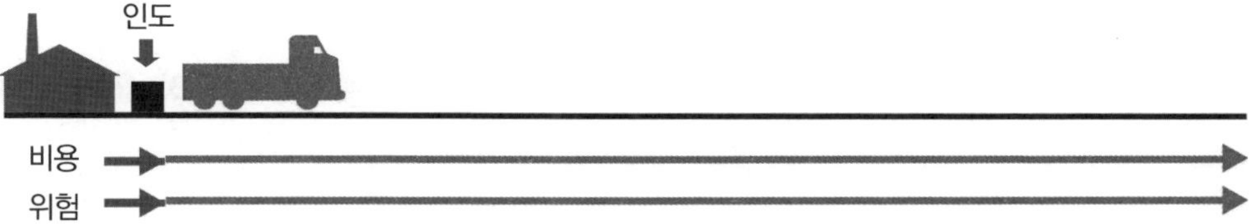

1) 인도의무의 이행 및 위험 · 비용의 분기점

This rule may be used irrespective of the mode of transport selected and may also be used where more than one mode of transport is employed. It is suitable for domestic trade, while FCA is usually more appropriate for international trade.

"Ex Works" means that the seller delivers when it places the goods at the disposal of the buyer at the seller's premises or at another named place (i.e., works, factory, warehouse, etc.). The seller does not need to load the goods on any collecting vehicle, nor does it need to clear the goods for export, where such clearance is applicable.

The parties are well advised to specify as clearly as possible the point within the named place of delivery, as the costs and risks to that point are for the account of the seller. The buyer bears all costs and risks involved in taking the goods from the agreed point, if any, at the named place of delivery.

이 규칙은 선택된 운송방식을 가리지 않고 사용될 수 있으며 둘 이상의 운송방식이 채택된 경우에도 사용될 수 있다. 이 규칙은 국내거래에 적합하고, 국제거래에서는 통상 FCA가 보다 적절하다.

"공장인도"는 매도인이 그의 영업구내 또는 기타 지정장소(예컨대, 작업장, 공장, 창고 등)**에서 물품을 매수인의 처분하에 두는 때에 매도인이 인도하는 것**을 의미한다. 매도인은 물품을 수취용 차량에 적재하지 않아도 되고, 물품의 수출통관이 요구되더라도 이를 수행할 필요가 없다.

당사자들은 지정장소 내의 지점을 가급적 명확하게 명시하는 것이 바람직하다. 그러한 지점까지 비용과 위험을 매도인이 부담하기 때문이다. 매수인은 지정인도장소에 합의된 지점이 있는 때에는 그 지점부터 물품의 수령에 수반되는 모든 비용과 위험을 부담한다.

2) 당사자의 주요 의무

EXW represents the minimum obligation for the seller. The rule should be used with care as:

a) The seller has no obligation to the buyer to load the goods, even though in practice the seller may be in a better position to do so. If the seller does load the goods, it does so at the buyer's risk and expense. In cases where the seller is in a better position to load the goods, FCA, which obliges the seller to do so at its own risk and expense, is usually more appropriate.

b) A buyer who buys from a seller on an EXW basis for export needs to be aware that the seller has an obligation to provide only such assistance as the buyer may require to effect that export: the seller is not bound to organize the export clearance. Buyers are therefore well advised not to use EXW if they cannot directly or indirectly obtain export clearance.

c) The buyer has limited obligations to provide to the seller any information regarding the export of the goods. However, the seller may need this information for, e.g., taxation or reporting purposes.

EXW는 **매도인의 최소의무를 표방**한다. 이 규칙은 다음과 같이 주의하여 사용하여야 한다.

a) 매도인은 매수인에 대하여 물품적재의무가 없으며, 이는 실제로 물품을 적재하는 데 매도인이 보다 나은 지위에 있더라도 마찬가지다. 매도인이 물품을 적재하는 경우에 매도인으로서는 매수인의 위험과 비용으로 그렇게 한다. 물품을 적재하기에 매도인이 보다 나은 지위에 있는 경우에, 매도인이 자신의 위험과 비용으로 물품적재의무를 부담하는 FCA가 통상적으로 보다 적절하다.

b) 수출을 목적으로 매도인으로부터 EXW조건으로 구매하는 매수인은 매도인으로서는 수출을 실행하는 매수인의 요청에 따라 단지 협조를 제공할 의무를 부담할 뿐이고 수출통관을 주도할 의무가 없다는 것을 유의하여야 한다. 따라서 매수인이 직접 또는 간접으로 수출통관을 수행할 수 없는 경우에는 EXW를 사용하지 않는 것이 좋다.

c) 매수인은 물품의 수출에 관한 정보를 매도인에게 제공할 한정적 의무를 부담한다. 그러나 매도인은 예컨대, 조세 또는 보고의 목적으로 그러한 정보가 필요할 수 있다.

2 운송인인도(FCA)

FCA(Free Carrier)

FCA(insert named place of delivery) Incoterms® 2020

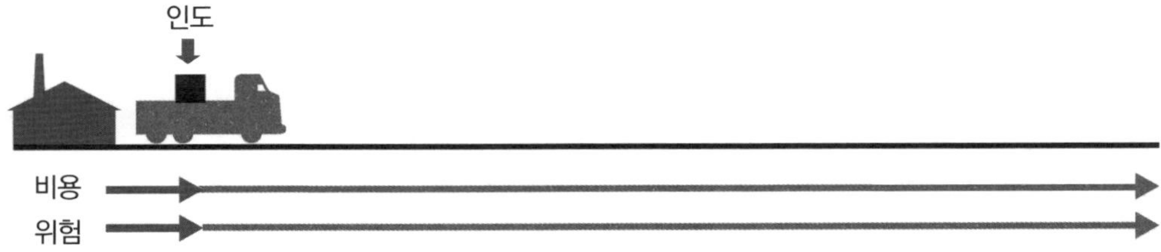

1) 인도의무의 이행 및 위험·비용의 분기점

This rule may be used irrespective of the mode of transport selected and may also be used where more than one mode of transport is employed.

"Free Carrier" means that the seller delivers the goods to the carrier or another person nominated by the buyer at the seller's premises or another named place. The parties are well advised to specify as clearly as possible the point within the named place of delivery, as the risk passes to the buyer at that point.

이 규칙은 선택된 운송방식을 가리지 않고 사용될 수 있으며 둘 이상의 운송방식이 채택된 경우에도 사용될 수 있다.

"운송인인도"는 매도인이 물품을 그의 영업구내 또는 기타 지정장소에서 매수인이 지정한 운송인이나 제3자에게 인도하는 것을 의미한다. 당사자들은 지정인도장소 내의 지점을 가급적 명확하게 명시하는 것이 바람직하다. 그러한 지점에서 위험이 매수인에게 이전하기 때문이다.

2) 당사자의 주요 의무

If the parties intend to deliver the goods at the seller's premises, they should identify the address of those premises as the named place of delivery. If, on the other hand, the parties intend the goods to be delivered at another place, they must identify a different specific place of delivery.

FCA requires the seller to clear the goods for export, where applicable. However, the seller has no obligation to clear the goods for import, pay any import duty or carry out any import customs formalities.

매도인의 영업구내에서 물품을 인도하고자 하는 경우, 당사자들은 영업장의 주소를 지정인도장소로 명시하여야 한다. 그러나 다른 어떤 장소에서 물품을 인도하고자 하는 경우, 당사자들은 그러한 다른 인도장소를 명시하여야 한다.

FCA에서 해당되는 경우에 물품의 수출통관은 매도인이 하여야 한다. 그러나 매도인은 물품을 수입통관하거나 수입관세를 지급하거나 수입통관절차를 수행할 의무가 없다.

(매수인은 매도인의 물품인도를 위한 운송인을 지정하고 운송방식과 물품의 인도기일 및 장소를 통지하여야 하며, 매도인에게 특별히 운송계약을 요청하지 아니하는 한 지정장소로부터 물품의 운송을 위한 운송계약을 체결하고 운송비를 지급하여야 한다).

3 운송비지급인도(CPT)

CPT(CARRIAGE PAID TO)

CPT(insert named place of destination) Incoterms® 2020

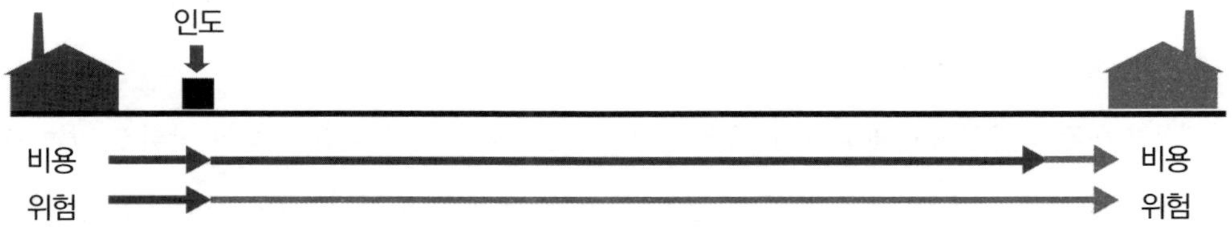

1) 인도의무의 이행 및 위험·비용의 분기점

This rule may be used irrespective of the mode of transport selected and may also be used where more than one mode of transport is employed.

"Carriage Paid To" means that the seller delivers the goods to the carrier or another person nominated by the seller at an agreed place (if any such place is agreed between the parties) and that the seller must contract for and pay the costs of carriage necessary to bring the goods to the named place of destination.

When CPT, CIP, CFR or CIF are used, the seller fulfils its obligation to deliver when it hands the goods over to the carrier and not when the goods reach the place of destination.

This rule has two critical points, because risk passes and costs are transferred at different places. The parties are well advised to identify as precisely as possible in the contract both the place of delivery, where the risk passes to the buyer, and the named place of destination to which the seller must contract for the carriage. If several carriers are used for the carriage to the agreed destination and the parties do not agree on a specific point of delivery, the default position is that risk passes when the goods have been delivered to the first carrier at a point entirely of the seller's choosing and over which the buyer has no control. Should the parties wish the risk to pass at a later stage (e.g., at an ocean port or airport), they need to specify this in their contract of sale.

이 규칙은 선택된 운송방식을 가리지 않고 사용될 수 있으며 둘 이상의 운송방식이 채택된 경우에도 사용될 수 있다.

"운송비지급인도"는 매도인이 합의된 장소(당사자 간에 이러한 장소의 합의가 있는 경우)**에서 물품을 자신이 지정한 운송인이나 제3자에게 인도하고 매도인이 물품을 지정 목적지까지 운송하는 데 필요한 계약을 체결하고 그 운송비용을 부담**하여야 하는 것을 의미한다.

CPT, CIP, CFR 또는 CIF가 사용되는 경우, 매도인은 물품이 목적지에 도착한 때가 아니라 운송인에게 물품을 교부하는 때에 그의 인도의무를 이행한 것으로 된다.

이 규칙은 두 가지의 분기점을 갖는다. 왜냐하면 위험과 비용이 상이한 장소에서 이전되기 때문이다. 당사자들은 위험이 매수인에게 이전되는 장소인 인도장소 및 매도인이 체결하는 운송계약의 목적지인 지정목적지를 계약 내에서 가급적 정확하게 지정하는 것이 좋다. 합의된 목적지까지 운송하는 데 여러 운송인이 사용되고, 당사자들이 특정한 인도지점에 관하여 합의하지 않은 경우, 위험은 전적으로 매도인에 의하여 선택되어 매수인으로서는 아무런 통제도 할 수 없는 지점에서 물품이 최초운송인에게 인도되는 때에 이전되는 것이 기본규칙이다. 그 후의 어느 단계(예컨대, 항구 또는 공항)에서 위험이 이전되기를 원하는 경우, 당사자들은 이를 매매계약에 명시하여야 한다.

2) 당사자의 주요 의무

The parties are also well advised to identify as precisely as possible the point within the agreed place of destination, as the costs to that point are for the account of the seller. The seller is advised to procure contracts of carriage that match this choice precisely. If the seller incurs costs under its contract of carriage related to unloading at the named place of destination, the seller is not entitled to recover such costs from the buyer unless otherwise agreed between the parties.

CPT requires the seller to clear the goods for export, where applicable. However, the seller has no obligation to clear the goods for import, pay any import duty or carry out any import customs formalities.

또한, 당사자들은 합의된 목적지 내의 지점을 가급적 정확하게 특정하는 것이 바람직하다. 그러한 지점까지의 비용은 매도인이 부담하기 때문이다. 매도인은 이러한 선택을 정확하게 만족하는 내용으로 운송계약을 체결하는 것이 좋다. 매도인이 그의 운송계약에 따라 지정목적지에서 양하와 관련한 비용을 지출한 경우, 당사자 간에 달리 합의하지 않았다면 매도인은 그러한 비용을 매수인에게 구상할 수 없다.

CPT에서 매도인은 해당되는 경우에 물품의 수출통관을 하여야 한다. 그러나 매도인은 물품을 수입통관하거나 수입관세를 부담하거나 수입통관절차를 수행할 의무가 없다.

(매수인은 물품이 운송인에게 인도되고 상업송장과 운송서류가 자신에게 제시되면 목적지에서 운송인으로부터 물품을 수령하여야 한다. 또한, 목적지에서 양하비가 운송비에 포함되어 있지 아니할 경우에는 이를 지급하여야 하고, 매도인에 대한 통지 불이행으로 인하여 물품의 인도가 지연되어 발생하는 모든 위험과 추가적인 비용을 부담하여야 한다).

4 운송비·보험료지급인도(CIP)

CIP(CARRIAGE AND INSURANCE PAID TO)

CIP(insert named place of destination) Incoterms® 2020

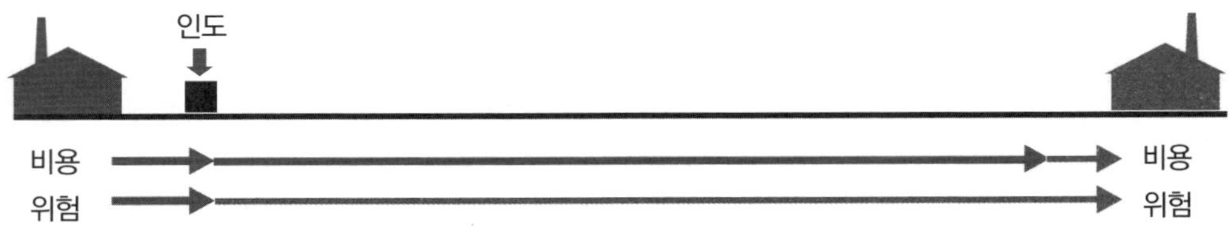

1) 인도의무의 이행 및 위험·비용의 분기점

This rule may be used irrespective of the mode of transport selected and may also be used where more than one mode of transport is employed.

"Carriage and Insurance Paid to" means that the seller delivers the goods to the carrier or another person nominated by the seller at an agreed place (if any such place is agreed between the parties) and that the seller must contract for and pay the costs of carriage necessary to bring the goods to the named place of destination.

The seller also contracts for insurance cover against the buyer's risk of loss of or damage to the goods during the carriage. The buyer should also note that under the CIP Incoterms 2020 rule the seller is required to obtain extensive insurance cover complying with Institute Cargo Clause(A) or similar clause, rather than with the more limited cover under Institute Cargo Clause(C). It is, however, still open to the parties to agree on a lower level of cover.

이 규칙은 선택된 운송방식을 가리지 않고 사용될 수 있으며 둘 이상의 운송방식이 채택된 경우에도 사용될 수 있다.

"운송비·보험료지급인도"는 매도인이 합의된 장소(당사자 간에 이러한 장소의 합의가 있는 경우)**에서 물품을 자신이 지정한 운송인이나 제3자에게 인도하고, 지정목적지까지 운송하는 데 필요한 계약을 체결, 그 운송비용을 부담하여야 하는 것**을 의미한다.

매도인은 또한, 인도지점부터 적어도 목적지점까지 매수인의 물품 멸실 또는 훼손 위험에 대하여 보험계약을 체결하여야 한다(이는 목적지 국가가 자국의 보험자에게 부보하도록 요구하는 경우에는 어려움을 야기할 수 있다. 이러한 경우에 당사자들은 CPT로 매매하는 것을 고려하여야 한다). 또한, 매수인은 Incoterms® 2020 CIP조건에서 매도인이 협회적화약관의 C-약관에 의한 제한적인 담보조건이 아니라 **협회적하약관의 A-약관이나 그와 유사한 약관에 따른 광범위한 담보조건으로 부보하여야 한다는 것을 유의**하여야 한다. 그러나 당사자들은 여전히 더 낮은 수준의 담보조건으로 부보하기로 합의할 수 있다.

2) 당사자의 주요 의무

When CPT, CIP, CFR or CIF are used, the seller fulfills its obligation to deliver when it hands the goods over to the carrier and not when the goods reach the place of destination.

This rule has two critical points, because risk passes and costs are transferred at different places. The parties are well advised to identify as precisely as possible in the contract both the place of delivery, where the risk passes to the buyer, and the named place of destination to which the seller must contract for carriage. If several carriers are used for the carriage to the agreed destination and the parties do not agree on a specific point of delivery, the default position is that risk passes when the goods have been delivered to the first carrier at a point entirely of the seller's choosing and over which the buyer has no control. Should the parties wish the risk to pass at a later stage (e.g., at an ocean port or an airport), they need to specify this in their contract of sale.

The parties are also well advised to identify as precisely as possible the point within the agreed place of destination, as the costs to that point are for the account of the seller. The seller is advised to procure contracts of carriage that match this choice precisely. If the seller incurs costs under its contract of carriage related to unloading at the named place of destination, the seller is not entitled to recover such costs from the buyer unless otherwise agreed between the parties.

CIP requires the seller to clear the goods for export, where applicable. However, the seller has no obligation to clear the goods for import, pay any import duty or carry out any import customs formalities.

CPT, CIP, CFR 또는 CIF가 사용되는 경우에, 매도인은 물품이 목적지에 도착한 때가 아니라 운송인에게 물품을 교부하는 때에 그의 인도의무를 이행한 것으로 된다.

이 규칙은 두 가지의 분기점을 갖는다. 왜냐하면 위험과 비용이 상이한 장소에서 이전되기 때문이다. 당사자들은 위험이 매수인에게 이전되는 장소인 인도장소 및 매도인이 체결하는 운송계약의 목적지인 지정목적지를 계약 내에서 가급적 정확하게 지정하는 것이 좋다. 합의된 목적지까지 운송하는 데 여러 운송인이 사용되고 당사자들이 특정한 인도지점에 관하여 합의하지 않은 경우, 위험은 전적으로 매도인에 의하여 선택된 최초운송인에게 인도되는 때에 이전되는 것이 기본규칙이다.

또한, 당사자들은 합의된 목적지 내의 지점을 가급적 정확하게 특정하는 것이 바람직하다. 그러한 지점까지의 비용은 매도인이 부담하기 때문이다. 매도인은 이러한 선택을 정확하게 만족하는 내용으로 운송계약을 체결하는 것이 좋다. 매도인이 그의 운송계약에 따라 지정목적지에서 양하와 관련한 비용을 지출한 경우, 당사자 간에 달리 합의하지 않았다면 매도인은 그러한 비용을 매수인에게 구상할 수 없다.

CIP에서 매도인은 해당되는 경우에 물품의 수출통관을 하여야 한다. 그러나 매도인은 물품을 수입통관하거나 수입관세를 부담하거나 수입통관절차를 수행할 의무가 없다.

(매수인은 물품이 운송인에게 인도되고 상업송장, 보험서류 및 운송서류가 자신에게 제시되면 목적지에서 이들 서류를 제시하고 운송인으로부터 물품을 수령하여야 한다. 또한, 목적지에서 양하비가 운송비에 포함되어 있지 아니할 경우에는 이를 지급하여야 하고, 매도인에 대한 통지 불이행으로 인하여 물품의 인도가 지연되어 발생하는 모든 위험과 추가적인 비용을 부담하여야 한다).

5 도착장소인도(DAP)

DAP(DELIVERED AT PLACE)

DAP(insert named place of destination) Incoterms® 2020

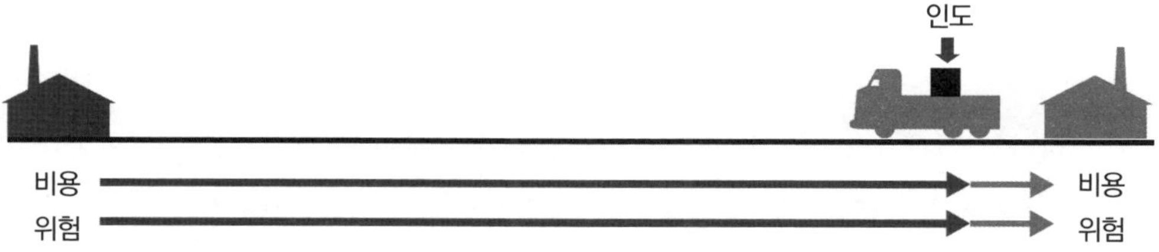

1) 인도의무의 이행 및 위험·비용의 분기점

This rule may be used irrespective of the mode of transport selected and may also be used where more than one mode of transport is employed.

"Delivered at Place" means that the seller delivers when the goods are placed at the disposal of the buyer on the arriving means of transport ready for unload-ing at the named place of destination. The seller bears all risks involved in bringing the goods to the named place.

The parties are well advised to specify as clearly as possible the point within the agreed place of destination, as the risks to that point are for the account of the seller. The seller is advised to procure contracts of carriage that match this choice precisely. If the seller incurs costs under its contract of carriage related to unloading at the place of destination, the seller is not entitled to recover such costs from the buyer unless otherwise agreed between the parties.

이 규칙은 선택된 운송방식을 가리지 않고 사용될 수 있으며 둘 이상의 운송방식이 채택된 경우에도 사용될 수 있다.

"도착장소인도"란 물품이 지정목적지에서 도착운송수단에 실린 채 양하준비된 상태로 매수인의 처분하에 놓이는 때에 매도인이 인도하는 것을 말한다. 매도인은 그러한 지정장소까지 물품을 운송하는 데 수반하는 모든 위험을 부담한다.

당사자들은 합의된 목적지 내의 지점을 가급적 명확하게 명시하는 것이 바람직하다. 그러한 지점까지의 위험은 매도인이 부담하기 때문이다. 매도인은 이러한 선택을 정확하게 만족하는 내용으로 운송계약을 체결하는 것이 좋다. 매도인이 그의 운송계약에 따라 목적지에서 양하에 관한 비용을 지출한 경우, 당사자 간에 달리 합의하지 않았다면 매도인은 이를 매수인에게 구상할 수 없다.

2) 당사자의 주요 의무

DAP requires the seller to clear the goods for export, where applicable. However, the seller has no obligation to clear the goods for import, pay any import duty or carry out any import customs formalities. If the parties wish the seller to clear the goods for import, pay any import duty and carry out any import customs formalities, the DDP term should be used.

DAP에서 매도인은 해당되는 경우에 물품의 수출통관을 하여야 한다. 그러나 매도인은 물품을 수입통관하거나 수입관세를 부담하거나 수입통관절차를 수행할 의무가 없다. 당사자 간에 매도인이 물품을 수입통관하고 수입관세를 부담하며 수입통관절차를 수행하도록 원하는 때에는, DDP가 사용되어야 한다.

(매수인은 양하 준비된 상태로 매수인의 처분하에 인도된 물품을 수령하여야 하고, 물품이 인도되는 때로부터 물품에 관련된 모든 비용을 부담하여야 한다. 또한, 자신의 비용부담으로 물품의 수입허가와 수입통관의 절차를 이행하고 이에 따른 관세 등을 지급하여야 한다).

6 도착지양하인도(DPU)

DPU(Delivered At Place Unloaded)

DPU(insert named place of destination) Incoterms® 2020

1) 인도의무의 이행 및 위험·비용의 분기점

This rule may be used irrespective of the mode of transport selected and may also be used where more than one mode of transport is employed.

The seller bears all risks involved in bringing the goods to and unloading them at the named place of destination. In this Incoterms rule, therefore, the delivery and arrival at destination are the same. DPU is the only Incoterms rule that requires the seller to unload goods at destination. The seller should therefore ensure that it is in a position to organise unloading at the named place. Should the parties intend the seller not to bear the risk and cost of unloading, the DPU rule should be avoided and DAP should be used instead.

이 규칙은 선택된 운송방식을 가리지 않고 사용될 수 있으며 둘 이상의 운송방식이 채택된 경우에도 사용될 수 있다.

매도인은 물품을 지정목적지까지 가져가서 그곳에서 물품을 양하하는 데 수반되는 모든 위험을 부담한다. 따라서 본 인코텀즈규칙에서 인도와 목적지의 도착은 같은 것이다. DPU**는 매도인이 목적지에서 물품을 양하하도록 하는 유일한 인코텀즈규칙**이다. 따라서 매도인은 자신이 그러한 지정장소에서 양하를 할 수 있는 입장에 있는지를 확실히 하여야 한다. 당사자들은 매도인이 양하의 위험과 비용을 부담하기를 원하지 않는 경우, DPU를 피하고 그 대신 DAP를 사용하여야 한다.

2) 당사자의 주요 의무

DPU requires the seller to clear the goods for export, where applicable. However, the seller has no obligation to clear the goods for import, pay any import duty or carry out any import customs formalities.

DPU에서 매도인은 해당되는 경우에 물품의 수출통관을 하여야 한다. 그러나 매도인은 물품을 수입통관하거나 수입관세를 부담하거나 수입통관절차를 수행할 의무가 없다.

(매수인은 지정목적항이나 목적지에 있는 소정의 지정터미널에서 자신의 처분하에 인도된 물품을 수령하여야 한다. 또한, 물품의 수입허가와 수입통관절차를 이행하고, 이에 따른 관세, 조세, 기타 부과금 및 최종목적지까지의 운송비를 부담하여야 한다).

7 관세지급인도(DDP)

DDP(DELIVERED DUTY PAID)

DDP(insert named place of destination) Incoterms® 2020

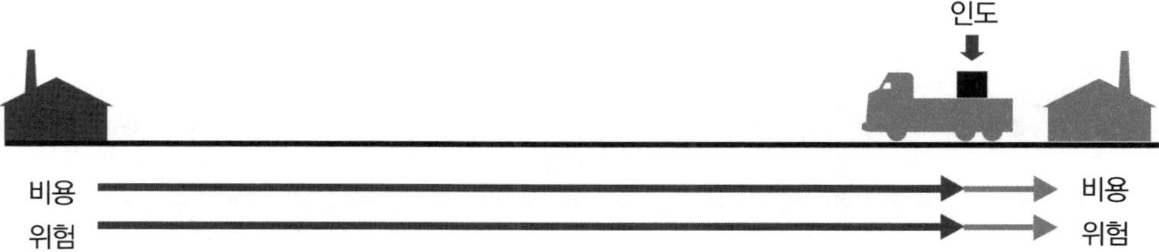

1) 인도의무의 이행 및 위험 · 비용의 분기점

This rule may be used irrespective of the mode of transport selected and may also be used where more than one mode of transport is employed.

"Delivered Duty Paid" means that the seller delivers the goods when the goods are placed at the disposal of the buyer, cleared for import on the arriving means of transport ready for unloading at the named place of destination. The seller bears all the costs and risks involved in bringing the goods to the place of destination and has an obligation to clear the goods not only for export but also for import, to pay any duty for both export and import and to carry out all customs formalities.

이 규칙은 선택된 운송방식을 가리지 않고 사용될 수 있으며 둘 이상의 운송방식이 채택된 경우에도 사용될 수 있다.

"관세지급인도"는 수출통관된 물품이 지정목적지에서 도착운송수단에 실린 채 양하 준비된 상태로 매수인의 처분하에 놓이는 때에 매도인이 인도하는 것을 말한다. 매도인은 그러한 목적지까지 물품을 운송하는 데 수반하는 모든 위험을 부담하고 또한, 물품의 수출통관 및 수입통관을 모두 하여야 하고, 수출관세 및 수입관세를 모두 부담하여야 하며, 모든 통관절차를 수행하여야 하는 의무를 부담한다.

2) 당사자의 주요 의무

DDP represents the maximum obligation for the seller.

The parties are well advised to specify as clearly as possible the point within the agreed place of destination, as the costs and risks to that point are for the account of the seller. The seller is advised to procure contracts of carriage that match this choice precisely. If the seller incurs costs under its contract of carriage related to unloading at the place of destination, the seller is not entitled to recover such costs from the buyer unless otherwise agreed between the parties.

The parties are well advised not to use DDP if the seller is unable directly or indirectly to obtain import clearance. If the parties wish the buyer to bear all risks and costs of import clearance, the DAP rule should be used. Any VAT or other taxes payable upon import are for the seller's account unless expressly agreed otherwise in the sales contract.

DDP**는 매도인의 최대의무를 표방**한다.

당사자들은 합의된 목적지 내의 지점을 가급적 명확하게 명시하는 것이 바람직하다. 그러한 지점까지의 위험은 매도인이 부담하기 때문이다. 매도인은 이러한 선택을 정확하게 만족하는 내용으로 운송계약을 체결하는 것이 좋다. 매도인이 그의 운송계약에 따라 목적지에서 양하에 관한 비용을 지출한 경우, 당사자 간 달리 합의하지 않았다면 매도인은 이를 매수인에게 구상할 수 없다.

매도인이 직접 또는 간접으로 수입통관을 수행할 수 없는 경우에는 DDP를 사용하지 않는 것이 좋다. 만약, 당사자들이 수입통관에 관한 모든 비용과 위험을 매수인이 부담하기를 원하는 때에는 DAP가 사용되어야 한다. 수입 시에 부과되는 부가가치세 및 기타 세금은 매도인이 부담하되 다만, 매매계약에서 명시적으로 달리 합의된 때에는 그에 따른다.

(매수인은 목적지에서 자신의 임의처분하에 인도된 물품을 수령하고, 운송수단으로부터 이를 양하하여야 한다).

8 선측인도(FAS)

FAS(FREE ALONGSIDE SHIP)

FAS(insert named port of shipment) Incoterms® 2020

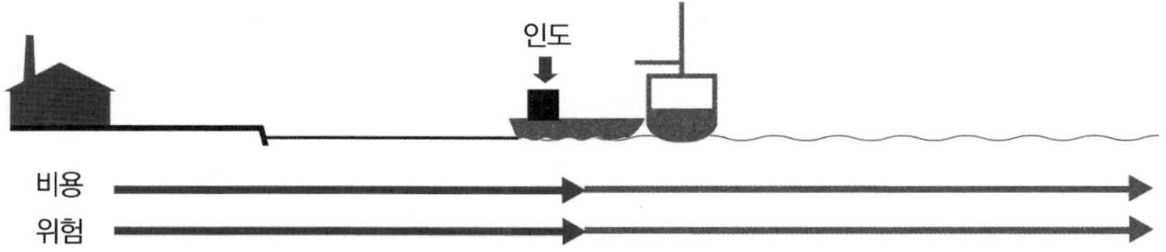

1) 인도의무의 이행 및 위험 · 비용의 분기점

This rule is to be used only for sea or inland waterway transport.

"Free Alongside Ship" means that the seller delivers when the goods are placed alongside the vessel (e.g., on a quay or a barge) nominated by the buyer at the named port of shipment. The risk of loss of or damage to the goods passes when the goods are alongside the ship, and the buyer bears all costs from that moment onwards.

The parties are well advised to specify as clearly as possible the loading point at the named port of shipment, as the costs and risks to that point are for the account of the seller and these costs and associated handling charges may vary according to the practice of the port.

이 규칙은 오직 해상운송이나 내수로운송의 경우에만 사용되어야 한다.

"선측인도"는 물품이 지정선적항에서 매수인에 의하여 지정된 본선의 선측(예컨대, 부두 혹은 바지선)에 놓이는 때에 매도인이 인도하는 것을 의미한다. 물품의 멸실 또는 손상의 위험은 물품이 선측에 놓인 때에 이전하며 매수인은 그러한 시점 이후의 모든 비용을 부담한다.

당사자들은 지정선적항 내의 적재지점을 가급적 명확하게 명시하는 것이 바람직하다. 그러한 지점까지 비용과 위험을 매도인이 부담하고 또한, 그러한 비용 및 관련 화물취급비용이 그 항구의 관행에 따라 다양하기 때문이다.

2) 당사자의 주요 의무

The seller is required either to deliver the goods alongside the ship or to procure goods already so delivered for shipment. The reference to "procure" here caters for multiple sales down a chain ('string sales'), particularly common in the commodity trades.

Where the goods are in containers, it is typical for the seller to hand the goods over to the carrier at a terminal and not alongside the vessel. In such situations, the FAS rule would be inappropriate, and the FCA rule should be used. FAS requires the seller to clear the goods for export, where applicable. However, the seller has no obligation to clear the goods for import, pay any import duty or carry out any import customs formalities.

매도인은 물품을 선측에 인도하거나 이미 선적을 위하여 그렇게 인도된 물품을 조달하여야 한다. 여기에 "조달"(procure)을 규정한 것은 특히, 일차산품거래(commodity trade)에서 보편적인 복수의 연속적 매매("연속매매")에 대응하기 위함이다.

물품이 컨테이너에 적재되는 경우에는 매도인이 물품을 선측이 아니라 터미널에서 운송인에게 교부하는 것이 전형적이다. 이러한 경우에, FAS규칙은 부적절하며 FCA규칙이 사용되어야 한다. FAS에서 매도인은 해당되는 경우에 물품의 수출통관을 하여야 한다. 그러나 매도인은 물품의 수입통관을 하거나 수입관세를 부담하거나 수입통관절차를 수행할 의무가 없다.

(매수인은 자신의 위험과 비용부담으로 수입허가, 수입통관 및 기타 공적 승인을 취득하여야 하며, 자신의 비용부담으로 목적항까지 물품의 운송계약을 체결하고, 선박명, 적재장소 및 시기를 매도인에게 통지하여야 한다. 또한, 매도인에 대한 통지불이행, 지정선박의 입항지연이나 물품의 수령불이행 등이 있을 경우에는 합의된 인도기일부터 이로 인한 모든 위험과 비용을 부담하여야 한다).

9 본선인도(FOB)

FOB(FREE ON BOARD)

FOB(insert named port of shipment) Incoterms® 2020

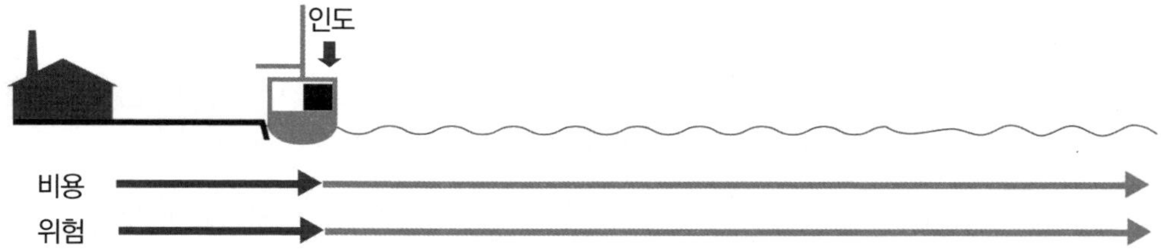

1) 인도의무의 이행 및 위험·비용의 분기점

This rule is to be used only for sea or inland waterway transport.

"Free on Board" means that the seller delivers the goods on board the vessel nominated by the buyer at the named port of shipment or procures the goods already so delivered. The risk of loss of or damage to the goods passes when the goods are on board the vessel, and the buyer bears all costs from that moment onwards.

The seller is required either to deliver the goods on board the vessel or to procure goods already so delivered for shipment. The reference to "procure" here caters for multiple sales down a chain ('string sales'), particularly common in the commodity trades. FOB may not be appropriate where goods are handed over to the carrier before they are on board the vessel, for example goods in containers, which are typically delivered at a terminal. In such situations, the FCA rule should be used.

이 규칙은 오직 해상운송이나 내수로 운송의 경우에만 사용되어야 한다.

"본선인도"는 매도인이 물품을 지정선적항에서 매수인에 의하여 지정된 본선에 적재하여 인도하거나 이미 그렇게 인도된 물품을 조달하는 것을 의미한다. 물품의 멸실 또는 손상의 위험은 물품이 본선에 적재된 때에 이전하며, 매수인은 그러한 시점 이후의 모든 비용을 부담한다.

매도인은 물품을 본선에 적재하여 인도하거나 이미 선적을 위하여 그렇게 인도된 물품을 조달하여야 한다. 여기에 "조달"(procure)을 규정한 것은 특히, 일차산품거래(commodity trade)에서 보편적인 복수의 연속적 매매("연속매매")에 대응하기 위함이다. FOB는 예컨대, 전형적으로 터미널에서 인도되는 컨테이너화물과 같이 물품이 본선에 적재되기 전에 운송인에게 교부되는 경우에는 적절하지 않다. 이러한 경우에는 FCA 규칙이 사용되어야 한다.

2) 당사자의 주요 의무

FOB requires the seller to clear the goods for export, where applicable. However, the seller has no obligation to clear the goods for import, pay any import duty or carry out any import customs formalities.

FOB에서 매도인은 해당되는 경우에 물품의 수출통관을 하여야 한다. 그러나 매도인은 물품을 수입통관하거나 수입관세를 부담하거나 수입통관절차를 수행할 의무가 없다.

(매수인은 자신의 비용부담으로 목적항까지 물품의 운송계약을 체결하고, 선박명, 적재장소 및 시기를 매도인에게 통지하여야 한다. 또한, 본선적재비가 운임에 포함되어 있는 경우, 이 적재비용 및 목적항에서의 양륙비를 지급하여야 한다. 나아가, 매도인에 대한 통지불이행, 지정선박의 입항지연이나 물품의 수령불이행 등으로 인한 모든 위험과 추가적인 비용을 부담하여야 한다).

10 운임포함인도(CFR)

CFR(COST AND FREIGHT)

CFR(insert named port of destination) Incoterms® 2020

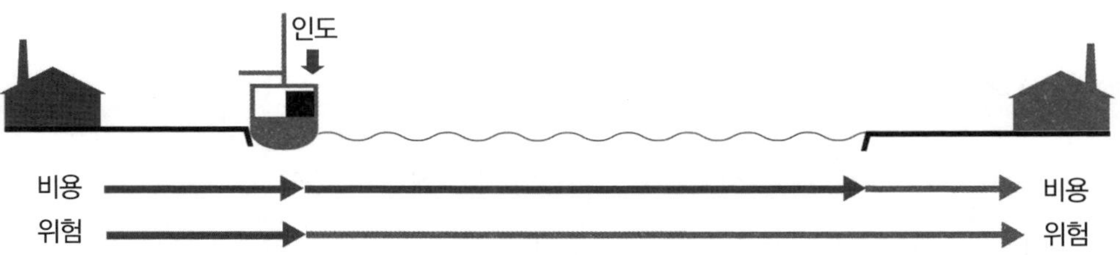

1) 인도의무의 이행 및 위험·비용의 분기점

This rule is to be used only for sea or inland waterway transport.

"Cost and Freight" means that the seller delivers the goods on board the vessel or procures the goods already so delivered. The risk of loss of or damage to the goods passes when the goods are on board the vessel. The seller must contract for and pay the costs and freight necessary to bring the goods to the named port of destination.

When CPT, CIP, CFR or CIF are used, the seller fulfils its obligation to deliver when it hands the goods over to the carrier in the manner specified in the chosen rule and not when the goods reach the place of destination.

This rule has two critical points, because risk passes and costs are transferred at different places. While the contract will always specify a destination port, it might not specify the port of shipment, which is where risk passes to the buyer. If the shipment port is of particular interest to the buyer, the parties are well advised to identify it as precisely as possible in the contract.

The parties are well advised to identify as precisely as possible the point at the agreed port of destination, as the costs to that point are for the account of the seller. The seller is advised to procure contracts of carriage that match this choice precisely. If the seller incurs costs under its contract of carriage related to un-loading at the specified point at the port of destination, the seller is not entitled to recover such costs from the buyer unless otherwise agreed between the parties.

이 규칙은 오직 해상운송이나 내수로운송의 경우에만 사용되어야 한다.

"운임포함인도"는 매도인이 물품을 본선에 적재하여 인도하거나 이미 그렇게 인도된 물품을 조달하는 것을 의미한다. 물품의 멸실 또는 손상의 위험은 물품이 본선에 적재된 때에 이전한다. 매도인은 물품을 지정목적항까지 운송하는 데 필요한 계약을

체결하고 그에 따른 비용과 운임을 부담하여야 한다.

CPT, CIP, CFR 또는 CIF가 사용되는 경우, 매도인은 물품이 목적지에 도착한 때가 아니라 선택된 당해 규칙에 명시된 방법으로 운송인에게 물품을 교부하는 때에 그의 인도의무를 이행한 것으로 된다.

이 규칙은 두 가지의 분기점을 갖는다. 왜냐하면 위험과 비용이 상이한 장소에서 이전되기 때문이다. 계약에서 항상 목적항을 명시하면서도 선적항은 명시하지 않지만, 위험은 선적항에서 매수인에게 이전한다. 선적항에 대하여 매수인이 특별한 이해관계를 갖는 경우에, 당사자들은 계약에서 이를 가급적 정확하게 특정하는 것이 바람직하다.

당사자들은 합의된 목적항 내의 지점을 가급적 정확하게 특정하는 것이 바람직하다. 그러한 지점까지의 비용은 매도인이 부담하기 때문이다. 매도인은 이러한 선택을 정확하게 만족하는 내용으로 운송계약을 체결하는 것이 좋다. 매도인이 그의 운송계약에 따라 목적항 내의 명시된 지점에서 양륙비용을 지출한 경우, 당사자 간에 달리 합의하지 않았다면 매도인은 이를 매수인에게 구상할 수 없다.

2) 당사자의 주요 의무

The seller is required either to deliver the goods on board the vessel or to procure goods already so delivered for shipment to the destination. In addition, the seller is required either to make a contract of carriage or to procure such a contract. The reference to “procure” here caters for multiple sales down a chain (‘string sales’), particularly common in the commodity trades.

CFR may not be appropriate where goods are handed over to the carrier before they are on board the vessel, for example goods in containers, which are typically delivered at a terminal. In such circumstances, the CPT rule should be used. CFR requires the seller to clear the goods for export, where applicable. However, the seller has no obligation to clear the goods for import, pay any import duty or carry out any import customs formalities.

매도인은 물품을 본선에 적재하여 인도하거나 이미 목적항까지 선적을 위하여 그렇게 인도된 물품을 조달하여야 한다. 또한, 매도인은 운송계약을 체결하거나 그러한 계약을 조달하여야 한다. 여기에 "조달"(procure)을 규정한 것은 특히, 일차산품거래(commodity trade)에서 보편적인 복수의 연속적 매매("연속매매")에 대응하기 위함이다.

CFR은 예컨대, 전형적으로 터미널에서 인도되는 컨테이너화물과 같이 물품이 본선에 적재되기 전에 운송인에게 교부되는 경우에는 적절하지 않다. 이러한 경우에는 CPT규칙이 사용되어야 한다. CFR에서 매도인은 해당되는 경우에 물품의 수출통관을 하여야 한다. 그러나 매도인은 물품을 수입통관하거나 수입관세를 부담하거나 수입통관절차를 수행할 의무가 없다.

(매수인은 상업송장과 운송서류가 자신에게 전달되면 물품이 선적항에서 본선의 갑판에 인도된 때에 이를 승낙하고, 목적항에서 운송인으로부터 물품을 수령하여야 한다. 또한, 목적항에서 양륙비가 운임에 포함되어 있지 아니한 경우에는 이를 지급하여야 한다).

11 운임 · 보험료포함인도(CIF)

CIF(COST INSURANCE AND FREIGHT)

CIF(insert named port of destination) Incoterms® 2020

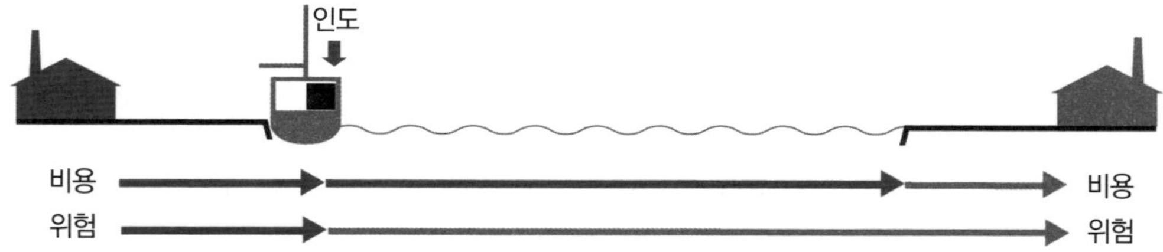

1) 인도의무의 이행 및 위험·비용의 분기점

This rule is to be used only for sea or inland waterway transport.

“Cost, Insurance and Freight” means that the seller delivers the goods on board the vessel or procures the goods already so delivered. The risk of loss of or damage to the goods passes when the goods are on board the vessel. The seller must contract for and pay the costs and freight necessary to bring the goods to the named port of destination.

The seller also contracts for insurance cover against the buyer’s risk of loss of or damage to the goods during the carriage. The buyer should note that under **CIF the seller is required to obtain insurance only on minimum cover. Should the buyer wish to have more insurance protection, it will need either to agree as much expressly with the seller or to make its own extra insurance arrangements.**

When CPT, CIP, CFR, or CIF are used, the seller fulfils its obligation to deliver when it hands the goods over to the carrier in the manner specified in the chosen rule and not when the goods reach the place of destination.

This rule has two critical points, because risk passes and costs are transferred at different places. While the contract will always specify a destination port, it might not specify the port of shipment, which is where risk passes to the buyer. If the shipment port is of particular interest to the buyer, the parties are well advised to identify it as precisely as possible in the contract.

The parties are well advised to identify as precisely as possible the point at the agreed port of destination, as the costs to that point are for the account of the seller. The seller is advised to procure contracts of carriage that match this choice precisely. If the seller incurs costs under its contract of carriage related to un-loading at the specified point at the port of destination, the seller is not entitled to recover such costs from the buyer unless otherwise agreed between the parties.

이 규칙은 오직 해상운송이나 내수로 운송의 경우에만 사용되어야 한다.

“운임·보험료포함인도”는 매도인이 물품을 본선에 적재하여 인도하거나 이미 그렇

게 인도된 물품을 조달하는 것을 의미한다. 물품의 멸실 또는 손상의 위험은 물품이 본선에 적재된 때에 이전한다. 매도인은 물품을 지정목적항까지 운송하는 데 필요한 계약을 체결하고 그에 따른 비용과 운임을 부담하여야 한다.

매도인은 또한, 운송 중 매수인의 물품의 멸실 또는 손상의 위험에 대비하여 보험계약을 체결한다. 매수인이 유의할 것으로, CIF**에서 매도인은 단지 최소조건으로 부보하도록 요구될 뿐이다. 보다 넓은 보험의 보호를 원한다면 매수인은 매도인과 명시적으로 그렇게 합의하든지, 아니면 스스로 자신의 추가보험을 들어야 한다**.

CPT, CIP, CFR 또는 CIF가 사용되는 경우, 매도인은 물품이 목적지에 도착한 때가 아니라 선택된 당해 규칙에 명시된 방법으로 운송인에게 물품을 교부하는 때에 그의 인도의무를 이행한 것으로 된다.

이 규칙은 2개의 분기점을 갖는다. 왜냐하면 위험과 비용이 상이한 장소에서 이전되기 때문이다. 계약에서 항상 목적항을 명시하면서도 선적항은 명시하지 않지만, 위험은 선적항에서 매수인에게 이전한다. 선적항에 대하여 매수인이 특별한 이해관계를 갖는 경우에, 당사자들은 계약에서 이를 가급적 정확하게 특정하는 것이 바람직하다.

당사자들은 합의된 목적항 내의 지점을 가급적 정확하게 특정하는 것이 바람직하다. 그러한 지점까지의 비용은 매도인이 부담하기 때문이다. 매도인은 이러한 선택을 정확하게 만족하는 내용으로 운송계약을 체결하는 것이 좋다. 매도인이 그의 운송계약에 따라 목적항 내의 명시된 지점에서 양륙비용을 지출한 경우, 당사자 간에 달리 합의하지 않았다면 매도인은 이를 매수인에게 구상할 수 없다.

2) 당사자의 주요 의무

The seller is required either to deliver the goods on board the vessel or to procure goods already so delivered for shipment to the destination. In addition the seller is required either to make a contract of carriage or to procure such a contract. The reference to "procure" here caters for multiple sales down a chain ('string sales'), particularly common in the commodity trades.

CIF may not be appropriate where goods are handed over to the carrier before they are on board the vessel, for example goods in containers, which are typically delivered at a terminal. In such circumstances, the CIP rule should be used. CIF requires the seller to clear the goods for export, where applicable. However, the seller has no obligation to clear the goods for import, pay any import duty or carry out any import customs formalities.

매도인은 물품을 본선에 적재하여 인도하거나 이미 목적항까지 선적을 위하여 그렇게 인도된 물품을 조달하여야 한다. 또한, 매도인은 운송계약을 체결하거나 그러한 계약을 조달하여야 한다. 여기에 "조달"(procure)을 규정한 것은 특히, 일차산품거래(commodity trade)에서 보편적인 복수의 연속적 매매("연속매매")에 대응하기 위함이다.

CIF는 예컨대, 전형적으로 터미널에서 인도되는 컨테이너화물과 같이 물품이 본선에 적재되기 전에 운송인에게 교부되는 경우에는 적절하지 않다. 이러한 경우에는 CIP규칙이 사용되어야 한다. CIF에서 매도인은 해당되는 경우에 물품의 수출통관을 하여야 한다. 그러나 매도인은 물품을 수입통관하거나 수입관세를 부담하거나 수입통관절차를 수행할 의무가 없다.

(매수인은 상업송장, 운송서류 및 보험서류가 자신에게 전달되면 물품이 선적항에서 본선의 갑판에 인도된 때 이를 승낙한다. 또한, 목적항에서 운송인으로부터 물품을 수령하여야 하고, 목적항에서 양륙비가 운임에 포함되지 아니할 경우에는 이를 지급하여야 한다. 나아가, 매도인에 대한 통지불이행으로 인하여 발생하는 모든 위험과 추가적인 비용을 부담하여야 한다).

CHAPTER 06

준거법과 UN통일매매법

section

준거법

1 준거법의 개념

준거법(governing law, applicable law, proper law)은 **외국적 요소가 있는 법률관계를 규율하기 위해 지정된 법**을 말한다. 그리고 외국적 요소가 있는 법률관계를 규율하기 위하여 준거법을 결정하는 것은 국제사법(private international law, conflict of law)상의 문제로, 일반적으로 어떠한 연결요소를 매개로 하여 이루어진다. 따라서 국제사법은 외국적 요소가 있는 법률관계를 규율하기 위한 준거법을 결정하는 법규의 총체를 말한다.

즉, 국제상거래에 있어서 준거법은 **법률이 서로 다른 주권 국가에 속해 있는 당사자들이** 그 계약의 성립, 구성, 효력, 해석, 이행 등의 기준으로서 **어느 나라의 법률에 의하여 판단할 것인가를 합의한 법률**을 말한다. 국내계약과는 달리 국제계약의 경우 그 적용규범이 단순하지 않기 때문에 어느 나라의 법이 준거법이 되는가를 결정하는 준거법 결정원칙이 중요하다.

2 준거법 결정의 일반원칙

국제계약의 당사자들은 계약체결 시 또는 분쟁발생 후 준거법에 관한 합의를 할 수 있다. 즉, 계약체결 시 준거법 조항을 포함시키거나 또는 다른 방법으로 준거법을 선택할 수도 있고, 아니면 분쟁발생 후 당사자 간의 합의에 의하여 스스로 준거법을 결정할 수가 있다. 그런데 문제는 당사자에 의한 준거법의 선택이 각국의 국제사법 규정에 따라 유효한 선택이 되지 못할 수도 있으며 또한, 어떠한 국가의 국제사법에서는 당사자에 의한 준거법 선택을 인정하지 않고 있다. 그리고 당사자가 준거법을 선택하지 않은 경우, 결국 소송이 제기된 법원에서 국제사법의 원칙에 따라 준거법을 결정하게 된다.

1) 주관주의

준거법 결정에 있어서 주관주의(의사주의)는 국제사법상 **준거법이 당사자자치에 따라 결정되어야 한다는 원칙**이다. 즉, 당사자의 분명한 의사표시는 당사자가 선택한 준거법이 계약과 관계가 있든 없든 간에 결정적으로 계약의 준거법으로 적용되어야 한다는 것이다. 원래 계약관계에는 계약자유의 원칙이 대원칙으로서 인정되고, 준거법 결정에 대해서도 당사자의 자유로운 의사를 존중하는 것이 합리적이라고 판단한다. 이를 당사자자치원칙 또는 의사주의라고 한다.

오늘날 정형화된 국제계약에서는 대부분 재판관할이나 분쟁해결방법에 관한 합의와 함께 준거법에 관한 합의가 이루어져 계약에 삽입되고 있다. 따라서 대부분 국가의 국제사법에서는 준거법 결정에 관한 주관주의를 채택하여 당사자들의 준거법에 관한 합의를 인정하고 있다. 국제계약의 준거법 결정에 있어서 당사자자치를 인정하는 근거는 다음과 같다. 첫째, 계약당사자의 예측가능성을 충족시킬 수 있다는 점이다. 즉, 계약당사자가 선택한 법을 적용함으로써 계약당사자의 정당한 기대를 보호한다는 법목적을 달성할 수 있다. 둘째, 계약당사자가 계약 중에 선택한 법을 법원이 당해 계약에 적용하게 되면, 당사자는 안심하고 상거래에 종사할 수 있다.

2) 객관주의

준거법 결정에 있어 객관주의(비의사주의)는 계약당사자의 의사와는 관계없이 **소송이 제기된 법원**이 계약체결지법, 계약이행지법, 채무자의 본국법 등과 같이 **계약과 가**

장 관련 깊은 객관적인 연결요소를 매개로 하여 준거법을 결정하는 것을 말한다. 객관주의는 계약을 체결하는 당사자들 스스로의 의사에 의하여 준거법을 결정할 수 있다는 당사자자치원칙을 인정하지 않고, 오직 분쟁이 발생하여 소송이 제기된 법원만이 일정한 연결요소를 매개로 하여 가장 밀접한 법을 준거법으로 결정하는 것이 합리적이라는 관점이다.

UN통일매매법

1 제정배경

UN국제거래법위원회(United Nations Commission on International Trade Law; UNCITRAL)가 1980년 제정한 UN통일매매법(CISG)은 1988년 1월 1일부터 발효되어 현재, 약 90개국이 체약국이 되었으며 앞으로도 체약국이 꾸준히 증가할 것으로 기대된다. 따라서 UN통일매매법은 가장 기본적인 국제거래 유형인 물품(또는 동산)의 매매를 규율하는 국제적인 통일규범으로서 성공적인 국제조약으로 평가받는다.

국제물품매매계약에 관한 규범의 통일을 위한 노력은 일찍이 1929년부터 로마에 본부를 둔 「사법통일을 위한 국제협회」(International Institute for the Unification of Private Law; UNIDROIT)에 의해 주도되었고, 이는 1964년 「국제물품매매에 관한 통일법」(Uniform Law on the International Sale of Goods; ULIS)에 관한 협약과 「국제물품매매계약의 성립에 관한 통일법」(Uniform Law on the Formation of Contracts for the International Sale of Goods; ULF)에 관한 협약이 채택됨으로써 결실을 맺게 되었다. 그러나 양 협약은 서구 선진국들 즉, 매도인의 이익을 존중하는 입장을 취한다는 비판을 받았으며, 지나치게 도그마(dogma) 중심으로 이론에 치우쳐 있고, 그 구성도 복잡하여 내용의 명료성을 확보하지 못하고 있었다. 또한, 영미법과의 조화를 시도하기는 했지만 역시 대륙법 중심인 점, 세계의 상이한 법체계나 사회·경제체제가 반영되지 않았다는 점, 그리고 그 기초 작업 및 채택에 있어서 이들 국가의 참가도 없었기 때문에 세계적 규모로 발효되기에는 한계가 있었다. 이에 UNCITRAL은 양 협약을 통합하여

UN통일매매법을 성안하였다.

우리나라는 2004년 2월 17일 유엔사무총장에게 가입서를 기탁하였으며, 2005년 3월 1일부터 UN통일매매법이 발효되어 현재 사용 중에 있다. 우리나라는 UN통일매매법의 발효로 세계무역시장에 보다 적극적으로 동참함으로써 무역강대국으로서의 한국의 위상이 재확립되었으며, 우리 기업들의 준거법 적용의 불안정성 또한 해소되었다.

2 구성체계

제1편 적용범위와 총칙 (13개 조문)	제1장 적용범위(제1조~제6조) 제2장 총칙(제7조~제13조)
제2편 계약의 성립 (11개 조문)	제14조~제24조
제3편 물품의 매매 (64개 조문)	제1장 총칙(제25조~제29조)
	제2장 매도인의 의무(제30조~제52조) 제1절 물품의 인도와 서류의 교부(제31조~제34조) 제2절 물품의 적합성과 제3자의 권리주장(제35조~제44조) 제3절 매도인의 계약위반에 대한 구제(제45조~제52조)
	제3장 매수인의 의무(제53조~제65조) 제1절 대금의 지급(제54조~제59조) 제2절 인도의 수령(제60조) 제3절 매수인의 계약위반에 대한 구제(제61조~제65조)
	제4장 위험의 이전(제66조~제70조)
	제5장 매도인과 매수인의 의무에 공통되는 규정 제1절 이행기전의 계약위반과 분할인도계약(제71조~제73조) 제2절 손해배상액(제74조~제77조) 제3절 이자(제78조) 제4절 면책(제79조, 제80조) 제5절 해제의 효과(제81조~제84조) 제6절 물품의 보관(제85조~제88조)
제4편 최종규정 (13개 조문)	제89조~제101조 CISG의 효력발생, 가입, 탈퇴, 일부조항의 유보 등

3 적용범위

1) 직접적용 및 간접적용(CISG 제1조)

(1) 이 협약은 다음의 경우에, 영업소가[39] 서로 다른 국가에 있는 당사자 간의 물품매매계약에 적용된다.

(가) 해당 국가가 모두 체약국인 경우, 또는

(나) 국제사법규칙에 의하여 체약국법이 적용되는 경우

(2) 당사자가 서로 다른 국가에 영업소를 가지고 있다는 사실은, 계약으로부터 또는 계약체결 전이나 그 체결 시에 당사자 간의 거래나 당사자에 의하여 밝혀진 정보로부터 드러나지 아니하는 경우에는 고려되지 아니한다.

(3) 당사자의 국적 또는 당사자나 계약의 민사적·상사적 성격은 이 협약의 적용 여부를 결정하는 데에 고려되지 아니한다.

2) 적용배제(CISG 제2조)

이 협약은 다음의 매매에는 적용되지 아니한다.

(가) 개인용·가족용 또는 가정용으로 구입된 물품의 매매
다만, 매도인이 계약체결 전이나 그 체결 시에 물품이 그와 같은 용도로 구입된 사실을 알지 못하였고, 알았어야 했던 것도 아닌 경우에는 그러하지 아니하다.

(나) 경매에 의한 매매

(다) 강제집행 그 밖의 법령에 의한 매매

(라) 주식, 지분, 투자증권, 유통증권 또는 통화의 매매

(마) 선박, 소선(小船), 부선(浮船), 또는 항공기의 매매

(바) 전기의 매매

---

39) 영업소는 영업활동이 사실상 수행되는 장소로, 연락사무소는 포함되지 않는다. 영업소로 인정되기 위해서는 고정사업장이 요구되며, 창고나 매도인측 대리인의 사무실은 영업소가 되지 않는 것으로 본다.

3) 재료 및 서비스공급의 적용배제(CISG 제3조)

(1) 물품을 제조 또는 생산하여 공급하는 계약은 이를 매매로 본다. 다만, 물품을 주문한 당사자가 그 제조 또는 생산에 필요한 재료의 중요한 부분을 공급하는 경우에는 그러하지 아니하다.

(2) 이 협약은 물품을 공급하는 당사자의 의무의 주된 부분이 노무, 그 밖의 서비스의 공급에 있는 계약에는 적용되지 아니한다.

4) 계약의 효력 등에 대한 적용배제(CISG 제4조)

이 협약은 매매계약의 성립 및 그 계약으로부터 발생하는 매도인과 매수인의 권리·의무만을 규율한다. 이 협약에 별도의 명시규정이 있는 경우를 제외하고, 이 협약은 특히 다음과 관련이 없다.

(가) 계약이나 그 조항 또는 관행의 유효성

(나) 매매된 물품의 소유권에 관하여 계약이 미치는 효력

5) 제조물책임에 의한 인적 손해의 적용배제(CISG 제5조)

이 협약은 물품으로 인하여 발생한 사람의 사망 또는 상해에 대한 매도인의 책임에는 적용되지 아니한다.

6) 합의에 의한 적용배제(CISG 제6조)

당사자는 이 협약의 적용을 배제할 수 있고, 제12조에 따를 것을 조건으로 하여 이 협약의 어떠한 규정에 대하여도 그 적용을 배제하거나 효과를 변경할 수 있다.

4 해석원칙

1) 협약의 해석원칙 및 보충규정(CISG 제7조)

(1) 이 협약의 해석에는 그 국제적 성격 및 적용상의 통일과 국제거래상의 신의 준수를 증진할 필요성을 고려하여야 한다.

(2) 이 협약에 의하여 규율되는 사항으로서 협약에서 명시적으로 해결되지 아니하는 문제는, 이 협약이 기초하고 있는 일반원칙, 그 원칙이 없는 경우에는 국제사법 규칙에 의하여 적용되는 법에 따라 해결되어야 한다.

2) 당사자의사의 해석기준(CISG 제8조)

(1) 이 협약의 적용상, 당사자의 진술 그 밖의 행위는 상대방이 그 당사자의 의사를 알았거나 모를 수 없었던 경우에는 그 의도에 따라 해석되어야 한다.

(2) 제1항이 적용되지 아니하는 경우에 당사자의 진술 그 밖의 행위는, 상대방과 동일한 부류의 합리적인 사람이 동일한 상황에서 이해한 바에 따라 해석되어야 한다.

(3) 당사자의 의도 또는 합리적인 사람이 이해하였을 바를 결정함에 있어서는 교섭, 당사자 간에 확립된 관례, 관행 및 당사자의 후속 행위를 포함하여 관련된 모든 사항을 적절히 고려하여야 한다.

3) 관행과 관례의 존중(CISG 제9조)

(1) 당사자는 합의한 관행과 당사자 간에 확립된 관례에 구속된다.

(2) 별도의 합의가 없는 한, 당사자가 알았거나 알 수 있었던 관행으로서 국제거래에서 당해 거래와 동종의 계약을 하는 사람에게 널리 알려져 있고 통상적으로 준수되고 있는 관행은 당사자의 계약 또는 그 성립에 묵시적으로 적용되는 것으로 본다.

4) 영업소(CISG 제10조)

이 협약의 적용상,

(가) 당사자 일방이 둘 이상의 영업소를 가지고 있는 경우에는, 계약체결 전이나 그 체결 시에 당사자 쌍방에 알려지거나 예기된 상황을 고려하여 계약 및 그 이행과 가장 밀접한 관련이 있는 곳이 영업소로 된다.

(나) 당사자 일방이 영업소를 가지고 있지 아니한 경우에는 그의 상거소를 영업소로 본다.

5) 불요식성(CISG 제11조)

매매계약은 서면에 의하여 체결되거나 입증될 필요가 없고, 방식에 관한 그 밖의 어떠한 요건도 요구되지 아니한다. 매매계약은 증인을 포함하여 어떠한 방법에 의하여도 입증될 수 있다.

6) 유보선언(CISG 제12조)

매매계약, 합의에 의한 매매계약의 변경이나 종료, 청약·승낙 그 밖의 의사표시를 서면 이외의 방법으로 할 수 있도록 허용하는 이 협약 제11조, 제29조 또는 제2편은 당사자가 이 협약 제96조에 따라 유보선언을 한 체약국에 영업소를 가지고 있는 경우에는 적용되지 아니한다. 당사자는 이 조를 배제하거나 그 효과를 변경할 수 없다.

7) 서면의 범위(CISG 제13조)

이 협약의 적용상 『서면』에는 전보와 텔렉스가 포함된다.

MEMO

CHAPTER

07

계약당사자의 의무

section

01 개요

매매계약의 핵심은 계약당사자의 권리와 의무이다. 우리 민법은 매도인의 의무로서는 소유권(물품에 대한 전면적 지배권) 이전을, 매수인의 의무로서는 대금지급의무만을 규정한다. 반면, UN통일매매법은 **매도인의 의무에 소유권이전의무 이외에 물품인도의무, 서류인도의무, 물품의 계약적합의무를 규정하고, 매수인의 의무로는 대금지급의무 이외에 인도수령의무, 물품검사·통지의무를 규정**하고 있다. 또한, 물품인도의무에 부수되는 의무로는 물품특정의무, 운송주선의무, 보험부보에 필요한 정보제공의무를 규정하고 있다.

매매당사자 의무 비교

	UN통일매매법	우리 민법·상법
매도인의 의무	소유권이전의무 물품인도 의무+부수적 의무 서류인도의무	소유권이전의무
	계약적합의무	하자담보책임[40)]
매수인의 의무	대금지급의무	대금지급의무
	인도수령의무	(해석상 인정)
	물품검사·통지의무	물품검사·통지의무(상법)

이와 같이 UN통일매매법은 당사자의 의무를 우리 민법에 비하여 매우 상세히 규정하고 있다. 그러나 우리 민법의 해석상으로도 매도인의 물품·서류인도의무는 소유권 이전의무에 포함되는 것으로 해석할 수 있다. 또한, 매도인의 계약적합의무는 하

40) 하자담보책임은 매매 등의 유상계약에 있어서 그 목적물 자체에 숨은 하자가 있는 경우 매도인이 매수인에 대하여 이행하는 책임을 말한다.

자담보책임으로 해결되고 있다. 매수인의 인도수령의무는 우리 민법의 해석상으로도 인정될 수 있는 것이며 물품검사 및 통지의무도 상사거래에서 인정되고 있다. 결국, UN통일매매법과 우리 민법 및 상법의 규정은 큰 차이가 있는 것이 아니며, UN통일매매법이 이들 각 의무를 각각 별개의 독립된 의무로 상세하게 규정하고 있다는 특징이 있다.

계약당사자의 의무와 관련하여 UN통일매매법과 정형거래조건과의 관계를 이해하여야 하는데, UN통일매매법 제9조 제1항에 따르면, "당사자들은 당사자 자신들이 동의한 관행과 당사자들이 자신들 사이에서 확립된 관습에 구속된다"고 규정하여 거래관습이나 관행에 법적 효력을 부여하고 있다. 따라서 FOB나 CIF조건과 같은 거래관습은 당사자가 동의했거나 확립된 관습으로 인정되어 또한, 해당거래에 관련된 종류의 계약을 체결하는 자에게 널리 알려져 있고 또한, 통상적으로 준수되고 있는 관행으로 인정되어, 비록 UN통일매매법이 준거법으로 적용될 경우에도 묵시계약으로 우선 적용된다. 따라서 UN**통일매매법은 당사자 간 명시적 합의나 거래관습이 없는 경우에 적용되어 보충법적 기능을 한다.**[41)]

41) 제7조 제(2)항; Questions concerning matters governed by this Convention which are not expressly settled in it are to be settled in conformity with the general principles on which it is based or, in the absence of such principles, in conformity with the law applicable by virtue of the rules of private international law.

section

매도인의 의무

UN통일매매법(제30조)에서는 "매도인은 계약과 동법에 의하여 요구되는 바에 따라 물품을 인도하고, 물품에 관련된 서류를 교부하며 또한, 물품의 소유권을 이전하여야 한다"고 규정하고 있다. 이 조항에 따르면, **매도인의 주된 의무는 소유권이전의무**, **물품인도의무**, **서류인도의무** 및 **계약적합성의무**로 나눌 수 있다.

1 소유권이전의무

소유권이전의무는 매도인의 가장 기본적이고 핵심적인 의무이다. 그렇지만 소유권의 이전에 관하여는 각국마다 법이론과 법체계가 다양하고 소유권의 이전방법도 상이한 것이 현실이다. 더구나 국제거래는 물품의 인도와 대금의 지급이 동시에 이루어지지 않으며, 물품의 인도도 직접인도가 아닌 운송인에 의한 간접인도방식을 취하고 있다. 또한, 대금의 지급도 통상 은행을 통한 간접적 방법으로 이루어진다. 따라서 매매당사자 간에 소유권의 이전시기를 규명하려면 물품인도와 대금지급 시 개입되는 운송인과 은행의 법적 지위가 규명되어야 한다. 따라서 **국제거래에서는 '소유권'이라는 개념 대신 위험의 이전과 연계된 '인도'의 개념을 사용하고 있다.**

따라서 국제적으로 소유권이전 방식을 통일시키고 소유권의 이전의무를 통일적으로 규정하기는 어렵기 때문에 UN통일매매법은 소유권이전의무를 선언적으로 규정하고 있을 뿐이다. UN통일매매법은 "이 법은 계약이 매각된 물품의 소유권에 미치는 효과에 대하여는 관계하지 않는다"고 규정하고 있다(제4조 a항). 즉, UN통일매매법은 매도인과 매수인의 권리·의무만을 규율할 뿐이다.

2 물품인도의무

매도인은 계약과 UN통일매매법이 정하는 바에 따라 매매의 목적물을 인도하여야 한다.

1) 인도시기

UN통일매매법은 매도인이 물품을 인도할 시기에 관하여 3가지 경우로 나누어 규정하고 있다(제33조). 첫째, 인도일자가 계약에 의하여 확정되었거나 확정될 수 있는 경우에는 **그 일자에** 인도하여야 한다. 둘째, 인도시기가 계약에 의하여 기간으로 확정되었거나 확정될 수 있는 경우에는 **그 기간 내**이다. 다만, 사정에 의하여 매수인이 인도시기를 정하여야 하는 경우에는 매수인이 지정한 때이다. FOB나 CIF조건의 인도는 본선인도이므로 선적시기가 바로 인도시기이다. 통상, 계약에서 선적시기를 정하는 방법은 여기서와 같이 기간으로 확정된다. 셋째, 기타의 모든 경우에는 계약체결 후 '**합리적 기간 내**'(reasonable time)이다. 여기서 어느 정도의 기간을 합리적으로 보느냐 하는 것은 사실의 문제이다.

2) 인도장소

물품인도장소와 관련하여, 당사자가 계약으로 이를 지정한 경우에는 **약정된 장소**에서, 또 확립된 관습이 있을 경우에는 관습에 따라 인도되어야 한다. 국제거래에서 매매당사자는 인도장소와 인도방법을 구체적으로 약정하는 경우는 드물다. 인도에 관한 이러한 문제는 정형거래조건에 따라 자동 결정된다. 즉, EXW는 매도인의 영업소, FAS는 선측, FCA, CIP, CPT는 매도인의 영업소나 화물터미널, FOB, CFR, CIF는 본선상에서, DAP는 도착지에서, DPU는 도착지에서 양하 완료, DDP는 매수인이 지정한 장소에서 각각 반입인도 또는 적재인도 방식으로 인도가 이행된다. 따라서 정형거래 조건은 매매관습이면서 인도관습이라고 할 수 있다.

UN통일매매법은 당사자 간의 약정이나 관습이 없을 경우, 인도될 장소에 관하여 다음 3가지를 규정하고 있다(제31조). 첫째, 매매계약이 물품의 운송을 포함하는 경우 즉, 송부매매의 경우에는 매수인에게 송부를 목적으로 **최초의 운송인**(first carrier)**에게 물품을 인도하면 매도인의 인도의무는 이행**된다. 최초의 운송인에게 인도는 본선인도처럼 반드시 운송수단에 적재인도를 전제로 한 것은 아니고, 운송인의 관리하에 인도하면 된다. 정형거래조건 가운데 이에 해당하는 조건은 CPT와 CIP이다.

둘째, 계약내용에 물품의 운송이 포함되지 아니한 경우에는 **그 물품의 현재장소**가 인도장소가 된다. 다만, 계약당사자가 계약체결 시 그 물품이 특정장소에 있다는 사실을 알고 있어야만 한다. 현재 장소에서 물품을 인도한다는 것은 구체적으로 물품을 매수인의 처분하에 두는 것을 의미한다. 매수인의 처분하에 둔다는 것은 매수인의 점유취득이 가능한 상태에 두는 것을 말한다. 구체적으로는 매도인이 물품을 특정하고 포장하는 등 인도에 필요한 준비를 마친 후 매수인에게 통지하면 된다. 정형거래조건 가운데 EXW조건이 이에 해당한다. 셋째, 위 두 가지 경우에 해당되지 아니하는 모든 경우에는 **계약체결 당시의 매도인의 영업소**가 인도장소가 된다.

3) 물품인도에 수반되는 의무

UN통일매매법은 **매도인의 인도의무에 수반되는 의무로 물품특정의무, 운송수배의무 및 보험부보에 관한 정보제공의무를 규정**하고 있다(제32조). 이러한 의무들은 정형거래조건에서 매매당사자의 의무에 규정되어 있는 것을 반복하여 규정하고 있으며 매매관습과 모순되지 않는다. 먼저, 물품을 운송인에게 인도함에 있어 물품이 특정되지 아니하여 다른 물품과 구분되지 아니하는 경우, 매도인은 목적물의 화인이나 선적서류 등을 기초로 물품을 특정하는 탁송통지서를 작성하여 이를 매수인에게 송부하여야 한다. 그리고 매도인이 목적물의 운송을 수배하도록 계약에 정해진 경우에는 매도인은 상황에 적합한 운송수단을 선택하여 통상적인 조건에 따라 운송계약을 체결하여야 한다. 나아가, 매도인이 스스로 보험에 부보할 의무가 없는 경우에는 매수인이 부보할 수 있도록 수집 가능한 정보를 제공하여야 한다.

3 서류인도의무

매도인은 계약과 UN통일매매법이 정하는 바에 따라 **물품에 관련된 서류를 인도**하여야 한다. 서류의 인도는 계약에서 정하여진 시기, 장소 및 형식에 따라 이를 이행하여야 한다(제30조). 즉, 서류인도의무의 구체적인 내용은 전적으로 계약에 따른다. 계약에 명시적 규정이 있으면 이에 따르지만 명시규정이 없으면 묵시조항인 정형거래조건에 따르게 된다.

11가지 정형거래조건 가운데 CIF와 CIP조건을 제외하고는 매도인이 매수인에게 2가지 서류 즉, **계약과 일치하는 물품을 제공했다는 일치의 증빙서류인 상업송장과 인도의 증빙**(proof of delivery)**서류를 제공하도록 규정**하고 있다. CIF나 CIP조건에서는 이들 2가지 서류 외에 보험증권이나 다른 보험담보서류를 제공하도록 규정하고 있다.

실무에서는 특히, 신용장거래에서 매도인이 매수인에게 제공할 서류가 신용장에 하나하나 열거되어 있다. 정형거래조건에서는 당사자가 합의한 경우, 이러한 서류는 전자문서로 대체할 수 있도록 하고 있다. UN통일매매법은 매도인이 계약상 정하여진 시기 이전에 서류를 인도한 경우에는 인도시기까지 서류상 미비점을 보완할 수 있도록 규정하여(제34조) 인도기일 이전의 하자물품을 인도기일까지 보완을 허용한 제37조와 균형을 유지하고 있다.

4 계약적합성의무

UN통일매매법은 매도인에게 계약적합의무를 부여하고 있다. 이 의무의 내용은 2가지로 나누어진다. 즉, 매도인은 물질적 측면에서 수량, 종류, 포장 등이 계약과 그 물품의 사용목적에 적합한 물품을 인도하여야 할 뿐만 아니라(제35조), 권리적인 측면에서 아무런 하자 없는 물품을 인도하여야 한다(제41조).

1) 물품의 계약적합성의무

물품의 계약적합성은 3가지 측면 즉, **수량적합성, 품질적합성 그리고 포장적합성 등에서 검토**할 수 있다.[42)]

2) 권리의 계약적합성의무

매도인은 산업재산권(Industrial Property Right) **또는 지식재산권**(Intellectual Property Right)**에 기초한 제3자의 권리 또는 청구권으로부터 자유로운 물품을 인도할 의무**가 있다(제41조 제1항). 매도인은 제3자가 제기한 클레임이 유효한 경우 권리적 측면에서 계약적합의무를 위반하게 된다. 왜냐하면 제3자의 클레임 제기는 매수인에게 소송으로 인한 비용과 시간을 낭비하게 하므로 계획대로 물품을 수령하는 것을 지연시키기

---

42) ① 수량 : 매도인은 계약서에서 정한 수량만큼을 인도하여야 한다. Bulk Cargo인 경우에는 수량의 과부족이 불가피하므로 과부족허용조항(M/L clause)이나 개산수량(about, approximate 등)을 표시하여야 과부족을 용인받을 수 있다. ② **품질·명세** : 매도인은 계약서에서 명시적으로 요구되는 품질과 명세의 물품을 인도하여야 한다(제35조 제1항). 품질을 계약에서 당사자가 달리 합의한 바가 없는 경우에는 매도인은 ⓐ 통상사용목적에 적합한 물품, ⓑ 특별사용목적에 적합한 물품, 또는 ⓒ 견본 또는 모형과 일치하는 물품을 인도하여야 한다(제35조 제2항). 매도인이 이러한 품질적합의무도 매수인이 계약체결 시에 물품의 부적합을 알았거나 모를 리가 없었을 경우에는 매도인은 매수인에게 이러한 계약적합의무를 지지 않는다(제35조 제3항). ③ **포장** : 매도인은 계약에 정해진 방법으로 포장하여야 한다. 포장방법에 관하여 합의가 없는 경우에는 동일한 물품에 통상 사용되는 방법으로 포장하여야 하며, 그러한 방법이 없는 경우에는 물품의 보존과 보호에 적당한 방법으로(in a manner adequate) 포장하여야 한다(제35조 제2항 d호). ④ **계약적합성 판단시기** : 매도인은 원칙적으로 물품에 대한 위험이전 당시를 기준으로 물품과 계약의 불일치에 대하여 책임을 진다. 즉, 계약적합성 판단 시기는 위험이전 시이다. ⑤ **부적합의 보완** : 매도인이 약정된 기일 전에 물품을 인도한 경우 매도인은 인도기일까지 부적합을 보완(cure)할 수 있다. 다만, 이 경우 매수인에게 불합리한 불편이나 비용을 유발해서는 안 된다.

때문이다.

이러한 지식재산권을 근거로 한 권리 또는 청구권의 정당성 여부는 당사자 쌍방이 계약 시에 물품을 어느 국가에 전매하거나 달리 사용할 것을 예상한 경우에는 **당해 물품을 전매 또는 사용하게 될 국가의 법률을 기준으로**, 그리고 기타의 경우에는 매수인의 영업소 소재지 국가의 법률을 기준으로 판단한다(제42조 제1항 a, b호).

매수인의 의무

매수인의 대표적인 의무는 대금지급의무이다. UN통일매매법은 매수인의 대금지급의무(제53조~제59조)와 인도수령의무(제60조)를 규정하고 있다. 이외에도 매수인은 물품을 검사하고 하자를 통보하여야 한다(제38조, 제39조, 제43조). 이러한 매수인의 의무는 우리 민 · 상법상의 매수인의 의무와 유사하나 UN통일매매법은 이를 구체적으로 명시하고 있다.

1 대금지급의무

UN통일매매법은 **대금지급의무와 관련하여 대금의 지급방법, 지급시기 및 지급장소 등을 규정**하고 대금지급방법에 관하여는 구체적인 규정은 없으나 매수인에게 대금지급을 위한 조치를 취하도록 규정하여(제54조) 신용장 개설 등 필요한 조치를 취하도록 하고 있다.

2 인도수령의무

매수인은 계약과 UN통일매매법이 정하는 바에 따라 **물품을 수령**하여야 한다(제53조). 이러한 수령의무에는 매도인이 물품인도를 가능하게 하기 위하여 합리적으로 요구되는 조치를 수행할 의무를 포함한다(제60조). 즉, FOB조건에서 매수인은 매도인의 본선인도를 가능하게 하기 위하여 본선을 수배하고 이를 매도인에게 통지하여야 하는데 이를 이행하지 않았거나, 자신이 지명한 본선이 도착하지 않은 경우, 본선이 도착하였다 해도 화물을 수령하지 않으면 이에 따른 위험과 비용을 매수인이 부담하여야 한다.

3 물품검사 · 통지의무

매수인은 물품의 부족이나 하자를 발견한 경우, 이에 대한 매도인의 책임을 묻기 위하여 **수령한 물품을 지체 없이 검사**하고(제38조 제1항), 검사결과를 **지체 없이 통지할 의무**를 이행하여야 한다(제39조 제1항). 물품검사와 통지의무는 매수인의 매도인에 대한 의무가 아니라 자신의 권리를 유지하기 위한 의무로 우리 상법에서 정한 매수인의 검사·통지의무와 그 성질 및 내용이 같다.[43)]

1) 물품검사의무

(1) 검사시기

매수인은 당해 사정에 비추어 실행가능한 짧은 기간 내[44)]**에 물품을 검사하거나 또는 물품이 검사**되도록 하여야 한다(제38조 제1항). 계약상 물품이 운송을 포함하는 경우, 운송 중 검사가 어렵기 때문에 물품이 목적지에 도착한 이후까지 연기할 수 있다(제38조 제2항). 특히, 운송 중 매수인이 검사를 수행할 합리적 기회를 갖지 못한 채 매수인에 의하여 물품의 목적지를 변경하거나 재발송된 경우, 매도인이 재발송 또는 목

43) 상인 간의 매매에서 매수인이 목적물을 수령한 때에는 지체 없이 이를 검사하여야 하며, 하자 또는 수량부족을 발견한 때에는 즉시 매도인에게 그 통지를 발송하지 아니하면 이로 인한 계약해제, 대금감액 또는 손해배상을 청구하지 못한다. 그러나 하자를 즉시 발견할 수 없을 때에는 6월 내에 발견하여 통지하면 된다(상법 제 69조 제1항).

44) 이러한 표현은 "지체 없이"(상법 제69조), "합리적인 기간이 경과되기 이전에"(before the lapse of reasonable time)(SGA 제35조), "합리적인 기간 내"(within a reasonable time)(UCC §2-606) 등의 표현과 상호 교환적으로 사용된다.

적지의 변경을 알았거나 알 수 있었을 경우에 한하여, 매수인은 물품이 새로운 목적지에 도착할 때까지 검사를 연기할 수 있다(제38조 제3항).

(2) 검사장소와 검사방법

검사장소는 원칙적으로 인도장소에서 이루어져야 한다. 그렇지만 물품의 운송이 예정되어 있는 경우에는 그 목적지에서, 그리고 물품의 목적지를 변경하거나 전송될 경우에는 새로운 도착지가 검사장소가 된다. 물품의 검사방법에 관하여 별도의 약정이 없는 경우에는 매수인은 해당거래의 관행적 방법으로 검사하면 된다.

2) 통지의무

(1) 통지시기

매수인은 매도인에게 물품 부적합의 책임을 묻기 위한 전제로서 **물품의 부적합을 발견하였거나 발견할 수 있었을 때로부터 합리적인 기간 내에 부적합의 내용을 상세하게 통지**하여야 한다(제39조 제1항). 통지의 범위는 물품의 부적합이지만, 여기에는 물품의 수량, 품질, 명세, 포장, 권리상의 부적합도 포함된다. 서류의 부적합에 대하여는 명문규정이 없지만 매도인의 서류제공의무를 감안할 때 서류의 하자도 포함되는 것으로 보아야 한다.

UN통일매매법에서 검사기간은 "실행가능한 짧은 기간 내"로 규정하면서 통지는 "합리적인 기간 내"로 규정하고 있다. 여기서 "합리적 기간"을 결정하는데 고려되는 요소는 물품의 변질가능성, 견본채취의 공평성 또는 검사의 필요성 및 매도인에 의한 보완가능성 등이 포함된다. **그렇지만 어떠한 경우에도 물품이 매수인에게 실제로 인도된 날로부터 늦어도 2년 이내에 통지하지 아니하면 매수인은 물품불일치를 주장할 권리를 상실**한다(제39조 제2항). 여기서 2년은 매수인의 권리행사기간으로 제척기간(除斥期間)이다. 그러나 제척기간에 관한 UN통일매매법의 규정은 강행규정이 아니므로 특약으로 이를 줄이거나 늘릴 수 있다.

(2) 통지방법

매수인의 물품부적합 통지의무의 이행에는 특별한 형식이 요구되지 않으므로 "상황에 따라 적절한 방법으로"하면 된다(제27조). 다만, 통지 시에는 불일치의 내용을 명세하여 통지하여야 한다(제39조 제1항).

(3) 통지의무 불이행의 효과

매수인은 UN통일매매법에 규정된 기간 내에 정하여진 방법으로 매도인에게 통지하지 않는 경우 불일치에 관련된 청구권을 상실한다(제39조 제1항). **통지의무 불이행에 따라 상실되는 청구권으로는 손해배상청구권**(제74조~제77조), **계약해제권**(제51조 제2항), **대금감액청구권**(제50조) **및 하자보완청구권**(제46조) 등이 있다. 상대방의 **계약위반에 관한 통지의 경우 발신주의 원칙이 적용**되어 통지가 지연되거나 도달하지 않는 경우에도 통지의무를 이행한 것으로 본다(제27조).

CHAPTER

08

계약위반에 따른 권리구제

section

매도인 계약위반과 매수인 권리구제

UN통일매매법은 매도인이 계약을 위반했을 때 매수인에게 부여할 권리구제의 방법으로 ① 계약대로의 이행(특정이행)을 청구하는 권리(제46조 제1항), ② 대체품의 인도청구권(제46조 제2항), ③ 하자보완청구권(제46조 제3항), ④ 추가기간지정권(제47조), ⑤ 계약해제권(제49조), ⑥ 대금감액청구권(제50조), ⑦ 손해배상청구권 등 7가지를 선택적 또는 경우에 따라서는 중복적으로 허용한다. 매도인의 계약위반이 근본적 위반(fundamental breach)이 되면 매수인은 계약해제나 대체물인도청구권을 행사할 수 있지만, 그렇지 않을 경우 매수인은 대금감액청권이나 하자보완청구권을 행사하게 된다.

위의 여러 가지 구제수단 가운데 **손해배상청구권은 다른 구제수단과 중복하여 행사**할 수 있다(제45조 제2항). 따라서 매수인은 매도인에게 특정이행을 요구함과 동시에 이행의 지연이나 그 이행과정에서의 결함 등으로 발생한 손해를 배상해 주도록 요구할 수 있고, 계약을 해제하면서 계약위반으로 발생한 손해배상을 함께 요구할 수 있다. 한편, UN통일매매법은 법원이나 중재법정이 계약을 위반한 매도인에게 이행을 위한 유예기간을 허용할 수 없도록 정하였다(제45조 제3항, 제61조 제3항). 유예기간의 허용은 국제무역의 성격에 비추어 적절치 않을 뿐 아니라 특정 국가의 법원이 자국민에게 편파적인 결정을 할 소지가 있기 때문이다.

1 계약이행청구권

매도인이 계약을 이행하지 않는 경우, **매수인은 원칙적으로 계약대로의 이행**(特定履行, specific performance)**을 청구**할 수 있다(제46조 제1항). 특정 이행은 언제나 허용되는 것은 아니다. 매수인은 이와 양립할 수 없는 구제수단을 사용할 때에는 이를 강제할 수 없다(제46조 제1항). 즉, 매수인이 계약해제권이나 대금반환청구권을 행사할 경우, 이행청구권을 행사할 수 없으며 이행청구권을 행사하더라도 손해배상청구권은 행사할 수 있다.

2 추가기간지정권

매수인은 매도인의 **의무이행을 위하여 합리적인 추가기간을 지정**할 수 있다(제47조 제1항).[45] 매수인은 매도인으로부터 그와 같이 지정된 기간 내에 이행을 하지 않겠다는 통지를 받지 않는 한, 그 기간 중에는 계약위반에 대한 어떤 구제수단도 [illegible]할 수 없다(제47조 제2항). 그렇지만 매수인은 이행지연에 대한 손해배상청구권을 행사할 수 있다. 추가기간지정의 의미는 매도인이 그 기간 내에 물품을 인도하지 아니하면 매수인으로 하여금 계약을 해제할 수 있도록 하는데 있다. 이러한 추가기간의 지정에 따른 계약해제는 인도불이행의 경우에만 적용된다(제49조 제1항 b호). 매수인이 추가기간을 지정한 경우 그 기간이 경과하거나, 기간 중이라도 매도인으로부터 추가기간 내에 계약을 이행하지 않겠다는 통지를 받으면 계약을 해제할 수 있다.

---

45) 추가기간지정은 우리 민법의 "이행최고(履行催告)"와 유사하다. 민법 제544조에 "당사자 일방이 그 채무를 이행하지 아니한 때에는 상대방은 상당한 기간을 정하여 그 이행을 최고하고 그 기간 내에 이행하지 아니한 때에는 계약을 해제할 수 있다"고 규정하고 있다.

3 대체물품인도청구권

UN통일매매법은 **물품이 계약에 부적합한 경우 대체물품인도청구권**을 규정하면서 엄격한 제한을 두고 있다. 즉, 그 **부적합이 근본적 계약위반에 해당**하고 매수인의 대체품의 청구가 제39조하에서 행하여지는 통지와 연계하여 그로부터 합리적인 시간 내에 행하여진 경우에 한하여 이러한 권리를 인정하고 있다(제46조 제2항). 그렇지만 매수인이 수령한 물품을 반환할 수 없거나 수령 당시와 동등한 상태로 반환할 수 없는 경우에는 대체물품인도청구권을 상실한다(제82조 제1항).

4 하자보완청구권

물품이 계약에 부적합한 경우에 모든 상황에 비추어 불합리하지 않는 한, **매수인은 매도인에 대하여 하자의 보완을 청구**할 수 있다(제46조 제3항). 물론, 이 경우에도 제39조에서 행하여지는 통지와 연계하여 그 후 합리적인 기간 내에 행하여져야 한다.

5 대금감액청구권

물품이 계약에 일치하지 않는 경우, 물품대금이 이미 지급되었는지 여부와 관계없이 매수인은 현실로 인도된 물품이 인도 시에 가지고 있던 가액이 계약에 적합한 물품이 그 때에 가지고 있었을 가액에 대하여 가지는 **비율에 따라 대금을 감액할 수 있다**(제50조).[46] 그러나 매도인이 물품의 하자를 보완하였거나 매수인이 매도인의 보완제의를 부당하게 거절한 경우 대금감액은 인정되지 않는다.

---

46) 우리 민법은 예컨대, '수량부족의 경우'에는 대금감액을 청구할 수 있으나(제574조), 물품하자에 관하여는 손해배상을 청구할 수 있을 뿐 대금감액을 청구할 수 없다.

6 계약해제권

국제거래에서는 계약유지의 이념을 실현하기 위하여 계약이행의무가 면제되는 계약해제권을 엄격히 제한하고 있다. 왜냐하면 격지 간의 물품운송에는 비용이 많이 들고, 물품이 거절될 경우 이를 외국에서 처분해야 하는 등 어려움이 많기 때문이다. UN통일매매법에 규정한 계약해제의 사유는 2가지가 있다. 첫째는 매도인의 의무위반이 **근본적 계약위반에 이르게 되는 경우**이고, 둘째는 불인도의 경우로서 매도인이 제47조 제1항에 따라 매수인이 지정한 추가기간 내에 **물품을 인도하지 않거나 그 기간 내에 자신의 의무를 이행하지 아니할 것을 명백히 한 때에 매수인은 계약을 해제**할 수 있다(제49조 제1항). 계약의 해제는 정당한 손해배상의무를 제외하고는 당사자 쌍방을 모든 계약상의 의무로부터 해방시킨다(제81조 제1항).

section

매수인 계약위반과 매도인 권리구제

매수인은 약정된 **대금을 지급**하고 계약에 따라 인도된 **물품을 수령할 의무**가 있다. 매수인이 이러한 의무를 이행하지 아니하는 경우, 매도인은 손해배상청구권, 이행청구권 및 계약해제권을 갖는다. 이 가운데 손해배상청구권은 다른 구제수단과 양립할 수 있다.

1 계약이행청구권

매수인이 자신의 의무를 이행하지 않는 경우, 매도인은 매수인에게 대금의 지급, 인도의 수령, 기타 매수인의 의무이행을 청구할 수 있다(제62조). 이러한 매도인의 권리는 제46조 매수인의 권리에 대응한다. 매도인이 이행을 청구하려면 계약해제권의 행사 등과 같은 서로 모순되는 권리구제수단을 행사할 수 없다.

2 추가기간지정권

매도인은 매수인이 **대금지급이나 물품수령을 할 수 있도록 추가기간을 지정**할 수 있다(제63조 제1항). 이 조항은 매수인에게 추가기간을 지정할 권리를 부여한 제47조에 대응하는 조항이다. 만약, 매수인이 추가기간 내 자신의 의무를 이행하지 않을 경우,

매도인은 매수인의 계약위반이 '근본적(fundamental)'임을 입증하지 않고서도 계약해제를 선언할 수 있다. 매도인의 추가기간의 지정 및 그 기간 내 불이행에 대한 계약해제는 매수인의 가장 큰 의무인 물품수령 및 대금지급의 경우에만 가능하다(제64조 제1항 b호). 그러므로 다른 채무불이행 예컨대, 물품의 명세를 확정하지 아니하는 경우에는 그 위반이 근본적인 경우에 한하여 계약을 해제할 수 있다.

3 물품명세확정권

물품명세확정권이란 계약상 매수인이 물품의 형식, 규격, 기타 특징을 명세하여야 하는 경우, 매수인이 합의된 기일 또는 매도인으로부터 요청을 받은 후 상당한 기간 내에 이러한 물품명세를 확정하지 아니한 때에는 **매도인은 매수인의 요구사항을 참작하여 스스로 물품명세를 확정**할 수 있다(제65조 제1항). 국제물품매매계약에서 물품의 구체적 내용 중 기본적인 사항만을 약정한 다음 구체적인 항목은 추후에 매수인이 정하도록 하는 내용의 계약을 체결하였다가 그 후 시황의 변동에 따라 매수인이 그 물품의 구매를 원치 않게 되자 그 구체적 명세를 지정하지 아니함으로써 계약의 파기를 시도하는 경우가 있다. 제65조는 이러한 경우를 대비한 조항이다. 매도인이 스스로 물품명세를 확정하는 경우에는 매도인은 매수인에게 이에 관한 세부사항을 통지하여야 하고, 매수인이 통지를 받고 상이한 물품명세를 확정하지 아니하는 경우에는 매도인이 확정한 물품명세가 구속력을 갖는다(제65조 제2항).

4 계약해제권

매도인은 ① 매수인의 의무불이행이 근본적 계약위반인 경우와 ② 지정한 추가기간 내 매수인이 대금지급 또는 물품수령의무를 이행하지 아니하거나, 지정된 기간 내

이행을 하지 않겠다는 선언을 한 경우에는 계약을 해제할 수 있다(제64조 제1항).

그러나 매수인이 대금을 지급한 경우 매도인은 ① 매수인이 계약이행을 지체하였거나 매도인이 매수인의 이행사실을 이미 알고 있는 경우에는 계약을 해제할 수 없다. 또한, ② 이행지체 이외의 계약위반인 경우 매도인이 위반을 알았거나 알았어야 한 때, 또는 매도인이 지정한 추가기간이 종료한 때, 또는 매수인이 그러한 추가기간 내의 의무이행거절을 선언한 때로부터 합리적인 시간 내에 해제하지 않는 한, 계약해제권은 상실된다(제64조 제2항).

section

매도인과 매수인의 공통된 권리구제

계약위반은 아니지만 계약위반에 임박한 상황인 이행기전의 계약위반과 분할이행 계약에서 상대방이 행사할 수 있는 구제로, 이행정지와 계약해제가 있다(제71조~제73조). 또한, 손해배상청구 시 손해액의 산정에 관한 규칙(제74조~제77조), 지체된 금액의 이자에 관한 조항(제78조), 면책(제79조~제80조), 그리고 계약해제의 효과(제81조~제88조) 등이 있다.

1 이행기 전의 계약위반

당사자 일방의 의무불이행이 명확하게 된 경우에도 상대방만이 이행을 하여야 한다면 형평의 원칙에 맞지 않는다. 따라서 당사자 일방은 계약체결 후 상대방의 이행능력 또는 신용상의 중대한 결함, 또는 계약의 이행준비나 이행상의 행위로 인하여 그 의무의 중요부분을 불이행할 것이 명백하게 된 경우에는 자신의 의무이행을 정지할 수 있다(제71조 제1항).

그렇지만 UN통일매매법은 이행의 정지가 "상대방이 그 의무의 중요한 부분을 이행하지 않으려고 함이 명백하게 되었을 때"만 허용된다. 즉, 불이행의 가능성이 크다는 사실을 보여주는 객관적 정황증거가 있는 경우에만 인정된다. 일방당사자의 불이행의 가능성이 명백해지기 전에 이미 물품을 발송한 매도인은 선하증권 등과 같이 물품의 점유권을 부여하는 증서를 매수인이 소지하고 있더라도 매수인에게 물품이 인도되지 못하도록 방지할 수 있다(제71조 제2항).

그러나 현실적으로 매수인이 물품의 권리를 나타내는 선하증권을 제3자에게 양도한 경우에는 이를 정지시킨다는 것은 사실상 불가능한 일이 될 것이다. 따라서 운송 중 물품의 인도 중지에 관한 규정은 매매당사자 상호 간의 물품에 대한 권리에만 적용되고 제3자의 권리를 해하지 못한다. 이행을 정지하는 당사자는 물품발송 전후를 불문하고 상대방에게 즉시 정지에 관한 통지를 하여야 한다. 그리고 상대방이 적당한 이행의 보장을 제공한 경우에는 이행을 계속하여야 한다(제71조 제3항). 통지를 받은 당사자로부터 적절한 보장이 없으면 통지 당사자는 계약을 곧 해제하고 손해배상을 청구할 수 있다(제72조). 이를 이행기전의 계약해제라 한다.

2 손해배상청구권

손해배상책임조항은 매매당사자의 공통된 의무조항이다. 이 구제방법은 다른 구제방법과 병행하여 행사할 수 있다. UN통일매매법은 이에 관하여 4개 조항을 두고 있다. 먼저, 제74조는 손해액산정의 일반원칙을 규정하고 있다. 제75조와 제76조는 계약이 해제된 경우의 손해액의 산정기준을 규정하고 있으며 제77조는 손해경감의무를 규정하고 있다.

1) 손해액산정의 일반원칙

당사자의 계약위반으로 인한 손해는 이익의 상실을 포함하여, 위반의 결과 상대방이 입은 손해액 총액과 동일하다(제74조 제1항). 즉, UN**통일매매법상의 손해배상의무는 계약위반자가 계약을 이행하였더라면 얻을 수 있었던 이익까지**를 당연히 배상하여야 한다. 그런데 계약위반으로 입은 손해는 경우에 따라서는 예상을 넘어 극심할 수도 있다. 이러한 경우를 대비하여 UN통일매매법은 그러한 손해는 위반당사자가 알았거나 알았어야만 하는 사실을 기초로 하여 계약체결 당시 그가 계약위반의 가능한 결과로 "예상하였거나 예상하였어야만 하는" 손실액을 초과할 수 없다고 규정하고 있다. 결국, UN통일매매법상의 손해배상의 일반원칙은 우리 민법과 유사하다고 할 수 있다.

2) 계약해제의 경우 손해액 산정

UN통일매매법상 피해당사자는 계약해제와 동시에 자신이 입은 손해를 배상청구할 수 있다. 이 경우 손해액의 산정방법은 피해당사자가 대체거래(substitute transaction)를 한 경우와 그렇지 않는 경우로 나누어 규정하고 있다. 계약이 해제되고 해제 후 합리적인 방법과 기간 내에 매수인이 대체물품을 매입하거나 매도인이 재매각한 경우, 손해배상청구 당사자는 제74조에 의하여 **배상받을 수 있는 손해뿐만 아니라 계약상의 가액과 대체거래가액의 차액을 배상**받을 수 있다(제75조). '대체거래가격'을 정함에 있어 피해당사자가 계약위반으로 인하여 지출하지 않아도 되는 비용은 손해액에서 공제할 수 있다. 그러나 대체거래를 함으로써 수송비용 등 기타 비용이 증가하였다면 이는 계약위반으로 인하여 발생한 손해이기 때문에 당연히 배상을 청구할 수 있다.

한편, **피해당사자가 대체거래를 아니하였거나 대체거래를 하였더라도 그것이 상당기간 내에 합리적인 방법으로 행하여진 것이라고 인정되지 않거나, 계약을 해제한 당사자가 여러 차례 같은 거래를 하는 것이 해제된 계약의 대체거래에 해당하는지의 여부를 판단할 수 없는 등의 경우에는 손해액은 물품의 시가**(current price)**에 의하여 결정**된다. 시가의 기준시점은 물품이 인도되는 시점 또는 그 이전에 피해당사자가 매매계약을 해제한 경우에는 손해액은 계약해제 시의 시가에 의하여 결정된다(제76조 제1항). 또한, 시가의 기준장소에 관하여는 '물품이 인도되어야 하는 장소의 일반적인 가격'으로 한다(제76조 제2항). 물품이 공공시장에서 거래되는 때에는 그 시장가격에 의하여, 그러한 공공시장이 없는 때에는 거래관행에 의하여 시가를 결정하게 된다.

3) 손해경감의무

계약위반을 주장하는 당사자는 그 위반으로 인하여 발생하는 이익의 상실을 포함한 손실의 감소를 위하여 상황에 따라 합리적인 조치를 취하여야 한다(제77조). 이것은 피해당사자의 손해경감의무이다. 피해당사자가 손해의 경감을 위하여 노력하는 것은 UN통일매매법의 일반원칙(general principle)이다. 매매계약에서 구체적으로 행하여지는 손해경감조치는 재매입이나 재매각을 들 수 있다. 피해당사자가 손해경감의무를 다하지 않는 경우 위반당사자는 감소될 수 있는 손해액만큼의 감액을 청구할 수 있다(제77조). 이로써 피해당사자의 손해경감의무는 계약위반자의 손해배상액의 범위를 제한하는 역할을 한다.

3 손해배상책임의 면제

당사자의 계약불이행으로 인하여 피해를 입었음에도 불구하고 상대방이 손해배상을 받을 수 없는 경우가 있다. 이것이 바로 **면책**이다. 매매당사자 간의 계약에서 손해배상책임이 면제되는 경우는 다음과 같다. 첫째, 계약에 면책조항(Exemption Clause)이나 책임부인조항(Disclaim Clause)을 삽입하는 경우이다. 이러한 조항들의 유효성은 국내법에 따르지만, 대부분의 국가에서 이들이 공서양속에 위반될 정도로 부당하지 않는 한 그 효력을 인정하고 있다. 둘째, 상대방의 계약불이행이 자신의 작위·부작위로 인한 경우에는 상대방의 불이행을 주장할 수 없다(제80조). 셋째, 당사자 쌍방에 그 책임을 돌릴 수 없는 사정에 의하여 이행이 불가능하게 된 경우가 있다. 이에 관하여는 영미법계와 대륙법계 사이에 개념 및 효과에 차이가 있으나 여기에 적용되는 법리는 **이행불능**(Impossibility), **불가항력**(Force Majeure), **천재지변**(Act of God), **계약목적달성불능**(Frustration) 등이 있다.

계약해제의 효력

1 이행의무의 면제 및 원상회복(CISG 제81조)

(1) 계약의 해제는 **손해배상의무를 제외하고 당사자 쌍방을 계약상의 의무로부터 면하게 한다.** 해제는 계약상의 분쟁해결조항 또는 해제의 결과 발생하는 당사자의 권리의무를 규율하는 그 밖의 계약조항에 영향을 미치지 아니한다.

(2) 계약의 전부 또는 일부를 이행한 당사자는 상대방에게 자신이 계약상 공급 또는 지급한 것의 반환을 청구할 수 있다. 당사자 쌍방이 반환하여야 하는 경우에는 동시에 반환하여야 한다.

2 물품의 원상회복 불가(CISG 제82조)

(1) **매수인이 물품을 수령한 상태와 실질적으로 동일한 상태로 그 물품을 반환할 수 없는 경우에는, 매수인은 계약을 해제하거나 매도인에게 대체물을 청구할 권리를 상실**한다.

(2) 제1항은 다음의 경우에는 적용되지 아니한다.

(가) 물품을 반환할 수 없거나 수령한 상태와 실질적으로 동일한 상태로 반환할 수 없는 것이 매수인의 작위 또는 부작위에 기인하지 아니한 경우

(나) 물품의 전부 또는 일부가 제38조에 따른 검사의 결과로 멸실 또는 훼손된 경우

(다) 매수인이 부적합을 발견하였거나 발견하였어야 했던 시점 전에, 물품의 전부 또는 일부가 정상적인 거래과정에서 매각되거나 통상의 용법에 따라 소비 또는 변형된 경우

3 기타 구제권의 행사(CISG 第83조)

매수인은, 제82조에 따라 계약해제권 또는 대체물인도청구권을 상실한 경우에도, 계약과 이 협약에 따른 그 밖의 모든 구제권을 보유한다.

4 이자와 이익의 반환(CISG 第84조)

(1) 매도인은 대금을 반환하여야 하는 경우, **대금이 지급된 날부터 그에 대한 이자도 지급**하여야 한다.

(2) 매수인은 다음의 경우에는 물품의 전부 또는 일부로부터 발생된 모든 이익을 매도인에게 지급하여야 한다.

(가) 매수인이 물품의 전부 또는 일부를 반환하여야 하는 경우

(나) 물품의 전부 또는 일부를 반환할 수 없거나 수령한 상태와 실질적으로 동일한 상태로 전부 또는 일부를 반환할 수 없음에도 불구하고, 매수인이 계약을 해제하거나 매도인에게 대체물의 인도를 청구한 경우

section

물품의 보관

1 매도인의 물품보관의무(CISG 第85조)

매수인이 물품 인도의 수령을 지체하거나 또는 대금지급과 물품 인도가 동시에 이루어져야 함에도 매수인이 대금을 지급하지 아니한 경우로서, 매도인이 물품을 점유하거나 그 밖의 방법으로 그 처분을 지배할 수 있는 경우에는, **매도인은 물품을 보관하기 위하여 그 상황에서 합리적인 조치**를 취하여야 한다. **매도인은 매수인으로부터 합리적인 비용을 상환받을 때까지 그 물품을 보유**할 수 있다.

2 매수인의 물품보관의무(CISG 第86조)

(1) 매수인이 물품을 수령한 후 그 물품을 거절하기 위하여 계약 또는 이 협약에 따른 권리를 행사하려고 하는 경우에는, 매수인은 물품을 보관하기 위하여 그 상황에서 합리적인 조치를 취하여야 한다. **매수인은 매도인으로부터 합리적인 비용을 상환받을 때까지 그 물품을 보유**할 수 있다.

(2) 매수인에게 발송된 물품이 목적지에서 매수인의 처분하에 놓여지고, 매수인이 그 물품을 거절하는 권리를 행사하는 경우, 매수인은 매도인을 위하여 그 물품을 점유하여야 한다. 다만, 대금지급 및 불합리한 불편이나 경비소요 없이 점유할 수 있는 경우에 한한다. 이 항은 매도인이나 그를 위하여 물품을 관리하는

자가 목적지에 있는 경우에는 적용되지 아니한다. 매수인이 이 항에 따라 물품을 점유하는 경우에는, 매수인의 권리와 의무에 대하여는 제1항이 적용된다.

3 창고임치(CISG 제87조)

물품을 보관하기 위한 조치를 취하여야 하는 당사자는 그 비용이 불합리하지 아니하는 한, **상대방의 비용으로 물품을 제3자의 창고에 임치**할 수 있다.

4 물품의 매각(CISG 제88조)

(1) 제85조 또는 제86조에 따라 물품을 보관하여야 하는 당사자는 상대방이 물품을 점유하거나 반환받거나 또는 대금이나 보관비용을 지급하는 데 불합리하게 지체하는 경우에는, **상대방에게 매각의사를 합리적으로 통지하는 한, 적절한 방법으로 물품을 매각**할 수 있다.

(2) 물품이 급속히 훼손되기 쉽거나 그 보관에 불합리한 경비를 요하는 경우에는, 제85조 또는 제86조에 따라 물품을 보관하여야 하는 당사자는 물품을 매각하기 위하여 합리적인 조치를 취하여야 한다. 이 경우에 가능한 한도에서 상대방에게 매각의사가 통지되어야 한다.

(3) 물품을 매각한 당사자는 매각대금에서 물품을 보관하고 매각하는 데 소요된 합리적인 비용과 동일한 금액을 보유할 권리가 있다. 그 차액은 상대방에게 반환되어야 한다.

MEMO

CHAPTER 09

무역클레임과 상사중재

section

무역클레임

1 클레임의 의의

국제상거래에서 클레임(claim)이란 매매당사자(매도인/매수인) 일방이 매매계약상의 손해를 입은 경우, 손해를 일으키게 한 상대방에게 손해배상금 청구 또는 기타의 의무 이행을 요구하는 것을 말한다.

2 클레임의 해결방법

클레임의 해결방법으로는 클레임의 포기(waiver of claim), 화해(amicable settlement), 알선(intercession), 조정(conciliation 또는 mediation), 중재(arbitration) 및 소송(litigation)이 있다. 이 가운데 클레임의 포기와 화해는 당사자 간의 해결방법이고 나머지는 제3자에 의한 해결방법이다.

1) 클레임의 포기

실제로 국제상거래에서 클레임의 포기는 빈번히 일어나고 있다. 그 원인은 피청구인이 청구인에게 클레임의 내용과 다른 조건을 만족시켜 주거나, 시간이 흐르면서 클레임을 제기할 가치가 없다고 판단하거나, 상대방의 반응이 없기 때문에 스스로 포기하는 경우 등이 있다.

2) 화해

클레임을 **제3자의 개입 없이 당사자 간의 자주적인 교섭으로 해결**하는 것을 화해라고 한다. 당사자 간의 교섭에 의하여 타협점이 모색되면 화해가 이루어지는데, 실무적으로 이것이 가장 바람직하며 실제로 클레임의 대부분이 이 방법에 의하여 해결되고 있다.

3) 알선

알선이란 **공정한 제3의 기관이 당사자의 일방 또는 쌍방의 의뢰에 의하여 클레임 사건에 개입하여 해결을 위한 조언**을 하는 것을 말한다. 알선기관으로서 국제적으로 널리 이용되고 있는 곳이 상업회의소(Chamber of Commerce)이다.

4) 조정

조정은 양 당사자가 **공정한 제3자를 조정인**(mediator)**으로 선임하고 조정인이 제시하는 구체적인 조정안에 대하여 합의**함으로써 클레임을 해결하는 것을 말한다. 조정은 양 당사자의 합의에 의하여 행하여지므로 일방이 조정을 신청하더라도 상대방이 이에 응하지 않으면 효력을 발휘할 수 없다. 더욱이 당사자는 제시된 조정안을 수락할 의무가 없으므로, 만약 어느 일방이 조정안에 불복하면 결국, 조정은 실패로 돌아간다. 이러한 의미에서 조정은 중재나 소송에 비해 불완전한 분쟁해결방법이라고 할 수 있다.

5) 중재

중재(仲裁)란 분쟁발생 시 당사자 간의 합의 즉, 중재계약에 따라 사법상의 권리, 기타 법률관계에 관한 분쟁을 법원의 소송절차에 의하지 않고, **私人인 제3자를 중재인으로 선정하여 그 분쟁을 중재인(중재판정부)의 결정에 맡기는 동시에 최종적으로 그 판정에 복종함으로써 분쟁을 해결하는 제도**이다. 이를 상술하면, **첫째, 私人이 분쟁발**

생 전 또는 분쟁발생 이후 중재합의를 하여야 한다. 즉, 당사자 간에 그들의 분쟁해결 권한을 제3자인 중재인에게 부여하는 합의를 하여야 한다. **둘째, 중재인은 국가기관이 아닌 私人이어야 하고, 그 중재 권한이 국가권력이 아닌 당사자 간 합의로부터 기인**하여야 한다. **셋째, 중재인은 사법절차에 있어서의 법관과 같이 중재판정을 내려야 하므로 중립적이고 공정**하여야 한다. **넷째, 중재판정부는 반드시 중재판정을 하여야 하고, 당사자는 그 판정에 따라야 한다.** 중재제도에 관하여는 본 장 제2절에서 상세히 다룬다.

6) 소송

소송은 국가기관인 **법원의 판결에 의하여 분쟁을 강제적으로 해결하는 방법**이다. 계약서상에 클레임을 중재로 해결한다는 뜻의 합의가 있는 경우는 별문제가 없으나, 그렇지 않은 경우에는 상대방을 강제하기 위한 최후의 수단으로 국가권력의 발동을 요청하고 국가권력에 의하여 강제력을 행사할 수밖에 없다. 그러나 국제거래의 상대방은 법역이 다른 외국에 거주하는 것이 보통이므로 자국의 재판권이 타국에 미칠 수 없는 한계성이 있다. 특히, 양국 가운데 어느 곳이 재판관할권(jurisdiction)이 있는지에 관하여도 의견이 상충될 수 있다. 이 외에도 재판지의 소송절차, 타국 법원 판결의 집행 등도 문제가 된다. 따라서 국제상거래에서 발생하는 분쟁이 당사자 간 화해로 해결되지 않을 경우, 중재로 해결하는 것이 합리적이고 보편적이다.

section

02 상사중재제도

1 개요

국제물품매매계약은 상이한 국가에 소재하는 당사자 간에 이루어지는 매매계약으로서 그에 따라 매도인은 매수인에게 물품을 인도(소유권 이전 포함)하고 매수인은 그 물품의 수령에 대하여 대금을 지급하는 데 궁극적인 목적이 있다. 이러한 목적을 달성하기 위하여 계약은 신의성실의 원칙 아래에서 이행되어야 한다. 그러나 거래의 이행 중에 또는 그 후에 당사자 간의 이해대립으로 인하여 다양한 갈등과 분쟁이 발생하게 되며, 이를 해결하기 위하여 당사자들은 각자에게 유리한 방법을 찾게 된다. 그 대표적인 방법으로는 종래 **소송과 대체적 분쟁해결**(Alternative Dispute Resolution; ADR)이 있다.

먼저, 소송은 재판관할, 준거법, 외국의 재판 및 판결에서 야기되는 공정성 · 독립성의 문제점을 안고 있는 외에도, 많은 시간과 비용이 요구된다는 현실적인 어려움을 지니고 있다. 특히, 피해당사자는 대개 상대방 국가의 법원에 소송을 제기하여야 하는데, 이 때 언어, 교통 및 소송제도 등에 익숙하지 못하여 많은 어려움을 겪게 되고, 특히 타국법원의 편파성에 대한 불안감도 적지 않다. 또한, 자국법원에 소송을 제기하여 승소하더라도 이를 상대방 국가에서 집행을 하고자 할 때 상당한 제약이 따른다. 그러므로 국제계약의 당사자들은 그 분쟁의 해결을 소송에 의하지 않고 오히려 보다 적합한 해결법을 찾고자 한다. 이러한 재판제도의 단점을 극복하여 분쟁당사자 간의 자치에 의하여 분쟁을 해결하는 방안이 이른바 ADR이다. 대표적인 것으로 화해, 알선, 조정, 중재 등이 있는데, 그중에서 **중재가 가장 보편적이다**.

중재는 계약적 요소(contractual element)와 사법적 요소(judical element)가 결합되어 있다. 전자는 당사자의 합의 없이는 중재라는 분쟁해결방법을 이용할 수 없음을 의미하며, 후자는 선정된 중재인이 국가가 임명한 법관과 같은 권한을 갖고 자신에게 맡겨진 문제를 공정하게 판정하여야 함을 의미한다. 따라서 당사자가 분쟁발생시 소송대신에 중재를 이용하기 위해서는 이를 위한 **당사자 간의 합의**(중재합의)**가 필요**하며, 이를 통하여 중재인은 중재이용의 기초를 확보하게 된다. 합의의 구체적인 방법으로는 **장래의 분쟁이 발생하는 경우에 이를 중재로 해결하기로 계약 시에 합의하는 계약조항인 중재조항**(Arbitration Clause)과 **이미 발생한 분쟁을 중재로써 해결하기로 하는 중재부탁**(회부)**계약**(Submission to Arbitration Agreement)이 있다. **전자를 사전합의**, **후자를 사후합의**라고도 한다.

이 가운데 후자는 실현가능성이 높지 않다. 왜냐하면 계약위반 당사자의 입장에서는 가능한 한 분쟁해결을 지연시키는 것이 자신에게 유리하다고 판단할 가능성이 높기 때문에 분쟁이 발생한 후에는 중재회부에 합의하기를 원하지 않을 수 있다. 따라서 **실무적으로는 중재조항을 계약서에 삽입하는 것이 바람직**하다.

2 중재제도의 장점 및 단점

1) 중재제도의 장점

(1) 자주적 분쟁해결방식

중재는 원칙적으로 중재계약으로부터 중재판정에 이르는 모든 절차를 **당사자의 합의로 결정할 수 있는 자주적 분쟁해결방식**이다. 이에 반하여 소송은 일방당사자의 제소로 국가가 임명한 재판관에게 사건의 해결을 맡기고 상대방은 피고의 입장에서 항변하도록 강요당하는 강제적 분쟁해결제도이다. 또한, 중재는 당사자의 의사를 존중하여 별도의 격식 없이 평화적 분위기 속에서 진행되는 데 반하여, 소송은 엄격히 법정절차의 진행에 따라서 공식적으로만 진행된다.

(2) 신속한 해결방식

일반적으로 소송은 3심제이므로 패소한 당사자가 3심제를 악용하여 무리하게 지연작전을 펼 가능성이 있으나, 중재는 **단심제이므로 분쟁이 신속히 종료**될 수 있다.

(3) 경제적 해결방식

중재는 단심제이고 소송의 경우와 같이 변호사를 선임할 필요가 없으므로 **비용이 적게** 든다.

(4) 절차의 비공개

민사소송은 공개를 원칙으로 하나 중재는 비공개를 원칙으로 한다. 따라서 **기업의 기밀보장이 가능**하게 된다.

(5) 중재인의 전문성 활용

소송의 경우 재판관의 선정에 있어 분쟁당사자가 관여할 수 없으나, 중재의 경우 양당사자의 합의로 **분쟁 내용에 적합한 전문가로** 중재판정부를 구성할 수 있다.

(6) 비적대성

중재는 분쟁해결을 대화와 양보로 해결하고자 하기 때문에 기본적으로 화해에 의한 분쟁해결방식이다. 따라서 중재는 양당사자를 모두 승리자로 만들고 **중재가 끝난 뒤에도 당사자 간 거래가 지속**되는 경우가 많으므로 비록 분쟁당사자 간이라고 하여도 소송의 경우처럼 적대적인 관계가 아니다.

(7) 중재판정효력의 국제성

중재판정은 국내적 효력(법원의 확정판결과 동일) 외, **뉴욕협약에 의하여 국제적으로도 그 집행이 보장**되기 때문에 그 실효성이 매우 크다.

2) 중재제도의 단점

(1) 예측가능성의 결여

소송은 엄격한 절차법에 따라 진행되고 엄격한 실체법이 적용되므로 당사자가 재판결과를 어느 정도 예측할 수 있다. 그러나 중재에서는 법률이 엄격히 적용되지 않으므로 그 결과를 예측하기 어렵다.

(2) 강제성의 결여

소송의 경우에 판사에게는 법률에 의하여 각종 권한이 부여되어 있으나 중재인에게는 아무런 강제적인 권한이 부여되고 있지 않다. 따라서 증거조사에 있어 증인 및 감정인이 응하지 않을 때에는 중재인은 법원에 협력을 구할 수밖에 없다.

(3) 단심제

중재는 원칙적으로 단심에 의해 판정이 내려지며, 중재절차상의 하자 등의 원인에 의한 취소소송에 의해서만 불복이 가능하다.

(4) 중재판정의 집행에 따른 문제

패소당사자가 중재판정에 따른 집행을 이행하지 않는 경우, 그 집행을 실현시키기 위해서는 법원으로부터 집행문의 부여를 받아야 하는 별도의 민사소송법상의 절차를 거쳐야 한다.

3 중재합의의 방식 및 효력

1) 중재합의의 방식

중재합의는 원칙적으로 서면에 의하여야 한다. 우리 중재법 제8조는 서면에 의한 합의로 보는 경우를 다음과 같이 정하고 있다. 즉, 구두나 행위 그 밖의 어떠한 수단에 의하여 이루어진 것인지 여부와 관계없이 중재합의의 내용이 기록된 경우, 전보, 전신, 팩스, 전자우편 또는 그 밖의 통신수단에 의하여 교환된 전자적 의사표시에 중재합의가 포함된 경우, 어느 한쪽 당사자가 당사자 간에 교환된 신청서 또는 답변서의 내용에 중재합의가 있는 것을 주장하고 상대방 당사자가 이에 대하여 다투지 아니하는 경우, 계약이 중재조항을 포함한 문서를 인용하고 있는 경우이다.

앞에서 설명하였듯이, 중재합의는 중재의 대상이 되는 분쟁이 발생하기 전에 합의해 두는 사전합의방식과 이미 발생한 분쟁을 중재로 해결하기 위하여 합의하는 사후합의방식으로 나눌 수 있다. 그러나 대부분의 경우 분쟁이 발생한 후에는 중재합의가 이루어지기가 어려우므로 주된 계약체결 시에 계약서의 한 조항으로서 중재조항을 삽입하는 것이 가장 바람직하다. 중재합의를 할 때에는 중재를 행할 중재지, 중재기관 및 적용할 준거법 등을 명확하게 명시하여 중재절차 진행 시 이와 같은 기본적 사항에 대한 다툼의 소지를 없애는 것이 바람직하다.

2) 중재합의의 효력

(1) 직소 금지

우리 중재법 제9조 제1항에서는 "중재합의의 대상인 분쟁에 관하여 소가 제기된 경우에 피고가 중재합의가 있다는 항변을 하였을 때에는 법원은 그 소를 각하하여야 한다"라고 규정하고 있다. 즉, 중재합의가 있음에도 불구하고 상대방이 법원에 소를 제기하였을 경우, 1차 변론기일 전까지 본안전 항변을 통하여 중재계약이 있음을 주장, 입증하면 법원은 소 각하 판결을 하게 된다.

(2) 최종 해결

우리 중재법 제35조는 "중재판정은 양 당사자 간에 법원의 확정판결과 동일한 효력을 가진다"고 규정하여 분쟁을 한 번에 해결함을 확실하게 천명하고 있다. 즉, 중재판정이 일단 내려지면 소송과 같이 불복절차인 항소나 상고제도가 허용되지 않는다는 것을 의미하며 대법원판결과 동일한 효력이 있다.

(3) 국제적 효력

중재판정은 국제적으로는 "외국중재판정의 승인 및 집행에 관한 UN 협약" (United Nations Convention on the Recognition and Enforcement of Foreign Arbitral Awards; 뉴욕협약, 1958년 채택, 1973년 한국 가입)에 의하여 국제적 효력을 인정받고 있다. 이 협약에 따라 우리나라에서 내려진 중재판정이 외국에서 승인·집행되며, 반대로 외국에서 내려진 중재판정 역시 우리나라에서 승인·집행이 보장된다. 그러나 우리나라가 이 협약에 가입할 때 한국법상 상사관련 분쟁에 한하고, 상호 체약국인 경우에 한해서만 이 협약을 적용한다는 유보선언을 하였다.

중 재 합 의 서

아래 당사자들은 아래 내용의 분쟁을 대한상사중재원의 중재규칙 및 대한민국 법에 따라 대한상사중재원(KCAB)에서 중재에 의하여 해결하기로 하며, 본 분쟁에 대하여 내려지는 중재판정은 최종적인 것으로 모든 당사자에 대하여 구속력을 가지는 것에 합의한다.

1. 분쟁 내용 요지 : (예: 계약(주문)번호xxx에 관련한 모든 분쟁)
2. 부가사항 : (중재인 수나 위 규칙 제8장에 따른 신속절차 및 형평과 선에 의한 판정 가능 여부 등에 관하여 합의할 수 있음)

20 . . .

상 사 명:	**상 사 명:**
위 대표자: ㊞	**위 대표자:** ㊞
주 소: ______________	**주 소:** ______________
______________	______________
위 대리인: ㊞	**위 대리인:** ㊞

4 표준중재조항

각국의 주요 중재기관에서는 중재의 효율성을 높이고 신속한 중재절차의 진행을 위해 당사자들이 중재계약을 체결할 때 쉽게 이용할 수 있도록 표준중재조항을 마련해 놓고 있다. 계약서에 이러한 표준중재조항을 삽입하면 중재합의에 관한 다툼 없이 중재를 진행할 수 있다. 대한상사중재원(KCAB)의 표준중재조항은 다음과 같다.

1) 일반절차

(1) 국내거래

"이 계약으로부터 발생되는 모든 분쟁은 대한상사중재원에서 국내중재규칙에 따라 중재로 해결한다."

(2) 국제거래(국문)

"이 계약으로부터 발생되는 모든 분쟁은 대한상사중재원에서 국제중재규칙에 따라 중재로 해결한다."
중재인의 수 [1/3], 중재지 [서울/대한민국], 중재에 사용될 언어 [언어]

(3) 국제거래(영문)

"Any disputes arising out of or in connection with this contract shall be finally settled by arbitration in accordance with the International Arbitration Rules of the Korean Commercial Arbitration Board."
The number of arbitrators shall be [one / three]
The seat, or legal place, of arbitral proceedings shall be [Seoul / South Korea]

2) 중재방식

(1) 단독중재인의 경우

"이 계약과 관련하여 당사자 간에 발생하는 모든 분쟁은 대한민국 서울에서 대한상사중재원의 국내(국제)중재규칙과 대한민국 법에 따라 중재에 의하여 최종적으로 해결한다. 중재판정부는 양 당사자들의 합의에 따라 1인으로 구성한다."

"All disputes which may arise between the parties, in relation to this contract, shall be finally settled by arbitration in Seoul, Korea in accordance with the Domestic(International) Arbitration Rules of the Korean Commercial Arbitration Board and under the Law of Korea. The dispute shall be decided by a sole arbitrator appointed by agreement of both parties."

(2) 3인 중재판정부의 경우

"이 계약과 관련하여 당사자 간에 발생하는 모든 분쟁은 대한민국 서울에서 대한상사중재원의 국내(국제)중재규칙과 대한민국 법에 따라 중재에 의하여 최종적으로 해결한다. 중재판정부는 3인으로 구성하되 각 당사자는 각자 1인의 중재인을 선정하고, 이에 따라 선정된 2인의 중재인들이 합의하여 의장중재인을 선정한다."

3) KCAB 중재의 활용

(1) 표준중재조항

All disputes, controversies, or differences which may arise between the parties, out of or in relation to or in connection with this contract, or for the breach thereof, shall be finally settled by arbitration in Seoul, Korea in accordance with the Commercial Arbitration Rules of The Korean Commercial Arbitration Board and under the Law of Korea. The award rendered by the arbitrators shall be final and binding upon both parties concerned.

(2) 중재절차

중재절차는 중재사건이 접수되어 판정이 내려질 때까지의 전 과정을 의미한다. 중재절차도 계약자유의 원칙에 따라 당사자 간 합의로 정할 수 있으나 만약 당사자 간 이러한 절차에 관하여 합의가 없는 경우, 우리나라에서는 중재법 및 대한상사중재원의 중재규칙에 따른다. 중재절차는 중재신청서 접수 → 중재비용예납 → 중재신청의 접수통지 → 중재인 선정(1인 또는 3인) → 제1차 심문기일통지 → 심문개최 → 피신청인으로부터 반대신청서 접수 → 심문종결 → 중재판정 → 중재판정문 정본(당사자) 및 원본(법원) 송달 → 사건종결 순으로 진행된다.

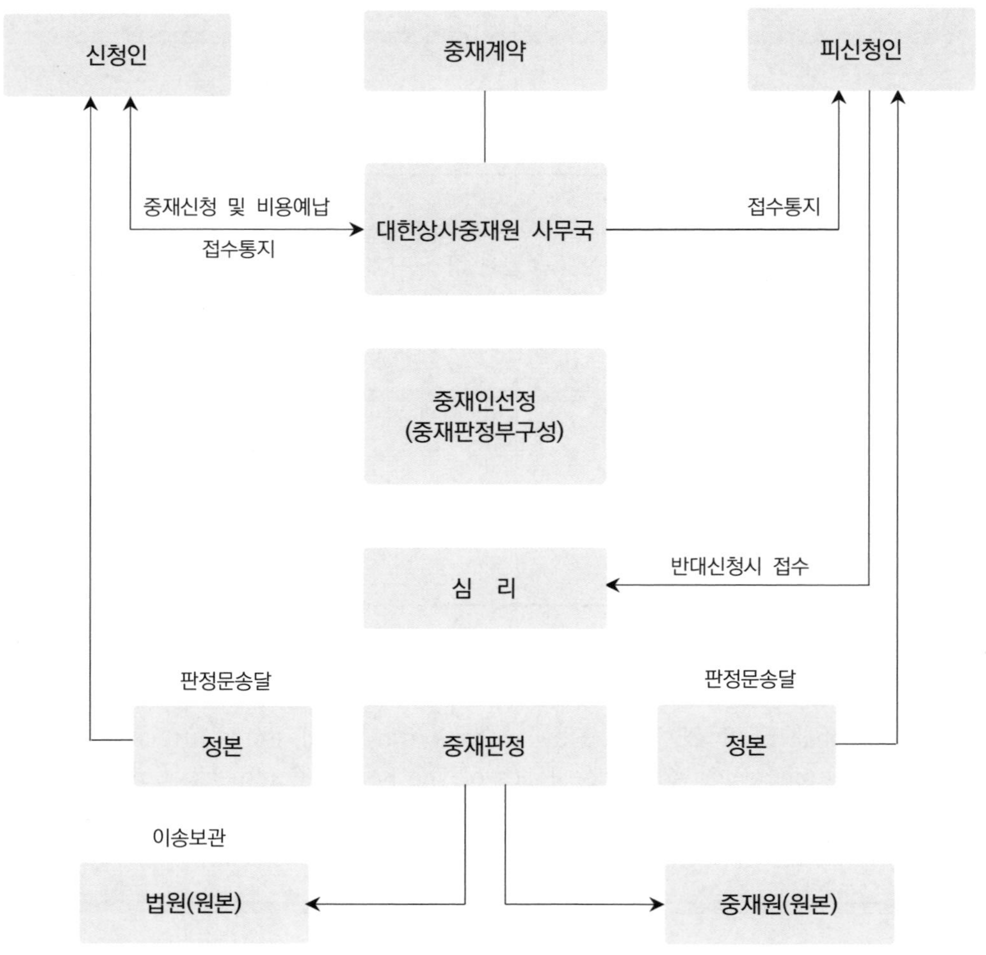

5 주요 국제중재기관

1) 국제중재법원(ICC International Court of Arbitration)

ICC는 전세계 민간기업의 대변기관으로서 상업·공업·운송·금융·보험·통신 등 모든 국제통상 분야에서 민간기업의 활동을 촉진하고 건전한 시장경제체제의 발전을 도모하는 한편, 국제무역규칙 제정 및 기업인 간의 교류를 통한 국제경제협력의 기회를 확대하는데 목적을 두고 있다. 특히, ICC 중재법원은 국제상사분쟁의 중재를 통한 해결을 담당하는 가장 대표적이고 신망이 있는 국제중재기구이다. ICC 중재법원은 1919년에 설립되었으며 그 본부를 프랑스 파리에 두고 있다. ICC 중재규칙은 그동안 수차례의 개정을 거쳐 현재, 2021년 최종 개정된 총 43개 조항의 중재규칙을 사용하고 있다.

ICC 중재의 대표적인 특징은 첫째, 쟁점정리사항서(terms of reference, 제18조)의 작성, 둘째, 중재법원의 판정문 초안의 정사 및 승인(scrutiny of the award, 제27조), 셋째, 중재비용의 당사자 간 균등예납(equal shares, 제30조), 넷째, 중재인 선정에서의 중재법원의 확인(confirmation, 제9조) 등이다.

2) LCIA(London Court of International Arbitration)

LCIA는 City of London Corporation의 주도로 1892년에 설립되었다. 중재지는 런던의 국제중재센터이고 독자적인 중재규칙인 LCIA Arbitration Rules(2020)을 가지고 있는 세계에서 가장 오래된 중재기구이다. LCIA는 그 소재지가 런던이지만 세계 어디에서도 포괄적인 상사중재 서비스를 제공할 수 있으며, 범세계적인 서비스를 유지하고 국제비즈니스계의 변화에 적응할 필요성에 따라 세계의 주요 거래영역을 커버하는 사용자심의회(User's Council)를 구성하여 LCIA European Council, LCIA North American Council, LCIA Asia－Pacific Council 및 LCIA Pan－African Council 등을 두고 있다.

LCIA의 설립목적은 관련 당사자의 국적을 가리지 않고 상거래에서 생기는 분쟁에 관하여 포괄적인 서비스를 제공하고자 함에 있다. LCIA 중재법원(Arbitration Court)은 유럽은 물론 중국, 일본 등의 주요 무역국가로부터 선발된 중재인들로 구성된다. LCIA 중재규칙(총 32개 조항)은 중재판정부가 중재신청에서 최종판정까지 단계별로 중재를 진행하도록 규정하고 있다.

3) AAA(American Arbitration Association)

AAA는 소송이 아닌 중재나 다른 방법을 이용하여 각종의 분쟁을 해결 · 촉진하기 위하여 1926년에 설립되었다. 중재가 다른 분쟁해결방법보다 괄목할 정도로 성장하자 AAA는 별도의 부서를 설립하여 1996년, New York과 2001년 6월, 아일랜드 더블린에 분쟁해결을 위한 국제센터(International Center for Dispute Resolution; ICDR)를 개원하였다. AAA는 총 36개 조항의 국제중재규칙에 따라 중재를 진행하는 외에 미주 간 상사중재위원회(Inter－American Commercial Arbitration Commission; IACAC)를 두고 있으며, UNCITRAL 중재규칙에 따라 수행되는 중재에 필요한 IACAC 서비스를 제공하고 있다.

4) ICSID(International Center for Settlement of Investment Disputes)

국제거래의 형태가 단순한 물품매매에서 해외직접투자의 형태로 점차 변화함에 따라 앞으로 양자를 병행하는 거래가 계속 늘어날 것으로 예상된다. 이 가운데 현지의 투자파트너는 정부기관이나 하부조직인 경우가 대다수이며, 이러한 경우에 투자자(investor)는 먼저 현지에서 법인을 설립한 후 투자유치국(host state)이나 그 하부조직과 투자계약을 체결하게 된다. 하지만 투자계약의 이행 중에 계약당사자 간 분쟁이 발생하여 이것이 현지의 법원에 제소된다면 공정하고 독립적인 판결이 내려질 것으로 기대하기 어렵다. 왜냐하면 현지의 투자계약 당사자가 정부기관이므로 법원이 자국에게 유리한 결정을 할 것으로 우려되기 때문이다. 또한, 선진국의 기업이 개발도상국에 투자했다가 투자유치국의 일방적인 의사결정으로, 또는 국내법의 개정이나 제정을 통하여 투자자의 재산이 수용(expropriation)되는 경우도 있다.

따라서 국제투자를 활성화하기 위하여, 특히 개발도상국 내에 외국인투자를 촉진하기 위하여 투자분쟁을 처리하는 공신력 있는 국제중재기구와 중재시 적용할 국제적으로 통일된 절차적 준거법의 확보가 필수적이다. 이로써 투자자로서는 투자계약의 이행과 분쟁 처리가 투자유치국의 입법과 정치적 영향으로부터 자유롭다는 것을 제도적으로 보장받을 수 있기 때문이다.[47]

이러한 요구에 따라 IBRD(국제부흥개발은행)[48]는 국제기구의 성격을 갖는 IBRD 내에 국제투자분쟁해결센터(International Center for Settlement of Investment Disputes; ICSID)를 설치하고, 동 센터로 하여금 투자분쟁에 관한 조정과 중재를 담당하게 하였다. 이를 활용하기 위하여 IBRD는 1965년 3월 18일 "국가와 타국민 간 투자분쟁의 해결에 관한 협약"(Convention on the Settlement of Investment Disputes between States and Nationals of Other States; ICSID 협약)을 제정하였고, 이는 1966년 10월 18일 발효되었다.

오늘날 대부분의 양자투자협정(Bilateral Investment Treaties; BIT)에서는 분쟁 발생시 ICSID 협약에 따라 ICSID에서 중재로 해결할 것을 규정하고 있다. ICSID 협약 제25조 (1)항에서는 "ICSID의 관할권은 일방체약국과 다른 체약국 국민 간의 투자로부터 직접 발생한 법률상의 분쟁에 미친다"고 규정하고 있는데 이는 투자자가 ICSID에 분쟁을 회부하기 위해 2가지 요건 즉, 협약의 일방체약국 국민이면서 동시에 다른 체약국의 국적을 갖지 않아야 함을 뜻한다.

---

47) 투자자–국가 분쟁(Investor–State Dispute; ISD)은 외국에 투자한 투자자가 상대국가로부터 협정상의 의무나 투자계약을 어겨 손해를 입었을 경우 상대국 정부를 상대로 제3자의 민간기구에 국제중재를 신청해 손해배상을 받을 수 있도록 하는 제도이다. 이를 통해 해외투자자는 부당한 현지의 정책이나, 법으로 인한 재산상의 피해를 실효적으로 보호받을 수 있다. 1966년 맺어진 '국가와 다른 국가의 국민 간 투자분쟁 해결에 관한 협약(ICSID 협약)'에 의해 도입되기 시작했다. 세계은행(IBRD) 산하의 민간기구인 국제투자분쟁해결센터(ICSID)가 중재절차를 관장하며, 절차가 시작되면 3인의 중재인으로 구성된 중재판정부에 회부된다. 중재인은 양측에서 각각 1명씩을 선임하고, 위원장은 양측의 합의에 의해 선임한다. 만일 합의가 되지 않으면 국제투자분쟁해결센터의 사무총장이 선임하도록 되어 있다.

48) 세계은행그룹은 국제부흥개발은행(IBRD)과 국제개발협회(IDA) 및 그 자매기구인 국제금융공사(IFC), 국제투자보증기구(MIGA), 국제투자분쟁해결센터(ICSID) 등을 포함한다. IBRD는 제2차 세계대전 후 전쟁복구와 개도국 경제개발을 지원하기 위해 1945년 12월 IMF와 함께 설립되었으며, MIGA는 민간직접투자의 비상업적 위험에 대한 보증을 제공하기 위해 1988년 4월 설립되었다. 우리나라는 1955년 IBRD, 1961년 IDA, 1964년 IFC, 1967년 ICSID에 가입하였으며, 1988년 MIGA의 가맹국으로 참여하였다.

ICSID 중재가 지니는 가장 특징적인 점은 ICSID 중재판정은 오직 센터 내에 속한 특별위원회(*ad hoc* committee)에서만 취소할 수 있다는 것이다. 즉, 중재판정에 불만이 있는 당사자는 중재판정의 취소사유를 근거로 동 센터 내의 특별위원회에 취소신청을 할 수 있으며, 동 위원회에서 취소된 중재판정은 그 효력을 잃게 된다. 중재판정의 취소는 협약 제52조 제1항에서 규정한 사유에 의해서만 가능하며, 중재판정이 취소된 경우에 당사자들은 새로운 중재판정부에 다시 중재를 신청할 수 있다.[49]

한·미, 한·EU, 한·중, 자유무역협정의 발효와 현재 진행되고 있는 캐나다, 호주 등 많은 국가들과의 자유무역협정이 체결되면 이에 따른 투자도 활발히 이루어질 것이다. 예컨대, 자유무역협정이 발효되면 미국의 투자기업들은 그동안의 많은 경험과 지식을 바탕으로 우리나라에 투자를 고려할 것이며, 투자에 따른 손해를 입는 경우, 법률 미비나 국내 기업과의 불평등을 이유로 주저 없이 중재신청이나 소송을 제기할 것이다.

---

49) 이에 반해, 각국의 중재법과 UNCITRAL 모델중재법에서는 중재판정에 대한 유일한 불복수단으로 취소(setting aside)를 규정하고 있으며, 중재판정에 불만이 있는 당사자는 판정지국 법원에 취소의 소를 제기하거나, 뉴욕협약상의 집행거부사유를 들어 집행지국 법원에 집행거부의 소를 제기할 수 있다.

section

뉴욕협약의 주요 내용

외국중재판정의 승인 및 집행에 관한 UN협약(1958년 6월 10일 뉴욕에서 채택)

1 적용범위 및 유보선언(제1조)

1) 이 협약은 중재판정의 승인 및 집행의 요구를 받은 국가 이외의 국가의 영토 내에서 내려진 판정으로서, 자연인 또는 법인 간의 분쟁으로부터 발생하는 중재판정의 승인 및 집행에 적용한다. 이 협약은 또한, 그 승인 및 집행의 요구를 받은 국가에서 내국판정이라고 인정되지 아니하는 중재판정에도 적용한다.

2) "중재판정"이라 함은 개개의 사건을 위하여 선정된 중재인이 내린 판정뿐만 아니라 당사자들이 부탁한 상설 중재기관이 내린 판정도 포함한다.

3) 어떠한 국가든지 이 협약에 서명, 비준 또는 가입할 때, 또는 이 제10조에 의하여 확대 적용을 통고할 때에 상호주의의 기초에서 다른 체약국의 영토 내에서 내려진 판정의 승인 및 집행에 한하여 이 협약을 적용한다고 선언할 수 있다. 또한, 어떠한 국가든지 계약적 성질의 것이거나 아니거나를 불문하고 이러한 선언을 행하는 국가의 국내법상 상사상의 것이라고 인정되는 법률관계로부터 발생하는 분쟁에 한하여 이 협약을 적용할 것이라고 선언할 수 있다.

2 중재합의의 인정(제2조)

1) 각 체약국은 계약적 성질의 것이거나 아니거나를 불문하고 중재에 의하여 해결이 가능한 사항에 관한 일정한 법률관계에 관련하여 당사자 간에 발생하였거나 또는 발생할 수 있는 전부 또는 일부의 분쟁을 중재에 부탁하기로 약정한 당사자 간의 서면에 의한 합의를 승인하여야 한다.

2) "서면에 의한 합의"라 함은 계약서 중의 중재조항 또는 당사자 간에 서명되었거나, 교환된 서신이나 전보에 포함되어 있는 중재의 합의를 포함한다.

3) 당사자들이 본조에서 의미하는 합의를 한 사항에 관한 소송이 제기되었을 때에는, 체약국의 법원은, 전기 합의를 무효, 실효 또는 이행불능이라고 인정하는 경우를 제외하고, 일방 당사자의 청구에 따라서 중재에 부탁할 것을 당사자에게 명하여야 한다.

3 중재판정의 집행(제3조)

각 체약국은 중재판정을 다음 조항에 규정한 조건하에서 구속력 있는 것으로 승인하고 그 판정이 원용될 영토의 절차 규칙에 따라서 그것을 집행하여야 한다.

이 협약이 적용되는 중재판정의 승인 또는 집행에 있어서는 내국중재판정의 승인 또는 집행에 있어서 부과하는 것보다 실질적으로 엄격한 조건이나 고액의 수수료 또는 과징금을 부과하여서는 아니된다.

4 집행절차(제4조)

1) 전조에서 언급된 승인과 집행을 얻기 위하여 승인과 집행을 신청하는 당사자는 신청서에 다음의 서류를 제출하여야 한다.
   (가) 정당하게 인증된 중재판정 원본 또는 정당하게 증명된 그 등본
   (나) 제2조에 규정된 합의의 원본 또는 정당하게 증명된 그 등본

2) 전기 판정이나 합의가 원용될 국가의 공용어로 작성되어 있지 아니한 경우에는, 판정의 승인과 집행을 신청하는 당사자는 그 문서의 공용어 번역문을 제출하여야 한다. 번역문은 공증인 또는 선서한 번역관, 외교관 또는 영사관에 의하여 증명되어야 한다.

5 중재판정 취소사유(제5조)

1) 판정의 승인과 집행은 판정이 불리하게 원용되는 당사자의 청구에 의하여, 그 당사자가 판정의 승인 및 집행의 요구를 받은 국가의 권한 있는 기관에게 다음의 증거를 제출하는 경우에 한하여 거부될 수 있다.
   (가) 제2조에 규정된 합의의 당사자가 그들에게 적용될 법률에 의하여 무능력자였던가 또는 당사자들이 준거법으로서 지정한 법령에 의하여 또는 지정이 없는 경우에는 판정을 내린 국가의 법령에 의하여 전기 합의가 무효인 경우 또는,
   (나) 판정이 불리하게 원용되는 당사자가 중재인의 선정이나 중재절차에 관하여 적절한 통고를 받지 아니 하였거나 또는 기타 이유에 의하여 응할 수 없었을 경우 또는,
   (다) 판정이 중재부탁조항에 규정되어 있지 아니하거나 또는 그 조항의 범위에 속하지 아니하는 분쟁에 관한 것이거나 또는 그 판정이 중재부탁의 범위를

벗어나는 사항에 관한 규정을 포함하는 경우. 다만, 중재에 부탁한 사항에 관한 결정이 부탁하지 아니한 사항과 분리될 수 있는 경우에는 중재부탁사항에 관한 결정을 포함하는 판정의 부분은 승인되고 집행될 수 있다.

(라) 중재기관의 구성이나 중재절차가 당사자 간의 합의와 합치하지 아니하거나, 또는 이러한 합의가 없는 경우에는 중재를 행하는 국가의 법령에 합치하지 아니하는 경우 또는,

(마) 판정이 당사자에 대한 구속력을 아직 발생하지 아니하였거나 또는 판정이 내려진 국가의 권한 있는 기관이나 또는 그 국가의 법령에 의거하여 취소 또는 정지된 경우

2) 중재판정의 승인 및 집행이 요구된 국가의 권한 있는 기관이 다음의 사항을 인정하는 경우에도 중재판정의 승인과 집행은 거부할 수 있다.

(가) 분쟁의 대상인 사항이 그 국가의 법률하에서는 중재에 의한 해결을 할 수 없는 경우 또는

(나) 판정의 승인이나 집행이 그 국가의 공공의 질서에 반하는 경우

6 중재판정 취소의 소(제6조)

판정의 취소 또는 정지를 요구하는 신청이 제5조 1항의 (마)에 규정된 권한 있는 기관에 제기되었을 경우에는, 판정의 원용이 요구된 기관은, 그것이 적절하다고 인정될 때에는 판정의 집행에 관한 판결을 연기할 수 있고 또한, 판정의 집행을 요구한 당사자의 신청에 의하여 타당사자에 대하여 적당한 보장을 제공할 것을 명할 수 있다.

APPENDIX

United Nations Convention on Contracts for the International Sale of Goods

국제물품매매계약에 관한 국제연합 협약

Part I. Sphere of application and general provisions
제1편 적용범위와 총칙

Chapter I
Sphere of application_제1장 적용범위

Article 1

(1) This Convention applies to contracts of sale of goods between parties whose places of business are in different States:

(a) when the States are Contracting States; or

(b) when the rules of private international law lead to the application of the law of a Contracting State.

(2) The fact that the parties have their places of business in different States is to be disregarded whenever this fact does not appear either from the contract or from any dealings between, or from information disclosed by, the parties at any time before or at the conclusion of the contract.

(3) Neither the nationality of the parties nor the civil or commercial character of the parties or of the contract is to be taken into consideration in determining the application of this Convention.

제1조

(1) 이 협약은 다음의 경우에, 영업소가 서로 다른 국가에 있는 당사자 간의 물품매매계약에 적용된다.

(가) 해당 국가가 모두 체약국인 경우, 또는
(나) 국제사법 규칙에 의하여 체약국법이 적용되는 경우

(2) 당사자가 서로 다른 국가에 영업소를 가지고 있다는 사실은, 계약으로부터 또는 계약체결 전이나 그 체결 시에 당사자 간의 거래나 당사자에 의하여 밝혀진 정보로부터 드러나지 아니하는 경우에는 고려되지 아니한다.

(3) 당사자의 국적 또는 당사자나 계약의 민사적·상사적 성격은 이 협약의 적용 여부를 결정하는 데에 고려되지 아니한다.

Article 2

This Convention does not apply to sales:

(a) of goods bought for personal, family or household use, unless the seller, at any time before or at the conclusion of the contract, neither knew nor ought to have known that the goods were bought for any such use;

(b) by auction;

(c) on execution or otherwise by authority of law;

(d) of stocks, shares, investment securities, negotiable instruments or money;

(e) of ships, vessels, hovercraft or aircraft;

(f) of electricity.

제2조

이 협약은 다음의 매매에는 적용되지 아니한다.

(가) 개인용·가족용 또는 가정용으로 구입된 물품의 매매
다만, 매도인이 계약체결 전이나 그 체결 시에 물품이 그와 같은 용도로 구입된 사실을 알지 못하였고, 알았어야 했던 것도 아닌 경우에는 그러하지 아니하다.

(나) 경매에 의한 매매

(다) 강제집행 그 밖의 법령에 의한 매매

(라) 주식, 지분, 투자증권, 유통증권 또는 통화의 매매

(마) 선박, 소선(小船), 부선(浮船), 또는 항공기의 매매

(바) 전기의 매매

Article 3

(1) Contracts for the supply of goods to be manufactured or produced are to be considered sales unless the party who orders the goods undertakes to supply a substantial part of the materials necessary for such manufacture or production.

(2) This Convention does not apply to contracts in which the preponderant part of the obligations of the party who furnishes the goods consists in the supply of labour or other services.

제3조

(1) 물품을 제조 또는 생산하여 공급하는 계약은 이를 매매로 본다. 다만, 물품을 주문한 당사자가 그 제조 또는 생산에 필요한 재료의 중요한 부분을 공급하는 경우에는 그러하지 아니하다.

(2) 이 협약은 물품을 공급하는 당사자의 의무의 주된 부분이 노무 그 밖의 서비스의 공급에 있는 계약에는 적용되지 아니한다.

Article 4

This Convention governs only the formation of the contract of sale and the rights and obligations of the seller and the buyer arising from such a contract. In particular, except as otherwise expressly provided in this Convention, it is not concerned with:

(a) the validity of the contract or of any of its provisions or of any usage;

(b) the effect which the contract may have on the property in the goods sold.

제4조

이 협약은 매매계약의 성립 및 그 계약으로부터 발생하는 매도인과 매수인의 권리·의무만을 규율한다. 이 협약에 별도의 명시규정이 있는 경우를 제외하고, 이 협약은 특히 다음과 관련이 없다.

(가) 계약이나 그 조항 또는 관행의 유효성

(나) 매매된 물품의 소유권에 관하여 계약이 미치는 효력

Article 5

This Convention does not apply to the liability of the seller for death or personal injury caused by the goods to any person.

제5조

이 협약은 물품으로 인하여 발생한 사람의 사망 또는 상해에 대한 매도인의 책임에는 적용되지 아니한다.

Article 6

The parties may exclude the application of this Convention or, subject to article 12, derogate from or vary the effect of any of its provisions.

제6조

당사자는 이 협약의 적용을 배제할 수 있고, 제12조에 따를 것을 조건으로 하여 이 협약의 어떠한 규정에 대하여도 그 적용을 배제하거나 효과를 변경할 수 있다.

Chapter II
GENERAL PROVISIONS_제2장 총칙

Article 7

(1) In the interpretation of this Convention, regard is to be had to its international character and to the need to promote uniformity in its application and the observance of good faith in international trade.

(2) Questions concerning matters governed by this Convention which are not expressly settled in it are to be settled in conformity with the general principles on which it is based or, in the absence of such principles, in conformity with the law applicable by virtue of the rules of private international law.

제7조

(1) 이 협약의 해석에는 그 국제적 성격 및 적용상의 통일과 국제거래상의 신의 준수를 증진할 필요성을 고려하여야 한다.

(2) 이 협약에 의하여 규율되는 사항으로서 협약에서 명시적으로 해결되지 아니하는 문제는, 이 협약이 기초하고 있는 일반원칙, 그 원칙이 없는 경우에는 국제사법규칙에 의하여 적용되는 법에 따라 해결되어야 한다.

Article 8

(1) For the purposes of this Convention statements made by and other conduct of a party are to be interpreted according to his intent where the other party knew or could not have been unaware what that intent was.

(2) If the preceding paragraph is not applicable, statements made by and other conduct of a party are to be interpreted according to the understanding that a reasonable person of the same kind as the other party would have had in the same circumstances.

(3) In determining the intent of a party or the understanding a reasonable person would have had, due consideration is to be given to all relevant circumstances of the case including the negotiations, any practices which the parties have established between themselves, usages and any subsequent conduct of the parties.

제8조

(1) 이 협약의 적용상, 당사자의 진술 그 밖의 행위는 상대방이 그 당사자의 의도를 알았거나 모를 수 없었던 경우에는 그 의도에 따라 해석되어야 한다.

(2) 제1항이 적용되지 아니하는 경우에 당사자의 진술 그 밖의 행위는, 상대방과 동일한 부류의 합리적인 사람이 동일한 상황에서 이해한 바에 따라 해석되어야 한다.

(3) 당사자의 의도 또는 합리적인 사람이 이해한 바를 결정함에 있어서는 교섭, 당사자 간에 확립된 관례, 관행 및 당사자의 후속 행위를 포함하여 관련된 모든 사항을 적절히 고려하여야 한다.

Article 9

(1) The parties are bound by any usage to which they have agreed and by any practices which they have established between themselves.

(2) The parties are considered, unless otherwise agreed, to have impliedly made applicable to their contract or its formation a usage of which the parties knew or ought to have known and which in international trade is widely known to, and regularly observed by, parties to contracts of the type involved in the particular trade concerned.

제9조

(1) 당사자는 합의한 관행과 당사자 간에 확립된 관례에 구속된다.

(2) 별도의 합의가 없는 한, 당사자가 알았거나 알 수 있었던 관행으로서 국제거래에서 당해 거래와 동종의 계약을 하는 사람에게 널리 알려져 있고 통상적으로 준수되고 있는 관행은 당사자의 계약 또는 그 성립에 묵시적으로 적용되는 것으로 본다.

Article 10

For the purposes of this Convention:

(a) if a party has more than one place of business, the place of business is that which has the closest relationship to the contract and its performance, having regard to the circumstances known to or contemplated by the parties at any time before or at the conclusion of the contract;

(b) if a party does not have a place of business, reference is to be made to his habitual residence.

제10조

이 협약의 적용상,

(가) 당사자 일방이 둘 이상의 영업소를 가지고 있는 경우에는, 계약체결 전이나 그 체결 시에 당사자 쌍방에 알려지거나 예기된 상황을 고려하여 계약 및 그 이행과 가장 밀접한 관련이 있는 곳이 영업소로 된다.

(나) 당사자 일방이 영업소를 가지고 있지 아니한 경우에는 그의 상거소를 영업소로 본다.

Article 11

A contract of sale need not be concluded in or evidenced by writing and is not subject to any other requirement as to form. It may be proved by any means, including witnesses.

제11조

매매계약은 서면에 의하여 체결되거나 입증될 필요가 없고, 방식에 관한 그 밖의 어떠한 요건도 요구되지 아니한다. 매매계약은 증인을 포함하여 어떠한 방법에 의하여도 입증될 수 있다.

Article 12

Any provision of article 11, article 29 or Part II of this Convention that allows a contract of sale or its modification or termination by agreement or any offer, acceptance or other indication of intention to be made in any form other than in writing does not apply where any party has his place of business in a Contracting State which has made a declaration under article 96 of this Convention. The parties may not derogate from or vary the effect of this article.

제12조

매매계약, 합의에 의한 매매계약의 변경이나 종료, 청약·승낙 그 밖의 의사표시를 서면 이외의 방법으로 할 수 있도록 허용하는 이 협약 제11조, 제29조 또는 제2편은 당사자가 이 협약 제96조에 따라 유보선언을 한 체약국에 영업소를 가지고 있는 경우에는 적용되지 아니한다. 당사자는 이 조를 배제하거나 그 효과를 변경할 수 없다.

Article 13

For the purposes of this Convention “writing” includes telegram and telex.

제13조

이 협약의 적용상 『서면』에는 전보와 텔렉스가 포함된다.

Part Ⅱ. Formation of the contract
제2편 계약의 성립

Article 14

(1) A proposal for concluding a contract addressed to one or more specific persons constitutes an offer if it is sufficiently definite and indicates the intention of the offeror to be bound in case of acceptance. A proposal is sufficiently definite if it indicates the goods and expressly or implicitly fixes or makes provision for determining the quantity and the price.

(2) A proposal other than one addressed to one or more specific persons is to be considered merely as an invitation to make offers, unless the contrary is clearly indicated by the person making the proposal.

제14조

(1) 1인 또는 그 이상의 특정인에 대한 계약체결의 제안은 충분히 확정적이고, 승낙시 그에 구속된다는 청약자의 의사가 표시되어 있는 경우에 청약이 된다. 제안이 물품을 표시하고, 명시적 또는 묵시적으로 수량과 대금을 지정하거나 그 결정을 위한 조항을 두고 있는 경우에, 그 제안은 충분히 확정적인 것으로 한다.

(2) 불특정 다수인에 대한 제안은 제안자가 반대 의사를 명확히 표시하지 아니하는 한, 단지 청약의 유인으로 본다.

Article 15

(1) An offer becomes effective when it reaches the offeree.

(2) An offer, even if it is irrevocable, may be withdrawn if the withdrawal reaches the offeree before or at the same time as the offer.

제15조

(1) 청약은 상대방에게 도달한 때에 효력이 발생한다.

(2) 청약은 철회될 수 없는 것이더라도, 회수의 의사표시가 청약의 도달 전 또는 그와 동시에 상대방에게 도달하는 경우에는 회수될 수 있다.

Article 16

(1) Until a contract is concluded an offer may be revoked if the revocation reaches the offeree before he has dispatched an acceptance.

(2) However, an offer cannot be revoked:

(a) if it indicates, whether by stating a fixed time for acceptance or otherwise, that it is irrevocable; or

(b) if it was reasonable for the offeree to rely on the offer as being irrevocable and the offeree has acted in reliance on the offer.

제16조

(1) 청약은 계약이 체결되기까지는 철회될 수 있다. 다만, 상대방이 승낙의 통지를 발송하기 전에 철회의 의사표시가 상대방에게 도달되어야 한다.

(2) 그러나 다음의 경우에는 청약은 철회될 수 없다.

(가) 승낙기간의 지정 그 밖의 방법으로 청약이 철회될 수 없음이 청약에 표시되어 있는 경우, 또는

(나) 상대방이 청약이 철회될 수 없음을 신뢰하는 것이 합리적이고, 상대방이 그 청약을 신뢰하여 행동한 경우

Article 17

An offer, even if it is irrevocable, is terminated when a rejection reaches the offeror.

제17조

청약은 철회될 수 없는 것이더라도, 거절의 의사표시가 청약자에게 도달한 때에는 효력을 상실한다.

Article 18

(1) A statement made by or other conduct of the offeree indicating assent to an offer is an acceptance. Silence or inactivity does not in itself amount to acceptance.

(2) An acceptance of an offer becomes effective at the moment the indication of assent reaches the offeror. An acceptance is not effective if the indication of assent does not reach the offeror within the time he has fixed or, if no time is fixed, within a reasonable time, due account being taken of the circumstances of the transaction, including the rapidity of the means of communication employed by the offeror. An oral offer must be accepted immediately unless the circumstances indicate otherwise.

(3) However, if, by virtue of the offer or as a result of practices which the parties

have established between themselves or of usage, the offeree may indicate assent by performing an act, such as one relating to the dispatch of the goods or payment of the price, without notice to the offeror, the acceptance is effective at the moment the act is performed, provided that the act is performed within the period of time laid down in the preceding paragraph.

제18조

(1) 청약에 대한 동의를 표시하는 상대방의 진술 그 밖의 행위는 승낙이 된다. 침묵 또는 부작위는 그 자체만으로 승낙이 되지 아니한다.

(2) 청약에 대한 승낙은 동의의 의사표시가 청약자에게 도달하는 시점에 효력이 발생한다. 동의의 의사표시가 청약자가 지정한 기간 내에, 기간의 지정이 없는 경우에는 청약자가 사용한 통신수단의 신속성 등 거래의 상황을 적절히 고려하여 합리적인 기간 내에 도달하지 아니하는 때에는, 승낙은 효력이 발생하지 아니한다. 구두의 청약은 특별한 사정이 없는 한 즉시 승낙되어야 한다.

(3) 청약에 의하여 또는 당사자 간에 확립된 관례나 관행의 결과로 상대방이 청약자에 대한 통지 없이, 물품의 발송이나 대금지급과 같은 행위를 함으로써 동의를 표시할 수 있는 경우에는, 승낙은 그 행위가 이루어진 시점에 효력이 발생한다. 다만, 그 행위는 제2항에서 정한 기간 내에 이루어져야 한다.

Article 19

(1) A reply to an offer which purports to be an acceptance but contains additions, limitations or other modifications is a rejection of the offer and constitutes a counter－offer.

(2) However, a reply to an offer which purports to be an acceptance but contains additional or different terms which do not materially alter the terms of the offer constitutes an acceptance, unless the offeror, without undue delay, objects orally to the discrepancy or dispatches a notice to that effect. If he

does not so object, the terms of the contract are the terms of the offer with the modifications contained in the acceptance.

(3) Additional or different terms relating, among other things, to the price, payment, quality and quantity of the goods, place and time of delivery, extent of one party's liability to the other or the settlement of disputes are considered to alter the terms of the offer materially.

제19조

(1) 승낙을 의도하고 있으나, 부가, 제한 그 밖의 변경을 포함하는 청약에 대한 응답은 청약에 대한 거절이면서 또한 새로운 청약이 된다.

(2) 승낙을 의도하고 있고, 청약의 조건을 실질적으로 변경하지 아니하는 부가적 조건 또는 상이한 조건을 포함하는 청약에 대한 응답은 승낙이 된다. 다만, 청약자가 부당한 지체 없이 그 상위(相違)에 구두로 이의를 제기하거나 그러한 취지의 통지를 발송하는 경우에는 그러하지 아니하다. 청약자가 이의를 제기하지 아니하는 경우에는 승낙에 포함된 변경이 가하여진 청약의 조건이 계약조건이 된다.

(3) 특히 대금, 대금지급, 물품의 품질과 수량, 인도의 장소와 시기, 당사자 일방의 상대방에 대한 책임범위 또는 분쟁해결에 관한 부가적 조건 또는 상이한 조건은 청약 조건을 실질적으로 변경하는 것으로 본다.

Article 20

(1) A period of time for acceptance fixed by the offeror in a telegram or a letter begins to run from the moment the telegram is handed in for dispatch or from the date shown on the letter or, if no such date is shown, from the date shown on the envelope. A period of time for acceptance fixed by the offeror by telephone, telex or other means of instantaneous communication, begins to run from the moment that the offer reaches the offeree.

(2) Official holidays or non－business days occurring during the period for acceptance are included in calculating the period. However, if a notice of acceptance cannot be delivered at the address of the offeror on the last day of the period because that day falls on an official holiday or a non－business day at the place of business of the offeror, the period is extended until the first business day which follows.

제20조

(1) 청약자가 전보 또는 서신에서 지정한 승낙기간은 전보가 발송을 위하여 교부된 시점 또는 서신에 표시되어 있는 일자, 서신에 일자가 표시되지 아니한 경우에는 봉투에 표시된 일자로부터 기산한다. 청약자가 전화, 텔렉스 그 밖의 同時的 통신수단에 의하여 지정한 승낙기간은 청약이 상대방에게 도달한 시점으로부터 기산한다.

(2) 승낙기간중의 공휴일 또는 비영업일은 기간의 계산에 산입한다. 다만, 기간의 말일이 청약자의 영업소 소재지의 공휴일 또는 비영업일에 해당하여 승낙의 통지가 기간의 말일에 청약자에게 도달될 수 없는 경우에는, 기간은 그 다음의 최초 영업일까지 연장된다.

Article 21

(1) A late acceptance is nevertheless effective as an acceptance if without delay the offeror orally so informs the offeree or dispatches a notice to that effect.

(2) If a letter or other writing containing a late acceptance shows that it has been sent in such circumstances that if its transmission had been normal it would have reached the offeror in due time, the late acceptance is effective as an acceptance unless, without delay, the offeror orally informs the offeree that he considers his offer as having lapsed or dispatches a notice to that effect.

제21조

(1) 연착된 승낙은 청약자가 상대방에게 지체 없이 승낙으로서 효력을 가진다는 취지를 구두로 통고하거나 그러한 취지의 통지를 발송하는 경우에는 승낙으로서의 효력이 있다.

(2) 연착된 승낙이 포함된 서신 그 밖의 서면에 의하여, 전달이 정상적이었다면 기간 내에 청약자에게 도달되었을 상황에서 승낙이 발송되었다고 인정되는 경우에는, 그 연착된 승낙은 승낙으로서의 효력이 있다. 다만, 청약자가 상대방에게 지체 없이 청약이 실효되었다는 취지를 구두로 통고하거나 그러한 취지의 통지를 발송하는 경우에는 그러하지 아니하다.

Article 22

An acceptance may be withdrawn if the withdrawal reaches the offeror before or at the same time as the acceptance would have become effective.

제22조

승낙은 그 효력이 발생하기 전 또는 그와 동시에 회수의 의사표시가 청약자에게 도달하는 경우에는 회수될 수 있다.

Article 23

A contract is concluded at the moment when an acceptance of an offer becomes effective in accordance with the provisions of this Convention.

제23조

계약은 청약에 대한 승낙이 이 협약에 따라 효력을 발생하는 시점에 성립된다.

Article 24

For the purposes of this Part of the Convention, an offer, declaration of acceptance or any other indication of intention "reaches" the addressee when it is made orally to him or delivered by any other means to him personally, to his place of business or mailing address or, if he does not have a place of business or mailing address, to his habitual residence.

제24조

이 협약 제2편의 적용상, 청약, 승낙 그 밖의 의사표시는 상대방에게 구두로 통고된 때 또는 그 밖의 방법으로 상대방 본인, 상대방의 영업소나 우편주소에 전달된 때, 상대방이 영업소나 우편주소를 가지지 아니한 경우에는 그의 상거소에 전달된 때에 상대방에게 "도달"된다.

Part III. Sale of goods
제3편 물품의 매매

Chapter I
General provisions_제1장 총칙

Article 25

A breach of contract committed by one of the parties is fundamental if it results in such detriment to the other party as substantially to deprive him of what he is entitled to expect under the contract, unless the party in breach did not foresee and a reasonable person of the same kind in the same circumstances would not have foreseen such a result.

제25조

당사자 일방의 계약위반은, 그 계약에서 상대방이 기대할 수 있는 바를 실질적으로 박탈할 정도의 손실을 상대방에게 주는 경우에 본질적인 것으로 한다. 다만, 위반 당사자가 그러한 결과를 예견하지 못하였고, 동일한 부류의 합리적인 사람도 동일한 상황에서 그러한 결과를 예견하지 못하였을 경우에는 그러하지 아니하다.

Article 26

A declaration of avoidance of the contract is effective only if made by notice to the other party.

제26조

계약해제의 의사표시는 상대방에 대한 통지로 행하여진 경우에만 효력이 있다.

Article 27

Unless otherwise expressly provided in this Part of the Convention, if any notice, request or other communication is given or made by a party in accordance with this Part and by means appropriate in the circumstances, a delay or error in the transmission of the communication or its failure to arrive does not deprive that party of the right to rely on the communication.

제27조

이 협약 제3편에 별도의 명시규정이 있는 경우를 제외하고, 당사자가 이 협약 제3편에 따라 상황에 맞는 적절한 방법으로 통지, 청구 그 밖의 통신을 한 경우에, 당사자는 통신의 전달 중에 지연이나 오류가 있거나 또는 통신이 도달되지 아니하더라도 그 통신을 주장할 권리를 상실하지 아니한다.

Article 28

If, in accordance with the provisions of this Convention, one party is entitled to require performance of any obligation by the other party, a court is not bound to enter a judgement for specific performance unless the court would do so under its own law in respect of similar contracts of sale not governed by this Convention.

제28조

당사자 일방이 이 협약에 따라 상대방의 의무이행을 요구할 수 있는 경우에도, 법원은 이 협약이 적용되지 아니하는 유사한 매매계약에 관하여 자국법에 따라 특정이행을 명하는 판결을 하여야 하는 경우가 아닌 한, 특정이행을 명하는 판결을 할 의무가 없다.

Article 29

(1) A contract may be modified or terminated by the mere agreement of the parties.

(2) A contract in writing which contains a provision requiring any modification or termination by agreement to be in writing may not be otherwise modified or terminated by agreement. However, a party may be precluded by his conduct from asserting such a provision to the extent that the other party has relied on that conduct.

제29조

(1) 계약은 당사자의 합의만으로 변경 또는 종료될 수 있다.

(2) 서면에 의한 계약에 합의에 의한 변경 또는 종료는 서면에 의하여야 한다는 규정이 있는 경우에, 다른 방법으로 합의 변경 또는 합의 종료될 수 없다. 다만, 당사자는 상대방이 자신의 행동을 신뢰한 한도까지는 그러한 규정을 원용할 수 없다.

OBLIGATIONS OF THE SELLER_제2장 매도인의 의무

Article 30

The seller must deliver the goods, hand over any documents relating to them and transfer the property in the goods, as required by the contract and this Convention.

제30조

매도인은 계약과 이 협약에 따라 물품을 인도하고, 관련 서류를 교부하며 물품의 소유권을 이전하여야 한다.

Section I. Delivery of the goods and handing over of documents _제1절 물품의 인도와 서류의 교부

Article 31

If the seller is not bound to deliver the goods at any other particular place, his obligation to deliver consists:

(a) if the contract of sale involves carriage of the goods—in handing the goods over to the first carrier for transmission to the buyer;

(b) if, in cases not within the preceding subparagraph, the contract relates to specific goods, or unidentified goods to be drawn from a specific stock or to be manufactured or produced, and at the time of the conclusion of the contract the parties knew that the goods were at, or were to be manufactured or produced at, a particular place—in placing the goods at the buyer's disposal at that place;

(c) in other cases—in placing the goods at the buyer's disposal at the place where the seller had his place of business at the time of the conclusion of the contract.

제31조

매도인이 물품을 다른 특정한 장소에서 인도할 의무가 없는 경우에, 매도인의 인도의무는 다음과 같다.

(가) 매매계약에 물품의 운송이 포함된 경우에는, 매수인에게 전달하기 위하여 물품을 제1운송인에게 교부하는 것

(나) (가)호에 해당되지 아니하는 경우로서 계약이 특정물에 관련되거나 또는 특정한 재고품에서 인출되는 불특정물이나 제조 또는 생산되는 불특정물에 관련되어 있고, 당사자 쌍방이 계약체결 시에 그 물품이 특정한 장소에 있거나 그 장소에서 제조 또는 생산되는 것을 알고 있었던 경우에는, 그 장소에서 물품을 매수인의 처분하에 두는 것

(다) 그 밖의 경우에는, 계약체결 시에 매도인이 영업소를 가지고 있던 장소에서 물품을 매수인의 처분하에 두는 것

Article 32

(1) If the seller, in accordance with the contract or this Convention, hands the goods over to a carrier and if the goods are not clearly identified to the contract by markings on the goods, by shipping documents or otherwise, the seller must give the buyer notice of the consignment specifying the goods.

(2) If the seller is bound to arrange for carriage of the goods, he must make such

contracts as are necessary for carriage to the place fixed by means of transportation appropriate in the circumstances and according to the usual terms for such transportation.

(3) If the seller is not bound to effect insurance in respect of the carriage of the goods, he must, at the buyer's request, provide him with all available information necessary to enable him to effect such insurance.

제32조

(1) 매도인이 계약 또는 이 협약에 따라 물품을 운송인에게 교부한 경우에, 물품이 하인(荷印), 선적서류 그 밖의 방법에 의하여 그 계약의 목적물로서 명확히 특정되어 있지 아니한 때에는, 매도인은 매수인에게 물품을 특정하는 탁송통지를 하여야 한다.

(2) 매도인이 물품의 운송을 주선하여야 하는 경우에, 매도인은 상황에 맞는 적절한 운송수단 및 그 운송에서의 통상의 조건으로, 지정된 장소까지 운송하는 데 필요한 계약을 체결하여야 한다.

(3) 매도인이 물품의 운송에 관하여 부보(附保)할 의무가 없는 경우에도, 매도인은 매수인의 요구가 있으면 매수인이 부보하는 데 필요한 모든 가능한 정보를 매수인에게 제공하여야 한다.

Article 33

The seller must deliver the goods:

(a) if a date is fixed by or determinable from the contract, on that date;

(b) if a period of time is fixed by or determinable from the contract, at any time within that period unless circumstances indicate that the buyer is to choose a date; or

(c) in any other case, within a reasonable time after the conclusion of the contract.

제33조

매도인은 다음의 시기에 물품을 인도하여야 한다.

(가) 인도기일이 계약에 의하여 지정되어 있거나 확정될 수 있는 경우에는 그 기일

(나) 인도기간이 계약에 의하여 지정되어 있거나 확정될 수 있는 경우에는 그 기간 내의 어느 시기. 다만, 매수인이 기일을 선택하여야 할 사정이 있는 경우에는 그러하지 아니하다.

(다) 그 밖의 경우에는 계약체결 후 합리적인 기간 내

Article 34

If the seller is bound to hand over documents relating to the goods, he must hand them over at the time and place and in the form required by the contract. If the seller has handed over documents before that time, he may, up to that time, cure any lack of conformity in the documents, if the exercise of this right does not cause the buyer unreasonable inconvenience or unreasonable expense. However, the buyer retains any right to claim damages as provided for in this Convention.

제34조

매도인이 물품에 관한 서류를 교부하여야 하는 경우에, 매도인은 계약에서 정한 시기, 장소 및 방식에 따라 이를 교부하여야 한다. 매도인이 교부하여야 할 시기 전에 서류를 교부한 경우에는, 매도인은 매수인에게 불합리한 불편 또는 비용을 초래하지 아니하는 한, 계약에서 정한 시기까지 서류상의 부적합을 치유할 수 있다. 다만, 매수인은 이 협약에서 정한 손해배상을 청구할 권리를 보유한다.

Section II. Conformity of the goods and third-party claims
_제2절 물품의 적합성과 제3자의 권리주장

Article 35

(1) The seller must deliver goods which are of the quantity, quality and description required by the contract and which are contained or packaged in the manner required by the contract.

(2) Except where the parties have agreed otherwise, the goods do not conform with the contract unless they:

(a) are fit for the purposes for which goods of the same description would ordinarily be used;

(b) are fit for any particular purpose expressly or impliedly made known to the seller at the time of the conclusion of the contract, except where the circumstances show that the buyer did not rely, or that it was unreasonable for him to rely, on the seller's skill and judgement;

(c) possess the qualities of goods which the seller has held out to the buyer as a sample or model;

(d) are contained or packaged in the manner usual for such goods or, where there is no such manner, in a manner adequate to preserve and protect the goods.

(3) The seller is not liable under subparagraphs (a) to (d) of the preceding paragraph for any lack of conformity of the goods if, at the time of the conclusion of the contract, the buyer knew or could not have been unaware of such lack of conformity.

제35조

(1) 매도인은 계약에서 정한 수량, 품질 및 종류에 적합하고, 계약에서 정한 방법으로 용기에 담겨지거나 포장된 물품을 인도하여야 한다.

(2) 당사자가 달리 합의한 경우를 제외하고, 물품은 다음의 경우에 계약에 적합하지 아니한 것으로 한다.

(가) 동종 물품의 통상 사용목적에 맞지 아니한 경우

(나) 계약체결 시 매도인에게 명시적 또는 묵시적으로 알려진 특별한 목적에 맞지 아니한 경우. 다만, 그 상황에서 매수인이 매도인의 기술과 판단을 신뢰하지 아니하였거나 또는 신뢰하는 것이 불합리하였다고 인정되는 경우에는 그러하지 아니하다.

(다) 매도인이 견본 또는 모형으로 매수인에게 제시한 물품의 품질을 가지고 있지 아니한 경우

(라) 그러한 물품에 대하여 통상의 방법으로, 통상의 방법이 없는 경우에는 그 물품을 보존하고 보호하는 데 적절한 방법으로 용기에 담겨지거나 포장되어 있지 아니한 경우

(3) 매수인이 계약체결 시에 물품의 부적합을 알았거나 또는 모를 수 없었던 경우에는, 매도인은 그 부적합에 대하여 제2항의 (가)호 내지 (라)호에 따른 책임을 지지 아니한다.

Article 36

(1) The seller is liable in accordance with the contract and this Convention for any lack of conformity which exists at the time when the risk passes to the buyer, even though the lack of conformity becomes apparent only after that time.

(2) The seller is also liable for any lack of conformity which occurs after the time indicated in the preceding paragraph and which is due to a breach of any of his obligations, including a breach of any guarantee that fora period of time

the goods will remain fit for their ordinary purpose or for some particular purpose or will retain specified qualities or characteristics.

제36조

(1) 매도인은 위험이 매수인에게 이전하는 때에 존재하는 물품의 부적합에 대하여, 그 부적합이 위험 이전 후에 판명된 경우라도, 계약과 이 협약에 따라 책임을 진다.

(2) 매도인은 제1항에서 정한 때보다 후에 발생한 부적합이라도 매도인의 위무위반에 기인하는 경우에는 그 부적합에 대하여 책임을 진다. 이 의무위반에는 물품이 일정기간 통상의 목적이나 특별한 목적에 맞는 상태를 유지한다는 보증 또는 특정한 품질이나 특성을 유지한다는 보증에 위반한 경우도 포함된다.

Article 37

If the seller has delivered goods before the date for delivery, he may, up to that date, deliver any missing part or make up any deficiency in the quantity of the goods delivered, or deliver goods in replacement of any non-conforming goods delivered or remedy any lack of conformity in the goods delivered, provided that the exercise of this right does not cause the buyer unreasonable inconvenience or unreasonable expense. However, the buyer retains any right to claim damages as provided for in this Convention.

제37조

매도인이 인도기일 전에 물품을 인도한 경우에는, 매수인에게 불합리한 불편 또는 비용을 초래하지 아니하는 한, 매도인은 그 기일까지 누락분을 인도하거나 부족한 수량을 보충하거나 부적합한 물품에 갈음하여 물품을 인도하거나 또는 물품의 부적합을 치유할 수 있다. 다만, 매수인은 이 협약에서 정한 손해배상을 청구할 권리를 보유한다.

Article 38

(1) The buyer must examine the goods, or cause them to be examined, within as short a period as is practicable in the circumstances.

(2) If the contract involves carriage of the goods, examination may be deferred until after the goods have arrived at their destination.

(3) If the goods are redirected in transit or redispatched by the buyer without a reasonable opportunity for examination by him and at the time of the conclusion of the contract the seller knew or ought to have known of the possibility of such redirection or redispatch, examination may be deferred until after the goods have arrived at the new destination.

제38조

(1) 매수인은 그 상황에서 실행가능한 단기간 내에 물품을 검사하거나 검사하게 하여야 한다.

(2) 계약에 물품의 운송이 포함되는 경우에는, 검사는 물품이 목적지에 도착한 후까지 연기될 수 있다.

(3) 매수인이 검사할 합리적인 기회를 가지지 못한 채 운송 중에 물품의 목적지를 변경하거나 물품을 전송(轉送)하고, 매도인이 계약체결 시에 그 변경 또는 전송의 가능성을 알았거나 알 수 있었던 경우에는, 검사는 물품이 새로운 목적지에 도착한 후까지 연기될 수 있다.

Article 39

(1) The buyer loses the right to rely on a lack of conformity of the goods if he does not give notice to the seller specifying the nature of the lack of conformity within a reasonable time after he has discovered it or ought to

have discovered it.

(2) In any event, the buyer loses the right to rely on a lack of conformity of the goods if he does not give the seller notice thereof at the latest within a period of two years from the date on which the goods were actually handed over to the buyer, unless this time limit is inconsistent with a contractual period of guarantee.

제39조

(1) 매수인이 물품의 부적합을 발견하였거나 발견할 수 있었던 때로부터 합리적인 기간 내에 매도인에게 그 부적합한 성질을 특정하여 통지하지 아니한 경우에는, 매수인은 물품의 부적합을 주장할 권리를 상실한다.

(2) 매수인은 물품이 매수인에게 현실로 교부된 날부터 늦어도 2년 내에 매도인에게 제1항의 통지를 하지 아니한 경우에는, 물품의 부적합을 주장할 권리를 상실한다. 다만, 이 기간제한이 계약상의 보증기간과 양립하지 아니하는 경우에는 그러하지 아니하다.

Article 40

The seller is not entitled to rely on the provisions of articles 38 and 39 if the lack of conformity relates to facts of which he knew or could not have been unaware and which he did not disclose to the buyer.

제40조

물품의 부적합이 매도인이 알았거나 모를 수 없었던 사실에 관한 것이고, 매도인이 매수인에게 이를 밝히지 아니한 경우에는, 매도인은 제38조와 제39조를 원용할 수 없다.

Article 41

The seller must deliver goods which are free from any right or claim of a third party, unless the buyer agreed to take the goods subject to that right or claim. However, if such right or claim is based on industrial property or other intellectual property, the seller's obligation is governed by article 42.

제41조

매수인이 제3자의 권리나 권리주장의 대상이 된 물품을 수령하는 데 동의한 경우를 제외하고, 매도인은 제3자의 권리나 권리주장의 대상이 아닌 물품을 인도하여야 한다. 다만, 그러한 제3자의 권리나 권리주장이 공업소유권 그 밖의 지적재산권에 기초하는 경우에는, 매도인의 의무는 제42조에 의하여 규율된다.

Article 42

(1) The seller must deliver goods which are free from any right or claim of a third party based on industrial property or other intellectual property, of which at the time of the conclusion of the contract the seller knew or could not have been unaware, provided that the right or claim is based on industrial property or other intellectual property:

(a) under the law of the State where the goods will be resold or otherwise used, if it was contemplated by the parties at the time of the conclusion of the contract that the goods would be resold or otherwise used in that State; or (b) in any other case, under the law of the State where the buyer has his place of business.

(2) The obligation of the seller under the preceding paragraph does not extend to cases where:

(a) at the time of the conclusion of the contract the buyer knew or could not have been unaware of the right or claim; or

(b) the right or claim results from the seller's compliance with technical drawings, designs, formulae or other such specifications furnished by the buyer.

제42조

(1) 매도인은, 계약체결 시에 자신이 알았거나 모를 수 없었던 공업소유권 그 밖의 지적재산권에 기초한 제3자의 권리나 권리주장의 대상이 아닌 물품을 인도하여야 한다. 다만, 제3자의 권리나 권리주장이 다음 국가의 법에 의한 공업소유권 그 밖의 지적재산권에 기초한 경우에 한한다.

(가) 당사자 쌍방이 계약체결 시에 물품이 어느 국가에서 전매되거나 그 밖의 방법으로 사용될 것을 예상하였던 경우에는, 물품이 전매되거나 그 밖의 방법으로 사용될 국가의 법

(나) 그 밖의 경우에는 매수인이 영업소를 가지는 국가의 법

(2) 제1항의 매도인의 의무는 다음의 경우에는 적용되지 아니한다.

(가) 매수인이 계약체결 시에 그 권리나 권리주장을 알았거나 모를 수 없었던 경우

(나) 그 권리나 권리주장이 매수인에 의하여 제공된 기술설계, 디자인, 방식 그 밖의 지정에 매도인이 따른 결과로 발생한 경우

Article 43

(1) The buyer loses the right to rely on the provisions of article 41 or article 42 if he does not give notice to the seller specifying the nature of the right or claim of the third party within a reasonable time after he has become aware or ought to have become aware of the right or claim.

(2) The seller is not entitled to rely on the provisions of the preceding paragraph if he knew of the right or claim of the third party and the nature of it.

제43조

(1) 매수인이 제3자의 권리나 권리주장을 알았거나 알았어야 했던 때로부터 합리적인 기간 내에 매도인에게 제3자의 권리나 권리주장의 성질을 특정하여 통지하지 아니한 경우에는, 매수인은 제41조 또는 제42조를 원용할 권리를 상실한다.

(2) 매도인이 제3자의 권리나 권리주장 및 그 성질을 알고 있었던 경우에는 제1항을 원용할 수 없다.

Article 44

Notwithstanding the provisions of paragraph (1) of article 39 and paragraph (1) of article 43, the buyer may reduce the price in accordance with article 50 or claim damages, except for loss of profit, if he has a reasonable excuse for his failure to give the required notice.

제44조

제39조 제1항과 제43조 제1항에도 불구하고, 매수인은 정하여진 통지를 하지 못한 데에 합리적인 이유가 있는 경우에는 제50조에 따라 대금을 감액하거나 이익의 상실을 제외한 손해배상을 청구할 수 있다.

Section III. Remedies for breach of contract by the seller
_제3절 매도인의 계약위반에 대한 구제

Article 45

(1) If the seller fails to perform any of his obligations under the contract or this Convention, the buyer may:

(a) exercise the rights provided in articles 46 to 52;

(b) claim damages as provided in articles 74 to 77.

(2) The buyer is not deprived of any right he may have to claim damages by exercising his right to other remedies.

(3) No period of grace may be granted to the seller by a court or arbitral tribunal when the buyer resorts to a remedy for breach of contract.

제45조

(1) 매도인이 계약 또는 이 협약상의 의무를 이행하지 아니하는 경우에 매수인은 다음을 할 수 있다.

(가) 제46조 내지 제52조에서 정한 권리의 행사

(나) 제74조 내지 제77조에서 정한 손해배상의 청구

(2) 매수인이 손해배상을 청구하는 권리는 다른 구제를 구하는 권리를 행사함으로써 상실되지 아니한다.

(3) 매수인이 계약위반에 대한 구제를 구하는 경우에, 법원 또는 중재판정부는 매도인에게 유예기간을 부여할 수 없다.

Article 46

(1) The buyer may require performance by the seller of his obligations unless the buyer has resorted to a remedy which is inconsistent with this requirement.

(2) If the goods do not conform with the contract, the buyer may require delivery of substitute goods only if the lack of conformity constitutes a fundamental breach of contract and a request for substitute goods is made either in conjunction with notice given under article 39 or within a reasonable time thereafter.

(3) If the goods do not conform with the contract, the buyer may require the seller to remedy the lack of conformity by repair, unless this is unreasonable having regard to all the circumstances. A request for repair must be made either in conjunction with notice given under article 39 or within a reasonable time thereafter.

제46조

(1) 매수인은 매도인에게 의무의 이행을 청구할 수 있다. 다만, 매수인이 그 청구와 양립하지 아니하는 구제를 구한 경우에는 그러하지 아니하다.

(2) 물품이 계약에 부적합한 경우에, 매수인은 대체물의 인도를 청구할 수 있다. 다만, 그 부적합이 본질적 계약위반을 구성하고, 그 청구가 제39조의 통지와 동시에 또는 그 후 합리적인 기간 내에 행하여진 경우에 한한다.

(3) 물품이 계약에 부적합한 경우에, 매수인은 모든 상황을 고려하여 불합리한 경우를 제외하고, 매도인에게 수리에 의한 부적합의 치유를 청구할 수 있다. 수리 청구는 제39조의 통지와 동시에 또는 그 후 합리적인 기간 내에 행하여져야 한다.

Article 47

(1) The buyer may fix an additional period of time of reasonable length for performance by the seller of his obligations.

(2) Unless the buyer has received notice from the seller that he will not perform within the period so fixed, the buyer may not, during that period, resort to any remedy for breach of contract. However, the buyer is not deprived thereby of any right he may have to claim damages for delay in performance.

제47조

(1) 매수인은 매도인의 의무이행을 위하여 합리적인 부가기간을 정할 수 있다.

(2) 매도인으로부터 그 부가기간 내에 이행을 하지 아니하겠다는 통지를 수령한 경우를 제외하고, 매수인은 그 기간 중 계약위반에 대한 구제를 구할 수 없다. 다만, 매수인은 이행지체에 대한 손해배상을 청구할 권리를 상실하지 아니한다.

Article 48

(1) Subject to article 49, the seller may, even after the date for delivery, remedy at his own expense any failure to perform his obligations, if he can do so without unreasonable delay and without causing the buyer unreasonable inconvenience or uncertainty of reimbursement by the seller of expenses advanced by the buyer. However, the buyer retains any right to claim damages as provided for in this Convention.

(2) If the seller requests the buyer to make known whether he will accept performance and the buyer does not comply with the request within a reasonable time, the seller may perform within the time indicated in his request. The buyer may not, during that period of time, resort to any remedy

which is inconsistent with performance by the seller.

(3) A notice by the seller that he will perform within a specified period of time is assumed to include a request, under the preceding paragraph, that the buyer make known his decision.

(4) A request or notice by the seller under paragraph (2) or (3) of this article is not effective unless received by the buyer.

제48조

(1) 제49조를 따를 것을 조건으로, 매도인은 인도기일 후에도 불합리하게 지체하지 아니하고 매수인에게 불합리한 불편 또는 매수인의 선급 비용을 매도인으로부터 상환받는 데 대한 불안을 초래하지 아니하는 경우에는, 자신의 비용으로 의무의 불이행을 치유할 수 있다. 다만, 매수인은 이 협약에서 정한 손해배상을 청구할 권리를 보유한다.

(2) 매도인이 매수인에게 이행의 수령 여부를 알려 달라고 요구하였으나 매수인이 합리적인 기간 내에 그 요구에 응하지 아니한 경우에는, 매도인은 그 요구에서 정한 기간 내에 이행을 할 수 있다. 매수인은 그 기간 중에는 매도인의 이행과 양립하지 아니하는 구제를 구할 수 없다.

(3) 특정한 기간 내에 이행을 하겠다는 매도인의 통지는 매수인이 그 결정을 알려야 한다는 제2항의 요구를 포함하는 것으로 추정한다.

(4) 이 조 제2항 또는 제3항의 매도인의 요구 또는 통지는 매수인에 의하여 수령되지 아니하는 한 그 효력이 발생하지 아니한다.

Article 49

(1) The buyer may declare the contract avoided:

(a) if the failure by the seller to perform any of his obligations under the contract or this Convention amounts to a fundamental breach of contract; or

(b) in case of non-delivery, if the seller does not deliver the goods within the additional period of time fixed by the buyer in accordance with paragraph (1) of article 47 or declares that he will not deliver within the period so fixed.

(2) However, in cases where the seller has delivered the goods, the buyer loses the right to declare the contract avoided unless he does so:

(a) in respect of late delivery, within a reasonable time after he has become aware that delivery has been made;

(b) in respect of any breach other than late delivery, within a reasonable time:

(i) after he knew or ought to have known of the breach;

(ii) after the expiration of any additional period of time fixed by the buyer in accordance with paragraph (1) of article 47, or after the seller has declared that he will not perform his obligations within such an additional period; or

(iii) after the expiration of any additional period of time indicated by the seller in accordance with paragraph (2) of article 48, or after the buyer has declared that he will not accept performance.

제49조

(1) 매수인은 다음의 경우에 계약을 해제할 수 있다.

(가) 계약 또는 이 협약상 매도인의 의무 불이행이 본질적 계약위반으로 되는 경우

(나) 인도 불이행의 경우에는, 매도인이 제47조 제1항에 따라 매수인이 정한 부가기간 내에 물품을 인도하지 아니하거나 그 기간 내에 인도하지 아니하겠다고 선언한 경우

(2) 그러나 매도인이 물품을 인도한 경우에는, 매수인은 다음의 기간 내에 계약을 해제하지 아니하는 한 계약해제권을 상실한다.

(가) 인도지체의 경우, 매수인이 인도가 이루어진 것을 안 후 합리적인 기간 내

(나) 인도지체 이외의 위반의 경우, 다음의 시기로부터 합리적인 기간 내

(i) 매수인이 그 위반을 알았거나 또는 알 수 있었던 때

(ii) 매수인이 제47조 제1항에 따라 정한 부가기간이 경과한 때 또는 매도인이 그 부가기간 내에 의무를 이행하지 아니하겠다고 선언한 때

(iii) 매도인이 제48조 제2항에 따라 정한 부가기간이 경과한 때 또는 매수인이 이행을 수령하지 아니하겠다고 선언한 때

Article 50

If the goods do not conform with the contract and whether or not the price has already been paid, the buyer may reduce the price in the same proportion as the value that the goods actually delivered had at the time of the delivery bears to the value that conforming goods would have had at that time. However, if the seller remedies any failure to perform his obligations in accordance with article 37 or article 48 or if the buyer refuses to accept performance by the seller in accordance with those articles, the buyer may not reduce the price.

제50조

물품이 계약에 부적합한 경우에, 대금의 지급 여부에 관계없이 매수인은 현실로 인도된 물품이 인도 시에 가지고 있던 가액이 계약에 적합한 물품이 그때에 가지고 있었을 가액에 대하여 가지는 비율에 따라 대금을 감액할 수 있다. 다만, 매도인이 제37조나 제48조에 따라 의무의 불이행을 치유하거나 매수인이 동 조항에 따라 매도인의 이행 수령을 거절한 경우에는 대금을 감액할 수 없다.

Article 51

(1) If the seller delivers only a part of the goods or if only a part of the goods delivered is in conformity with the contract, articles 46 to 50 apply in respect of the part which is missing or which does not conform.

(2) The buyer may declare the contract avoided in its entirety only if the failure to make delivery completely or in conformity with the contract amounts to a fundamental breach of the contract.

제51조

(1) 매도인이 물품의 일부만을 인도하거나 인도된 물품의 일부만이 계약에 적합한 경우에, 제46조 내지 제50조는 부족 또는 부적합한 부분에 적용된다.

(2) 매수인은 인도가 완전하게 또는 계약에 적합하게 이루어지지 아니한 것이 본질적 계약위반으로 되는 경우에 한하여 계약 전체를 해제할 수 있다.

Article 52

(1) If the seller delivers the goods before the date fixed, the buyer may take delivery or refuse to take delivery.

(2) If the seller delivers a quantity of goods greater than that provided for in the contract, the buyer may take delivery or refuse to take delivery of the excess quantity. If the buyer takes delivery of all or part of the excess quantity, he must pay for it at the contract rate.

제52조

(1) 매도인이 이행기 전에 물품을 인도한 경우에, 매수인은 이를 수령하거나 거절할 수 있다.

(2) 매도인이 계약에서 정한 것보다 다량의 물품을 인도한 경우에, 매수인은 초과분을 수령하거나 이를 거절할 수 있다. 매수인이 초과분의 전부 또는 일부를 수령한 경우에는 계약대금의 비율에 따라 그 대금을 지급하여야 한다.

Chapter III

OBLIGATIONS OF THE BUYER_제3장 매수인의 의무

Article 53

The buyer must pay the price for the goods and take delivery of them as required by the contract and this Convention.

제53조

매수인은 계약과 이 협약에 따라, 물품의 대금을 지급하고 물품의 인도를 수령하여야 한다.

Section I. Payment of the price_제1절 대금의 지급

Article 54

The buyer's obligation to pay the price includes taking such steps and complying with such formalities as may be required under the contract or any laws and regulations to enable payment to be made.

제54조

매수인의 대금지급의무에는 그 지급을 위하여 계약 또는 법령에서 정한 조치를 취하고 절차를 따르는 것이 포함된다.

Article 55

Where a contract has been validly concluded but does not expressly or implicitly fix or make provision for determining the price, the parties are considered, in the absence of any indication to the contrary, to have impliedly made reference to the price generally charged at the time of the conclusion of the contract for such goods sold under comparable circumstances in the trade concerned.

제55조

계약이 유효하게 성립되었으나 그 대금을 명시적 또는 묵시적으로 정하고 있지 아니하거나 이를 정하기 위한 조항을 두지 아니한 경우에는, 당사자는 반대의 표시가 없는 한, 계약체결 시에 당해 거래와 유사한 상황에서 매도되는 그러한 종류의 물품에 대하여 일반적으로 청구되는 대금을 묵시적으로 정한 것으로 본다.

Article 56

If the price is fixed according to the weight of the goods, in case of doubt it is to be determined by the net weight.

제56조

대금이 물품의 중량에 따라 정하여지는 경우에, 의심이 있는 때에는 순중량에 의하여 대금을 결정하는 것으로 한다.

Article 57

(1) If the buyer is not bound to pay the price at any other particular place, he must pay it to the seller:

(a) at the seller's place of business; or

(b) if the payment is to be made against the handing over of the goods or of documents, at the place where the handing over takes place.

(2) The seller must bear any increase in the expenses incidental to payment which is caused by a change in his place of business subsequent to the conclusion of the contract.

제57조

(1) 매수인이 다른 특정한 장소에서 대금을 지급할 의무가 없는 경우에는, 다음의 장소에서 매도인에게 이를 지급하여야 한다.

(가) 매도인의 영업소, 또는

(나) 대금이 물품 또는 서류의 교부와 상환하여 지급되어야 하는 경우에는 그 교부가 이루어지는 장소

(2) 매도인은 계약체결 후에 자신의 영업소를 변경함으로써 발생하는 대금지급에 대한 부수비용의 증가액을 부담하여야 한다.

Article 58

(1) If the buyer is not bound to pay the price at any other specific time, he must pay it when the seller places either the goods or documents controlling their disposition at the buyer's disposal in accordance with the 18 United Nations Convention on Contracts for the International Sale of Goods contract and this Convention. The seller may make such payment a condition for handing over the goods or documents.

(2) If the contract involves carriage of the goods, the seller may dispatch the goods on terms whereby the goods, or documents controlling their disposition, will not be handed over to the buyer except against payment of the price.

(3) The buyer is not bound to pay the price until he has had an opportunity to examine the goods, unless the procedures for delivery or payment agreed upon by the parties are inconsistent with his having such an opportunity.

제58조

(1) 매수인이 다른 특정한 시기에 대금을 지급할 의무가 없는 경우에는, 매수인은 매도인이 계약과 이 협약에 따라 물품 또는 그 처분을 지배하는 서류를 매수인의 처분하에 두는 때에 대금을 지급하여야 한다. 매도인은 그 지급을 물품 또는 서류의 교부를 위한 조건으로 할 수 있다.

(2) 계약에 물품의 운송이 포함되는 경우에는, 매도인은 대금의 지급과 상환하여서만 물품 또는 그 처분을 지배하는 서류를 매수인에게 교부한다는 조건으로 물품을 발송할 수 있다.

(3) 매수인은 물품을 검사할 기회를 가질 때까지는 대금을 지급할 의무가 없다. 다만, 당사자 간에 합의된 인도 또는 지급절차가 매수인이 검사 기회를 가지는 것과 양립하지 아니하는 경우에는 그러하지 아니하다.

Article 59

The buyer must pay the price on the date fixed by or determinable from the contract and this Convention without the need for any request or compliance with any formality on the part of the seller.

제59조

매수인은 계약 또는 이 협약에서 지정되거나 확정될 수 있는 기일에 대금을 지급하여야 하며, 이 경우 매도인의 입장에서는 어떠한 요구를 하거나 절차를 따를 필요가 없다.

Section II. Taking delivery_제2절 인도의 수령

Article 60

The buyer's obligation to take delivery consists:

(a) in doing all the acts which could reasonably be expected of him in order to enable the seller to make delivery; and

(b) in taking over the goods.

제60조

매수인의 수령의무는 다음과 같다.

(가) 매도인의 인도를 가능하게 하기 위하여 매수인에게 합리적으로 기대될 수 있는 모든 행위를 하는 것, 및

(나) 물품을 수령하는 것

Section III. Remedies for breach of contract by the buyer
_제3절 매수인의 계약위반에 대한 구제

Article 61

(1) If the buyer fails to perform any of his obligations under the contract or this Convention, the seller may:

(a) exercise the rights provided in articles 62 to 65;

(b) claim damages as provided in articles 74 to 77.

(2) The seller is not deprived of any right he may have to claim damages by exercising his right to other remedies.

(3) No period of grace may be granted to the buyer by a court or arbitral tribunal when the seller resorts to a remedy for breach of contract.

제61조

(1) 매수인이 계약 또는 이 협약상의 의무를 이행하지 아니하는 경우에 매도인은 다음을 할 수 있다.

(가) 제62조 내지 제65조에서 정한 권리의 행사
(나) 제74조 내지 제77조에서 정한 손해배상의 청구

(2) 매도인이 손해배상을 청구하는 권리는 다른 구제를 구하는 권리를 행사함으로써 상실되지 아니한다.

(3) 매도인이 계약위반에 대한 구제를 구하는 경우에, 법원 또는 중재판정부는 매수인에게 유예기간을 부여할 수 없다.

Article 62

The seller may require the buyer to pay the price, take delivery or perform his other obligations, unless the seller has resorted to a remedy which is inconsistent with this requirement.

제62조

매도인은 매수인에게 대금의 지급, 인도의 수령 또는 그 밖의 의무의 이행을 청구할 수 있다. 다만, 매도인이 그 청구와 양립하지 아니하는 구제를 구한 경우에는 그러하지 아니하다.

Article 63

(1) The seller may fix an additional period of time of reasonable length for performance by the buyer of his obligations.

(2) Unless the seller has received notice from the buyer that he will not perform within the period so fixed, the seller may not, during that period, resort to any remedy for breach of contract. However, the seller is not deprived thereby of any right he may have to claim damages for delay in performance.

제63조

(1) 매도인은 매수인의 의무이행을 위하여 합리적인 부가기간을 정할 수 있다.

(2) 매수인으로부터 그 부가기간 내에 이행을 하지 아니하겠다는 통지를 수령한 경우를 제외하고, 매도인은 그 기간 중 계약위반에 대한 구제를 구할 수 없다. 다만, 매도인은 이행지체에 대한 손해배상을 청구할 권리를 상실하지 아니한다.

Article 64

(1) The seller may declare the contract avoided:

(a) if the failure by the buyer to perform any of his obligations under the contract or this Convention amounts to a fundamental breach of contract; or

(b) if the buyer does not, within the additional period of time fixed by the seller in accordance with paragraph (1) of article 63, perform his obligation to pay the price or take delivery of the goods, or if he declares that he will not do so within the period so fixed.

(2) However, in cases where the buyer has paid the price, the seller loses the right to declare the contract avoided unless he does so:

- (a) in respect of late performance by the buyer, before the seller has become aware that performance has been rendered; or
- (b) in respect of any breach other than late performance by the buyer, within a reasonable time:
  - (i) after the seller knew or ought to have known of the breach; or
  - (ii) after the expiration of any additional period of time fixed by the seller in accordance with paragraph (1) of article 63, or after the buyer has declared that he will not perform his obligations within such an additional period.

제64조

(1) 매도인은 다음의 경우에 계약을 해제할 수 있다.

(가) 계약 또는 이 협약상 매수인의 의무 불이행이 본질적 계약위반으로 되는 경우

(나) 매수인이 제63조 제1항에 따라 매도인이 정한 부가기간 내에 대금지급 또는 물품수령 의무를 이행하지 아니하거나 그 기간 내에 그러한 의무를 이행하지 아니하겠다고 선언한 경우

(2) 그러나 매수인이 대금을 지급한 경우에는, 매도인은 다음의 기간 내에 계약을 해제하지 아니하는 한 계약해제권을 상실한다.

(가) 매수인의 이행지체의 경우, 매도인이 이행이 이루어진 것을 알기 전

(나) 매수인의 이행지체 이외의 위반의 경우, 다음의 시기로부터 합리적인 기간 내

(i) 매도인이 그 위반을 알았거나 또는 알 수 있었던 때

(ii) 매도인이 제63조 제1항에 따라 정한 부가기간이 경과한 때 또는 매수인이 그 부가기간 내에 의무를 이행하지 아니하겠다고 선언한 때

Article 65

(1) If under the contract the buyer is to specify the form, measurement or other features of the goods and he fails to make such specification either on the date agreed upon or within a reasonable time after receipt of a request from the seller, the seller may, without prejudice to any other rights he may have, make the specification himself in accordance with the requirements of the buyer that may be known to him.

(2) If the seller makes the specification himself, he must inform the buyer of the details thereof and must fix a reasonable time within which the buyer may make a different specification. If, after receipt of such a communication, the buyer fails to do so within the time so fixed, the specification made by the seller is binding.

제65조

(1) 계약상 매수인이 물품의 형태, 규격 그 밖의 특징을 지정하여야 하는 경우에, 매수인이 합의된 기일 또는 매도인으로부터 요구를 수령한 후 합리적인 기간 내에 그 지정을 하지 아니한 경우에는, 매도인은 자신이 보유하는 다른 권리를 해함이 없이, 자신이 알고 있는 매수인의 필요에 따라 스스로 지정할 수 있다.

(2) 매도인은 스스로 지정하는 경우에 매수인에게 그 상세한 사정을 통고하고, 매수인이 그와 다른 지정을 할 수 있도록 합리적인 기간을 정하여야 한다. 매수인이 그 통지를 수령한 후 정하여진 기간 내에 다른 지정을 하지 아니하는 경우에는, 매도인의 지정이 구속력을 가진다.

Chapter IV
PASSING OF RISK_제4장 위험의 이전

Article 66

Loss of or damage to the goods after the risk has passed to the buyer does not discharge him from his obligation to pay the price, unless the loss or damage is due to an act or omission of the seller.

제66조

위험이 매수인에게 이전된 후에 물품이 멸실 또는 훼손되더라도 매수인은 대금지급의무를 면하지 못한다. 다만, 그 멸실 또는 훼손이 매도인의 작위 또는 부작위로 인한 경우에는 그러하지 아니하다.

Article 67

(1) If the contract of sale involves carriage of the goods and the seller is not bound to hand them over at a particular place, the risk passes to the buyer when the goods are handed over to the first carrier for transmission to the buyer in accordance with the contract of sale. If the seller is bound to hand the goods over to a carrier at a particular place, the risk does not pass to the buyer until the goods are handed over to the carrier at that place. The fact that the seller is authorized to retain documents controlling the disposition of the goods does not affect the passage of the risk.

(2) Nevertheless, the risk does not pass to the buyer until the goods are clearly identified to the contract, whether by markings on the goods, by shipping documents, by notice given to the buyer or otherwise.

제67조

(1) 매매계약에 물품의 운송이 포함되어 있고, 매도인이 특정한 장소에서 이를 교부할 의무가 없는 경우에, 위험은 매매계약에 따라 매수인에게 전달하기 위하여 물품이 제1운송인에게 교부된 때에 매수인에게 이전한다. 매도인이 특정한 장소에서 물품을 운송인에게 교부하여야 하는 경우에는, 위험은 그 장소에서 물품이 운송인에게 교부될 때까지 매수인에게 이전하지 아니한다. 매도인이 물품의 처분을 지배하는 서류를 보유할 권한이 있다는 사실은 위험의 이전에 영향을 미치지 아니한다.

(2) 제1항에도 불구하고 위험은 물품이 하인(荷印), 선적서류, 매수인에 대한 통지 그 밖의 방법에 의하여 계약상 명확히 특정될 때까지 매수인에게 이전하지 아니한다.

Article 68

The risk in respect of goods sold in transit passes to the buyer from the time of the conclusion of the contract. However, if the circumstances so indicate, the risk is assumed by the buyer from the time the goods were handed over to the carrier who issued the documents embodying the contract of carriage. Nevertheless, if at the time of the conclusion of the contract of sale the seller knew or ought to have known that the goods had been lost or damaged and did not disclose this to the buyer, the loss or damage is at the risk of the seller.

제68조

운송 중에 매도된 물품에 관한 위험은 계약체결 시에 매수인에게 이전한다. 다만, 특별한 사정이 있는 경우에는, 위험은 운송계약을 표창하는 서류를 발행한 운송인에게 물품이 교부된 때부터 매수인이 부담한다. 그럼에도 불구하고, 매도인이 매매계약의 체결 시에 물품이 멸실 또는 훼손된 것을 알았거나 알았어야 했고, 매수인에게 이를 밝히지 아니한 경우에는, 그 멸실 또는 훼손은 매도인의 위험으로 한다.

Article 69

(1) In cases not within articles 67 and 68, the risk passes to the buyer when he takes over the goods or, if he does not do so in due time, from the time when the goods are placed at his disposal and he commits a breach of contract by failing to take delivery.

(2) However, if the buyer is bound to take over the goods at a place other than a place of business of the seller, the risk passes when delivery is due and the buyer is aware of the fact that the goods are placed at his disposal at that place.

(3) If the contract relates to goods not then identified, the goods are considered

not to be placed at the disposal of the buyer until they are clearly identified to the contract.

제69조

(1) 제67조와 제68조가 적용되지 아니하는 경우에, 위험은 매수인이 물품을 수령한 때, 매수인이 적시에 이를 수령하지 아니한 경우에는 물품이 매수인의 처분하에 놓여지고 매수인이 이를 수령하지 아니하여 계약을 위반하는 때에 매수인에게 이전한다.

(2) 매수인이 매도인의 영업소 이외의 장소에서 물품을 수령하여야 하는 경우에는, 위험은 인도기일이 도래하고 물품이 그 장소에서 매수인의 처분 하에 놓여진 것을 매수인이 안 때에 이전한다.

(3) 불특정물에 관한 계약의 경우에, 물품은 계약상 명확히 특정될 때까지 매수인의 처분하에 놓여지지 아니한 것으로 본다.

Article 70

If the seller has committed a fundamental breach of contract, articles 67, 68 and 69 do not impair the remedies available to the buyer on account of the breach.

제70조

매도인이 본질적 계약위반을 한 경우에는, 제67조, 제68조 및 제69조는 매수인이 그 위반을 이유로 구할 수 있는 구제를 방해하지 아니한다.

Chapter V

PROVISIONS COMMON TO THE OBLIGATIONS OF THE SELLER AND OF THE BUYER_제5장 매도인과 매수인의 의무에 공통되는 규정

Section I. Anticipatory breach and instalment contracts _제1절 이행이전의 계약위반과 분할인도계약

Article 71

(1) A party may suspend the performance of his obligations if, after the conclusion of the contract, it becomes apparent that the other party will not perform a substantial part of his obligations as a result of:

(a) a serious deficiency in his ability to perform or in his credit worthiness; or

(b) his conduct in preparing to perform or in performing the contract.

(2) If the seller has already dispatched the goods before the grounds described in the preceding paragraph become evident, he may prevent the handing over of the goods to the buyer even though the buyer holds a document which entitles him to obtain them. The present paragraph relates only to the rights in the goods as between the buyer and the seller.

(3) A party suspending performance, whether before or after dispatch of the goods, must immediately give notice of the suspension to the other party and must continue with performance if the other party provides adequate assurance of his performance.

제71조

(1) 당사자는 계약체결 후 다음의 사유로 상대방이 의무의 실질적 부분을 이행하지 아니할 것이 판명된 경우에는, 자신의 의무이행을 정지할 수 있다.

(가) 상대방의 이행능력 또는 신용도의 중대한 결함

(나) 계약의 이행 준비 또는 이행에 관한 상대방의 행위

(2) 제1항의 사유가 명백하게 되기 전에 매도인이 물품을 발송한 경우에는, 매수인이 물품을 취득할 수 있는 증권을 소지하고 있더라도 매도인은 물품이 매수인에게 교부되는 것을 저지할 수 있다. 이 항은 매도인과 매수인 간의 물품에 관한 권리에 대하여만 적용된다.

(3) 이행을 정지한 당사자는 물품의 발송 전후에 관계없이 즉시 상대방에게 그 정지를 통지하여야 하고, 상대방이 그 이행에 관하여 적절한 보장을 제공한 경우에는 이행을 계속하여야 한다.

Article 72

(1) If prior to the date for performance of the contract it is clear that one of the parties will commit a fundamental breach of contract, the other party may declare the contract avoided.

(2) If time allows, the party intending to declare the contract avoided must give reasonable notice to the other party in order to permit him to provide adequate assurance of his performance.

(3) The requirements of the preceding paragraph do not apply if the other party has declared that he will not perform his obligations.

제72조

(1) 계약의 이행기일 전에 당사자 일방이 본질적 계약위반을 할 것이 명백한 경우에는, 상대방은 계약을 해제할 수 있다.

(2) 시간이 허용하는 경우에는, 계약을 해제하려고 하는 당사자는 상대방이 이행에 관하여 적절한 보장을 제공할 수 있도록 상대방에게 합리적인 통지를 하여야 한다.

(3) 제2항의 요건은 상대방이 그 의무를 이행하지 아니하겠다고 선언한 경우에는 적용되지 아니한다.

Article 73

(1) In the case of a contract for delivery of goods by instalments, if the failure of one party to perform any of his obligations in respect of any instalment constitutes a fundamental breach of contract with respect to that instalment, the other party may declare the contract avoided with respect to that instalment.

(2) If one party's failure to perform any of his obligations in respect of any instalment gives the other party good grounds to conclude that a fundamental breach of contract will occur with respect to future instalments, he may declare the contract avoided for the future, provided that he does so within a reasonable time.

(3) A buyer who declares the contract avoided in respect of any delivery may, at the same time, declare it avoided in respect of deliveries already made or of future deliveries if, by reason of their interdependence, those deliveries could not be used for the purpose contemplated by the parties at the time of the conclusion of the contract.

제73조

(1) 물품을 분할하여 인도하는 계약에서 어느 분할부분에 관한 당사자 일방의 의무 불이행이 그 분할부분에 관하여 본질적 계약위반이 되는 경우에는, 상대방은 그 분할부분에 관하여 계약을 해제할 수 있다.

(2) 어느 분할부분에 관한 당사자 일방의 의무 불이행이 장래의 분할부분에 대한 본질적 계약위반의 발생을 추단하는 데에 충분한 근거가 되는 경우에는, 상대방은 장래에 향하여 계약을 해제할 수 있다. 다만, 그 해제는 합리적인 기간 내에 이루어져야 한다.

(3) 어느 인도에 대하여 계약을 해제하는 매수인은, 이미 행하여진 인도 또는 장래의 인도가 그 인도와의 상호 의존관계로 인하여 계약체결 시에 당사자 쌍방이 예상했던 목적으로 사용될 수 없는 경우에는, 이미 행하여진 인도 또는 장래의 인도에 대하여도 동시에 계약을 해제할 수 있다.

Section II. Damages_제2절 손해배상액

Article 74

Damages for breach of contract by one party consist of a sum equal to the loss, including loss of profit, suffered by the other party as a consequence of the breach. Such damages may not exceed the loss which the party in breach foresaw or ought to have foreseen at the time of the conclusion of the contract, in the light of the facts and matters of which he then knew or ought to have known, as a possible consequence of the breach of contract.

제74조

당사자 일방의 계약위반으로 인한 손해배상액은 이익의 상실을 포함하여 그 위반의 결과 상대방이 입은 손실과 동등한 금액으로 한다. 그 손해배상액은 위반 당사자가 계약체결 시에 알았거나 알 수 있었던 사실과 사정에 비추어, 계약위반의 가능한 결과로서 발생할 것을 예견하였거나 예견할 수 있었던 손실을 초과할 수 없다.

Article 75

If the contract is avoided and if, in a reasonable manner and within a reasonable time after avoidance, the buyer has bought goods in replacement or the seller has resold the goods, the party claiming damages may recover the difference between the contract price and the price in the substitute transaction as well as any further damages recoverable under article 74.

제75조

계약이 해제되고 계약해제 후 합리적인 방법으로, 합리적인 기간 내에 매수인이 대체물을 매수하거나 매도인이 물품을 재매각한 경우에, 손해배상을 청구하는 당사자는 계약대금과 대체거래대금과의 차액 및 그 외에 제74조에 따른 손해액을 배상받을 수 있다.

Article 76

(1) If the contract is avoided and there is a current price for the goods, the party claiming damages may, if he has not made a purchase or resale under article 75, recover the difference between the price fixed by the contract and the current price at the time of avoidance as well as any further damages recoverable under article 74. If, however, the party claiming damages has

avoided the contract after taking over the goods, the current price at the time of such taking over shall be applied instead of the current price at the time of avoidance.

(2) For the purposes of the preceding paragraph, the current price is the price prevailing at the place where delivery of the goods should have been made or, if there is no current price at that place, the price at such other place as serves as a reasonable substitute, making due allowance for differences in the cost of transporting the goods.

제76조

(1) 계약이 해제되고 물품에 시가가 있는 경우에, 손해배상을 청구하는 당사자는 제75조에 따라 구입 또는 재매각하지 아니하였다면 계약대금과 계약해제 시의 시가와의 차액 및 그 외에 제74조에 따른 손해액을 배상받을 수 있다. 다만, 손해배상을 청구하는 당사자가 물품을 수령한 후에 계약을 해제한 경우에는, 해제 시의 시가에 갈음하여 물품 수령 시의 시가를 적용한다.

(2) 제1항의 적용상, 시가는 물품이 인도되었어야 했던 장소에서의 지배적인 가격, 그 장소에 시가가 없는 경우에는 물품 운송비용의 차액을 적절히 고려하여 합리적으로 대체할 수 있는 다른 장소에서의 가격을 말한다.

Article 77

A party who relies on a breach of contract must take such measures as are reasonable in the circumstances to mitigate the loss, including loss of profit, resulting from the breach. If he fails to take such measures, the party in breach may claim a reduction in the damages in the amount by which the loss should have been mitigated.

제77조

계약위반을 주장하는 당사자는 이익의 상실을 포함하여 그 위반으로 인한 손실을 경감하기 위하여 그 상황에서 합리적인 조치를 취하여야 한다. 계약위반을 주장하는 당사자가 그 조치를 취하지 아니한 경우에는, 위반 당사자는 경감되었어야 했던 손실액만큼 손해배상액의 감액을 청구할 수 있다.

Section III. Interest_제3절 이자

Article 78

If a party fails to pay the price or any other sum that is in arrears, the other party is entitled to interest on it, without prejudice to any claim for damages recoverable under article 74.

제78조

당사자가 대금 그 밖의 연체된 금액을 지급하지 아니하는 경우에, 상대방은 제74조에 따른 손해배상청구권을 해함이 없이, 그 금액에 대한 이자를 청구할 수 있다.

Section IV. Exemptions_제4절 면책

Article 79

(1) A party is not liable for a failure to perform any of his obligations if he proves that the failure was due to an impediment beyond his control and that

he could not reasonably be expected to have taken the impediment into account at the time of the conclusion of the contract or to have avoided or overcome it, or its consequences.

(2) If the party's failure is due to the failure by a third person whom he has engaged to perform the whole or a part of the contract, that party is exempt from liability only if:

(a) he is exempt under the preceding paragraph; and

(b) the person whom he has so engaged would be so exempt if the provisions of that paragraph were applied to him.

(3) The exemption provided by this article has effect for the period during which the impediment exists.

(4) The party who fails to perform must give notice to the other party of the impediment and its effect on his ability to perform. If the notice is not received by the other party within a reasonable time after the party who fails to perform knew or ought to have known of the impediment, he is liable for damages resulting from such non-receipt.

(5) Nothing in this article prevents either party from exercising any right other than to claim damages under this Convention.

제79조

(1) 당사자는 그 의무의 불이행이 자신이 통제할 수 없는 장애에 기인하였다는 것과 계약체결 시에 그 장애를 고려하거나 또는 그 장애나 그로 인한 결과를 회피하거나 극복하는 것이 합리적으로 기대될 수 없었다는 것을 증명하는 경우에는, 그 의무불이행에 대하여 책임이 없다.

(2) 당사자의 불이행이 계약의 전부 또는 일부의 이행을 위하여 사용한 제3자의 불이행으로 인한 경우에는, 그 당사자는 다음의 경우에 한하여 그 책임을 면한다.

(가) 당사자가 제1항의 규정에 의하여 면책되고, 또한

(나) 당사자가 사용한 제3자도 그에게 제1항이 적용된다면 면책되는 경우

(3) 이 조에 규정된 면책은 장애가 존재하는 기간 동안에 효력을 가진다.

(4) 불이행 당사자는 장애가 존재한다는 것과 그 장애가 자신의 이행능력에 미치는 영향을 상대방에게 통지하여야 한다. 불이행 당사자가 장애를 알았거나 알았어야 했던 때로부터 합리적인 기간 내에 상대방이 그 통지를 수령하지 못한 경우에는, 불이행 당사자는 불수령으로 인한 손해에 대하여 책임이 있다.

(5) 이 조는 어느 당사자가 이 협약에 따라 손해배상 청구권 이외의 권리를 행사하는 것을 방해하지 아니한다.

Article 80

A party may not rely on a failure of the other party to perform, to the extent that such failure was caused by the first party's act or omission.

제80조

당사자는 상대방의 불이행이 자신의 작위 또는 부작위에 기인하는 한, 상대방의 불이행을 주장할 수 없다.

Section V. Effects of avoidance_제5절 해제의 효력

Article 81

(1) Avoidance of the contract releases both parties from their obligations under it, subject to any damages which may be due. Avoidance does not affect any provision of the contract for the settlement of disputes or any other provision

of the contract governing the rights and obligations of the parties consequent upon the avoidance of the contract.

(2) A party who has performed the contract either wholly or in part may claim restitution from the other party of whatever the first party has supplied or paid under the contract. If both parties are bound to make restitution, they must do so concurrently.

제81조

(1) 계약의 해제는 손해배상의무를 제외하고 당사자 쌍방을 계약상의 의무로부터 면하게 한다. 해제는 계약상의 분쟁해결조항 또는 해제의 결과 발생하는 당사자의 권리의무를 규율하는 그 밖의 계약조항에 영향을 미치지 아니한다.

(2) 계약의 전부 또는 일부를 이행한 당사자는 상대방에게 자신이 계약상 공급 또는 지급한 것의 반환을 청구할 수 있다. 당사자 쌍방이 반환하여야 하는 경우에는 동시에 반환하여야 한다.

Article 82

(1) The buyer loses the right to declare the contract avoided or to require the seller to deliver substitute goods if it is impossible for him to make restitution of the goods substantially in the condition in which he received them.

(2) The preceding paragraph does not apply:

(a) if the impossibility of making restitution of the goods or of making restitution of the goods substantially in the condition in which the buyer received them is not due to his act or omission;

(b) if the goods or part of the goods have perished or deteriorated as a result of the examination provided for in article 38; or

(c) if the goods or part of the goods have been sold in the normal course of business or have been consumed or transformed by the buyer in the course of normal use before he discovered or ought to have discovered the lack of conformity.

제82조

(1) 매수인이 물품을 수령한 상태와 실질적으로 동일한 상태로 그 물품을 반환할 수 없는 경우에는, 매수인은 계약을 해제하거나 매도인에게 대체물을 청구할 권리를 상실한다.

(2) 제1항은 다음의 경우에는 적용되지 아니한다.

(가) 물품을 반환할 수 없거나 수령한 상태와 실질적으로 동일한 상태로 반환할 수 없는 것이 매수인의 작위 또는 부작위에 기인하지 아니한 경우

(나) 물품의 전부 또는 일부가 제38조에 따른 검사의 결과로 멸실 또는 훼손된 경우

(다) 매수인이 부적합을 발견하였거나 발견하였어야 했던 시점 전에, 물품의 전부 또는 일부가 정상적인 거래과정에서 매각되거나 통상의 용법에 따라 소비 또는 변형된 경우

Article 83

A buyer who has lost the right to declare the contract avoided or to require the seller to deliver substitute goods in accordance with article 82 retains all other remedies under the contract and this Convention.

제83조

매수인은, 제82조에 따라 계약해제권 또는 대체물인도청구권을 상실한 경우에도, 계약과 이 협약에 따른 그 밖의 모든 구제권을 보유한다.

Article 84

(1) If the seller is bound to refund the price, he must also pay interest on it, from the date on which the price was paid.

(2) The buyer must account to the seller for all benefits which he has derived from the goods or part of them:

(a) if he must make restitution of the goods or part of them; or

(b) if it is impossible for him to make restitution of all or part of the goods or to make restitution of all or part of the goods substantially in the condition in which he received them, but he has nevertheless declared the contract avoided or required the seller to deliver substitute goods.

제84조

(1) 매도인은 대금을 반환하여야 하는 경우에, 대금이 지급된 날부터 그에 대한 이자도 지급하여야 한다.

(2) 매수인은 다음의 경우에는 물품의 전부 또는 일부로부터 발생된 모든 이익을 매도인에게 지급하여야 한다.

(가) 매수인이 물품의 전부 또는 일부를 반환하여야 하는 경우

(나) 물품의 전부 또는 일부를 반환할 수 없거나 수령한 상태와 실질적으로 동일한 상태로 전부 또는 일부를 반환할 수 없음에도 불구하고, 매수인이 계약을 해제하거나 매도인에게 대체물의 인도를 청구한 경우

Article 85

If the buyer is in delay in taking delivery of the goods or, where payment of the price and delivery of the goods are to be made concurrently, if he fails to pay the price, and the seller is either in possession of the goods or otherwise able to control their disposition, the seller must take such steps as are reasonable in the circumstances to preserve them. He is entitled to retain them until he has been reimbursed his reasonable expenses by the buyer.

제85조

매수인이 물품 인도의 수령을 지체하거나 또는 대금지급과 물품 인도가 동시에 이루어져야 함에도 매수인이 대금을 지급하지 아니한 경우로서, 매도인이 물품을 점유하거나 그 밖의 방법으로 그 처분을 지배할 수 있는 경우에는, 매도인은 물품을 보관하기 위하여 그 상황에서 합리적인 조치를 취하여야 한다. 매도인은 매수인으로부터 합리적인 비용을 상환 받을 때까지 그 물품을 보유할 수 있다.

Article 86

(1) If the buyer has received the goods and intends to exercise any right under the contract or this Convention to reject them, he must take such steps to preserve them as are reasonable in the circumstances. He is entitled to retain them until he has been reimbursed his reasonable expenses by the seller.

(2) If goods dispatched to the buyer have been placed at his disposal at their destination and he exercises the right to reject them, he must take possession of them on behalf of the seller, provided that this can be done without

payment of the price and without unreasonable inconvenience or unreasonable expense. This provision does not apply if the seller or a person authorized to take charge of the goods on his behalf is present at the destination. If the buyer takes possession of the goods under this paragraph, his rights and obligations are governed by the preceding paragraph.

제86조

(1) 매수인이 물품을 수령한 후 그 물품을 거절하기 위하여 계약 또는 이 협약에 따른 권리를 행사하려고 하는 경우에는, 매수인은 물품을 보관하기 위하여 그 상황에서 합리적인 조치를 취하여야 한다. 매수인은 매도인으로부터 합리적인 비용을 상환받을 때까지 그 물품을 보유할 수 있다.

(2) 매수인에게 발송된 물품이 목적지에서 매수인의 처분하에 놓여지고, 매수인이 그 물품을 거절하는 권리를 행사하는 경우에, 매수인은 매도인을 위하여 그 물품을 점유하여야 한다. 다만, 대금 지급 및 불합리한 불편이나 경비소요 없이 점유할 수 있는 경우에 한한다. 이 항은 매도인이나 그를 위하여 물품을 관리하는 자가 목적지에 있는 경우에는 적용되지 아니한다. 매수인이 이 항에 따라 물품을 점유하는 경우에는, 매수인의 권리와 의무에 대하여는 제1항이 적용된다.

Article 87

A party who is bound to take steps to preserve the goods may deposit them in a warehouse of a third person at the expense of the other party provided that the expense incurred is not unreasonable.

제87조

물품을 보관하기 위한 조치를 취하여야 하는 당사자는 그 비용이 불합리하지 아니하는 한, 상대방의 비용으로 물품을 제3자의 창고에 임치할 수 있다.

Article 88

(1) A party who is bound to preserve the goods in accordance with article 85 or 86 may sell them by any appropriate means if there has been an unreasonable delay by the other party in taking possession of the goods or in taking them back or in paying the price or the cost of preservation, provided that reasonable notice of the intention to sell has been given to the other party.

(2) If the goods are subject to rapid deterioration or their preservation would involve unreasonable expense, a party who is bound to preserve the goods in accordance with article 85 or 86 must take reasonable measures to sell them. To the extent possible he must give notice to the other party of his intention to sell.

(3) A party selling the goods has the right to retain out of the proceeds of sale an amount equal to the reasonable expenses of preserving the goods and of selling them. He must account to the other party for the balance.

제88조

(1) 제85조 또는 제86조에 따라 물품을 보관하여야 하는 당사자는 상대방이 물품을 점유하거나 반환받거나 또는 대금이나 보관비용을 지급하는 데 불합리하게 지체하는 경우에는, 상대방에게 매각의사를 합리적으로 통지하는 한, 적절한 방법으로 물품을 매각할 수 있다.

(2) 물품이 급속히 훼손되기 쉽거나 그 보관에 불합리한 경비를 요하는 경우에는, 제

85조 또는 제86조에 따라 물품을 보관하여야 하는 당사자는 물품을 매각하기 위하여 합리적인 조치를 취하여야 한다. 이 경우에 가능한 한도에서 상대방에게 매각의사가 통지되어야 한다.

(3) 물품을 매각한 당사자는 매각대금에서 물품을 보관하고 매각하는 데 소요된 합리적인 비용과 동일한 금액을 보유할 권리가 있다. 그 차액은 상대방에게 반환되어야 한다.

PART IV. FINAL PROVISIONS
제4편 최종규정

Article 89

The Secretary－General of the United Nations is hereby designated as the depositary for this Convention.

제89조

국제연합 사무총장은 이 협약의 수탁자가 된다.

Article 90

This Convention does not prevail over any international agreement which has already been or may be entered into and which contains provisions 28 United Nations Convention on Contracts for the International Sale of Goods concerning the matters governed by this Convention, provided that the parties have their places of business in States parties to such agreement.

제90조

이미 발효하였거나 또는 앞으로 발효하게 될 국제협정이 이 협약이 규율하는 사항에 관하여 규정을 두고 있는 경우에, 이 협약은 그러한 국제협정에 우선하지 아니한다. 다만, 당사자가 그 협정의 당사국에 영업소를 가지고 있는 경우에 한한다.

Article 91

(1) This Convention is open for signature at the concluding meeting of the United Nations Conference on Contracts for the International Sale of Goods and will remain open for signature by all States at the Headquarters of the United Nations, New York until 30 September 1981.

(2) This Convention is subject to ratification, acceptance or approval by the signatory States.

(3) This Convention is open for accession by all States which are not signatory States as from the date it is open for signature.

(4) Instruments of ratification, acceptance, approval and accession are to be deposited with the Secretary-General of the United Nations.

제91조

(1) 이 협약은 국제물품매매계약에 관한 국제연합회의의 최종일에 서명을 위하여 개방되고, 뉴욕의 국제연합 본부에서 1981년 9월 30일까지 모든 국가에 의한 서명을 위하여 개방된다.

(2) 이 협약은 서명국에 의하여 비준, 수락 또는 승인되어야 한다.

(3) 이 협약은 서명을 위하여 개방된 날부터 서명하지 아니한 모든 국가의 가입을 위하여 개방된다.

(4) 비준서, 수락서, 승인서 또는 가입서는 국제연합 사무총장에게 기탁되어야 한다.

Article 92

(1) A Contracting State may declare at the time of signature, ratification, acceptance, approval or accession that it will not be bound by Part II of this Convention or that it will not be bound by Part III of this Convention.

(2) A Contracting State which makes a declaration in accordance with the preceding paragraph in respect of Part II or Part III of this Convention is not to be considered a Contracting State within paragraph (1) of article 1 of this Convention in respect of matters governed by the Part to which the declaration applies.

제92조

(1) 체약국은 서명, 비준, 수락, 승인 또는 가입 시에 이 협약 제2편 또는 제3편에 구속되지 아니한다는 취지의 선언을 할 수 있다.

(2) 제1항에 따라 이 협약 제2편 또는 제3편에 관하여 유보선언을 한 체약국은, 그 선언이 적용되는 편에 의하여 규율되는 사항에 관하여는 이 협약 제1조 제1항에서 말하는 체약국으로 보지 아니한다.

Article 93

(1) If a Contracting State has two or more territorial units in which, according to its constitution, different systems of law are applicable in relation to the matters dealt with in this Convention, it may, at the time of signature, ratification, acceptance, approval or accession, declare that this Convention is to extend to all its territorial units or only to one or more of them, and may amend its declaration by submitting another declaration at any time.

(2) These declarations are to be notified to the depositary and are to state expressly the territorial units to which the Convention extends.

(3) If, by virtue of a declaration under this article, this Convention extends to one or more but not all of the territorial units of a Contracting State, and if the place of business of a party is located in that State, this place of business, for the purposes of this Convention, is considered not to be in a Contracting

State, unless it is in a territorial unit to which the Convention extends.

(4) If a Contracting State makes no declaration under paragraph (1) of this article, the Convention is to extend to all territorial units of that State.

제93조

(1) 체약국이 그 헌법상 이 협약이 다루고 있는 사항에 관하여 각 영역마다 다른 법체계가 적용되는 2개 이상의 영역을 가지고 있는 경우에, 그 국가는 서명, 비준, 수락, 승인 또는 가입 시에 이 협약을 전체영역 또는 일부영역에만 적용한다는 취지의 선언을 할 수 있으며, 언제든지 새로운 선언을 함으로써 전의 선언을 수정할 수 있다.

(2) 제1항의 선언은 수탁자에게 통고하여야 하며, 이 협약이 적용되는 영역을 명시하여야 한다.

(3) 이 조의 선언에 의하여 이 협약이 체약국의 전체영역에 적용되지 아니하고 하나 또는 둘 이상의 영역에만 적용되며 또한, 당사자의 영업소가 그 국가에 있는 경우에는, 그 영업소는 이 협약의 적용상 체약국에 있지 아니한 것으로 본다. 다만, 그 영업소가 이 협약이 적용되는 영역에 있는 경우에는 그러하지 아니하다.

(4) 체약국이 제1항의 선언을 하지 아니한 경우에 이 협약은 그 국가의 전체영역에 적용된다.

Article 94

(1) Two or more Contracting States which have the same or closely related legal rules on matters governed by this Convention may at any time declare that the Convention is not to apply to contracts of sale or to their formation where the parties have their places of business in those States. Such declarations may be made jointly or by reciprocal unilateral declarations.

(2) A Contracting State which has the same or closely related legal rules on matters governed by this Convention as one or more non-Contracting States may at any time declare that the Convention is not to apply to contracts of sale or to their formation where the parties have their places of business in those States.

(3) If a State which is the object of a declaration under the preceding paragraph subsequently becomes a Contracting State, the declaration made will, as from the date on which the Convention enters into force in respect of the new Contracting State, have the effect of a declaration made under paragraph (1), provided that the new Contracting State joins in such declaration or makes a reciprocal unilateral declaration.

제94조

(1) 이 협약이 규율하는 사항에 관하여 동일하거나 또는 밀접하게 관련된 법규를 가지는 둘 이상의 체약국은, 양당사자의 영업소가 그러한 국가에 있는 경우에 이 협약을 매매계약과 그 성립에 관하여 적용하지 아니한다는 취지의 선언을 언제든지 행할 수 있다. 그러한 선언은 공동으로 또는 상호 간에 단독으로 할 수 있다.

(2) 이 협약이 규율하는 사항에 관하여 하나 또는 둘 이상의 비체약국과 동일하거나 또는 밀접하게 관련된 법규를 가지는 체약국은 양 당사자의 영업소가 그러한 국가에 있는 경우에 이 협약을 매매계약과 그 성립에 대하여 적용하지 아니한다는 취지의 선언을 언제든지 행할 수 있다.

(3) 제2항에 의한 선언의 대상이 된 국가가 그 후 체약국이 된 경우에, 그 선언은 이 협약이 새로운 체약국에 대하여 효력이 발생하는 날부터 제1항의 선언으로서 효력을 가진다. 다만, 새로운 체약국이 그 선언에 가담하거나 또는 상호 간에 단독으로 선언하는 경우에 한한다.

Article 95

Any State may declare at the time of the deposit of its instrument of ratification, acceptance, approval or accession that it will not be bound by subparagraph (1)(b) of article 1 of this Convention.

제95조

어떤 국가든지 비준서, 수락서, 승인서 또는 가입서를 기탁할 때, 이 협약 제1조 제1항 (나)호에 구속되지 아니한다는 취지의 선언을 행할 수 있다.

Article 96

A Contracting State whose legislation requires contracts of sale to be concluded in or evidenced by writing may at any time make a declaration in accordance with article 12 that any provision of article 11, article 29, or Part II of this Convention, that allows a contract of sale or its modification or termination by agreement or any offer, acceptance, or other indication of intention to be made in any form other than in writing, does not apply where any party has his place of business in that State.

제96조

그 국가의 법률상 매매계약의 체결 또는 입증에 서면을 요구하는 체약국은 제12조에 따라 매매계약, 합의에 의한 매매계약의 변경이나 종료, 청약, 승낙 기타의 의사표시를 서면 이외의 방법으로 하는 것을 허용하는 이 협약 제11조, 제29조 또는 제2편의 어떠한 규정도 당사자 일방이 그 국가에 영업소를 가지고 있는 경우에는 적용하지 아니한다는 취지의 선언을 언제든지 행할 수 있다.

Article 97

(1) Declarations made under this Convention at the time of signature are subject to confirmation upon ratification, acceptance or approval.

(2) Declarations and confirmations of declarations are to be in writing and be formally notified to the depositary.

(3) A declaration takes effect simultaneously with the entry into force of this Convention in respect of the State concerned. However, a declaration of which the depositary receives formal notification after such entry into force takes effect on the first day of the month following the expiration of six months after the date of its receipt by the depositary. Reciprocal unilateral declarations under article 94 take effect on the first day of the month following the expiration of six months after the receipt of the latest declaration by the depositary.

(4) Any State which makes a declaration under this Convention may withdraw it at any time by a formal notification in writing addressed to the depositary. Such withdrawal is to take effect on the first day of the month following the expiration of six months after the date of the receipt of the notification by the depositary.

(5) A withdrawal of a declaration made under article 94 renders inoperative, as from the date on which the withdrawal takes effect, any reciprocal declaration made by another State under that article.

제97조

(1) 서명 시에 이 협약에 따라 행한 선언은 비준, 수락 또는 승인 시 다시 확인되어야 한다.

(2) 선언 및 선언의 확인은 서면으로 하여야 하고 또한, 정식으로 수탁자에게 통고하

여야 한다.

(3) 선언은 이를 행한 국가에 대하여 이 협약이 발효함과 동시에 효력이 생긴다. 다만, 협약의 발효 후 수탁자가 정식으로 통고를 수령한 선언은 수탁자가 이를 수령한 날부터 6월이 경과된 다음달의 1일에 효력이 발생한다. 제94조에 따른 상호 간의 단독선언은 수탁자가 최후의 선언을 수령한 후 6월이 경과한 다음달의 1일에 효력이 발생한다.

(4) 이 협약에 따라 선언을 행한 국가는 수탁자에게 서면에 의한 정식의 통고를 함으로써 언제든지 그 선언을 철회할 수 있다. 그러한 철회는 수탁자가 통고를 수령한 날부터 6월이 경과된 다음달의 1일에 효력이 발생한다.

(5) 제94조에 따라 선언이 철회된 경우에는 그 철회의 효력이 발생하는 날부터 제94조에 따라 다른 국가가 행한 상호간의 선언의 효력이 상실된다.

Article 98

No reservations are permitted except those expressly authorized in this Convention.

제98조

이 협약에 의하여 명시적으로 인정된 경우를 제외하고는 어떠한 유보도 허용되지 아니한다.

Article 99

(1) This Convention enters into force, subject to the provisions of paragraph (6) of this article, on the first day of the month following the expiration of twelve months after the date of deposit of the tenth instrument of ratification, acceptance, approval or accession, including an instrument which contains a

declaration made under article 92.

(2) When a State ratifies, accepts, approves or accedes to this Convention after the deposit of the tenth instrument of ratification, acceptance, approval or accession, this Convention, with the exception of the Part excluded, enters into force in respect of that State, subject to the provisions of paragraph (6) of this article, on the first day of the month following the expiration of twelve months after the date of the deposit of its instrument of ratification, acceptance, approval or accession.

(3) A State which ratifies, accepts, approves or accedes to this Convention and is a party to either or both the Convention relating to a Uniform Law on the Formation of Contracts for the International Sale of Goods done at The Hague on 1 July 1964 (1964 Hague Formation Convention) and the Convention relating to a Uniform Law on the International Sale of Goods done at The Hague on 1 July 1964 (1964 Hague Sales Convention) shall at the same time denounce, as the case may be, either or both the 1964 Hague Sales Convention and the 1964 Hague Formation Convention by notifying the Government of the Netherlands to that effect.

(4) A State party to the 1964 Hague Sales Convention which ratifies, accepts, approves or accedes to the present Convention and declares or has declared under article 92 that it will not be bound by Part II of this Convention shall at the time of ratification, acceptance, approval or accession denounce the 1964 Hague Sales Convention by notifying the Government of the Netherlands to that effect.

(5) A State party to the 1964 Hague Formation Convention which ratifies, accepts, approves or accedes to the present Convention and declares or has declared under article 92 that it will not be bound by Part III of this Convention shall at the time of ratification, acceptance, approval or accession denounce the 1964 Hague Formation Convention by notifying the Government of the Netherlands to that effect.

(6) For the purpose of this article, ratifications, acceptances, approvals and accessions in respect of this Convention by States parties to the 1964 Hague Formation Convention or to the 1964 Hague Sales Convention shall not be effective until such denunciations as may be required on the part 32 United Nations Convention on Contracts for the International Sale of Goods of those States in respect of the latter two Conventions have themselves become effective. The depositary of this Convention shall consult with the Government of the Netherlands, as the depositary of the 1964 Conventions, so as to ensure necessary coordination in this respect.

제99조

(1) 이 협약은 제6항의 규정에 따를 것을 조건으로, 제92조의 선언을 포함하고 있는 문서를 포함하여 10번째의 비준서, 수락서, 승인서 또는 가입서가 기탁된 날부터 12월이 경과된 다음달의 1일에 효력이 발생한다.

(2) 10번째의 비준서, 수락서, 승인서 또는 가입서가 기탁된 후에 어느 국가가 이 협약을 비준, 수락, 승인 또는 가입하는 경우에, 이 협약은 적용이 배제된 편을 제외하고 제6항에 따를 것을 조건으로 하여 그 국가의 비준서, 수락서, 승인서 또는 가입서가 기탁된 날부터 12월이 경과된 다음달의 1일에 그 국가에 대하여 효력이 발생한다.

(3) 1964년 7월 1일 헤이그에서 작성된 『국제물품매매계약의 성립에 관한 통일법』(1964년 헤이그성립협약)과 『국제물품매매계약에 관한 통일법』(1964년 헤이그매매협약) 중의 하나 또는 모두의 당사국이 이 협약을 비준, 수락, 승인 또는 이에 가입하는 경우에는 네덜란드 정부에 통고함으로써 1964년 헤이그매매협약 및/또는 1964년 헤이그성립협약을 동시에 폐기하여야 한다.

(4) 1964년 헤이그매매협약의 당사국으로서 이 협약을 비준, 수락, 승인 또는 가입하는 국가가 제92조에 따라 이 협약 제2편에 구속되지 아니한다는 뜻을 선언하거나 또는 선언한 경우에, 그 국가는 이 협약의 비준, 수락, 승인 또는 가입 시에 네덜란드 정부에 통고함으로써 1964년 헤이그매매협약을 폐기하여야 한다.

(5) 1964년 헤이그성립협약의 당사국으로서 이 협약을 비준, 수락, 승인 또는 가입하는 국가가 제92조에 따라 이 협약 제3편에 구속되지 아니한다는 뜻을 선언하거나 또는 선언한 경우에, 그 국가는 이 협약의 비준, 수락, 승인 또는 가입시 네덜란드 정부에 통고함으로서 1964년 헤이그성립협약을 폐기하여야 한다.

(6) 이 조의 적용상, 1964년 헤이그성립협약 또는 1964년 헤이그매매협약의 당사국에 의한 이 협약의 비준, 수락, 승인 또는 가입은 이들 두 협약에 관하여 당사국에게 요구되는 폐기의 통고가 효력을 발생하기까지 그 효력이 발생하지 아니한다. 이 협약의 수탁자는 이에 관한 필요한 상호조정을 확실히 하기 위하여 1964년 협약들의 수탁자인 네덜란드 정부와 협의하여야 한다.

Article 100

(1) This Convention applies to the formation of a contract only when the proposal for concluding the contract is made on or after the date when the Convention enters into force in respect of the Contracting States referred to in subparagraph (1)(a) or the Contracting State referred to in subparagraph (1)(b) of article 1.

(2) This Convention applies only to contracts concluded on or after the date when the Convention enters into force in respect of the Contracting States referred to in subparagraph (1)(a) or the Contracting State referred to in subparagraph (1)(b) of article 1.

제100조

(1) 이 협약은 제1조 제1항 (가)호 또는 (나)호의 체약국에게 협약의 효력이 발생한 날 이후에 계약체결을 위한 제안이 이루어진 경우에 한하여 계약의 성립에 대하여 적용된다.

(2) 이 협약은 제1조 제1항 (가)호 또는 (나)호의 체약국에게 협약의 효력이 발생한 날 이후에 체결된 계약에 대하여만 적용된다.

Article 101

(1) A Contracting State may denounce this Convention, or Part II or Part III of the Convention, by a formal notification in writing addressed to the depositary.

(2) The denunciation takes effect on the first day of the month following the expiration of twelve months after the notification is received by the depositary. Where a longer period for the denunciation to take effect is specified in the notification, the denunciation takes effect upon the expiration of such longer period after the notification is received by the depositary.

DONE at Vienna, this day of eleventh day of April, one thousand nine hundred and eighty, in a single original, of which the Arabic, Chinese, English, French, Russian and Spanish texts are equally authentic. IN WITNESS WHEREOF the undersigned plenipotentiaries, being duly authorized by their respective Governments, have signed this Convention.

제101조

(1) 체약국은 수탁자에게 서면에 의한 정식의 통고를 함으로써 이 협약 또는 이 협약 제2편 또는 제3편을 폐기할 수 있다.

(2) 폐기는 수탁자가 통고를 수령한 후 12월이 경과한 다음달의 1일에 효력이 발생한다. 통고에 폐기의 발효에 대하여 보다 장기간이 명시된 경우에 폐기는 수탁자가 통고를 수령한 후 그 기간이 경과되어야 효력이 발생한다.

1980년 4월 11일에 비엔나에서 동등하게 정본인 아랍어, 중국어, 영어, 프랑스어, 러시아어 및 스페인어로 각 1부가 작성되었다.

그 증거로서 각국의 전권대표들은 각국의 정부로부터 정당하게 위임을 받아 이 협약에 서명하였다.

참고문헌

김상만, 「국제물품매매계약에 관한 유엔협약(CISG) 해설」, 한국학술정보, 2013.

김상만, 「무역계약론」, 박영사, 2021.

대한상공회의소, 「인코텀즈 2020」, 대한상공회의소, 2019.

대한상공회의소, 「UCP600 공식번역 및 해설서」, 대한상공회의소, 2007.

석광현, 「국제물품매매계약에 관한 UN협약 해설」, 박영사, 2010.

오세창·박성호, 「무역계약론」, 박영사, 2014.

오원석 역, 「UN통일매매법」, 삼영사, 2004.

오원석·박광서, 「무역상무」, 삼영사, 2023.

오원석·최준선·허해관, 「UNIDROIT 국제상사계약원칙」, 법문사, 2006.

최흥섭, 「국제물품매매계약에 관한 유엔협약 해설」, 법무부, 2005.

John Honnold and Harry M. Flechtner, 「Honnold's Uniform Law for International Sales under the 1980 United Nations Convention」, Kluwer Law International, 2021.

UNITED NATIONS, 「Convention on the Recognition and Enforcement of Foreign Arbitral Awards, 1958」, UNITED NATIONS, 2015.

UNITED NATIONS, 「United Nations Convention on Contracts for the International Sale of Goods, 1980」, UNITED NATIONS, 2010.

찾아보기(국문)

찾아보기(영문)

E

F

G

H

I

J

K

L

M

N

O

【저자 소개】

김용일(現, 국립한국교통대학교 국제무역학과 교수)

▸ 최종 학력

- 성균관대학교 대학원 경영학과(무역·경영전공, 경영학박사)
- University of Washington, Law School(Post-doctoral Researcher)

▸ 주요 경력

- 성균관대학교 경영연구소 연구원
- 성균관대학교 경영학부 외래교수
- 숭실대학교 글로벌통상학과 외래교수
- 한국무역학회·한국중재학회·한국글로벌무역학회 부회장
- 한국무역학회·한국무역상무학회 편집위원

▸ 주요 출제 및 심사

- 국가직 공무원시험 9급, 7급, 5급 출제·선정·면접위원
- 공무원 민간경력자 채용시험 7급, 5급 선정·면접위원
- 관세청 전문경력관 채용시험 출제위원
- 관세사 자격시험 및 특별전형시험 출제위원
- 고위공직자범죄수사처(공수처) 정책연구심의위원회 위원
- 산업부 법무 분야 공무원 채용시험 심사위원
- 행정안전부 비상계획관 선발시험 면접위원
- 식약처 공무원 경력경쟁 채용시험 심사위원
- 충주시의회 의원 공무국외출장심사위원회 위원

▸ 주요 수상

- 성균관대학교 최우수 강사 표창(총장상)
- 성균관대학교 Best Teacher Award 2회
- 숭실대학교 Best Teacher Award(총장상)
- 한국교통대학교 전체 교수 강의평가 1등

▸ 연구 실적

- 국제상사중재, 국제투자중재(ICSID 중재),
  국제물품매매계약 관련 한국연구재단(KCI급) 논문 50여 편 게재
- 2020년 산학협동재단 학술연구비 지원사업 선정 등

무역계약론

초판발행 2024년 8월 15일

지은이 김용일
펴낸이 안종만 · 안상준

편 집 전채린
기획/마케팅 김한유
표지디자인 권아린
제 작 고철민 · 김원표

펴낸곳 (주) 박영사
서울특별시 금천구 가산디지털2로 53, 210호(가산동, 한라시그마밸리)
등록 1959. 3. 11. 제300-1959-1호(倫)
전 화 02)733-6771
f a x 02)736-4818
e-mail pys@pybook.co.kr
homepage www.pybook.co.kr
ISBN 979-11-303-2087-8 93320

정 가 26,000원